CATALOGUE

DE LA

BIBLIOTHÈQUE

DE

M. J.-A. LEBERT

VÉTÉRINAIRE AU NEUBOURG (EURE)
MEMBRE DE L'ASSOCIATION NORMANDE ET DE LA SOCIÉTÉ
DE L'HISTOIRE DE NORMANDIE

ÉVREUX

DE L'IMPRIMERIE DE AUGUSTE HÉRISSEY

M.DCCC.LXXIV

CATALOGUE

DE LA

BIBLIOTHÈQUE

DE

M. J.-A. LEBERT

TIRÉ A CENT EXEMPLAIRES

90 fur papier vergé et 10 fur papier vélin teinté

CATALOGUE

DE LA

BIBLIOTHÈQUE

DE

M. J.-A. LEBERT

VÉTÉRINAIRE AU NEUBOURG (EURE)
MEMBRE DE L'ASSOCIATION NORMANDE ET DE LA SOCIÉTÉ
DE L'HISTOIRE DE NORMANDIE

ÉVREUX

DE L'IMPRIMERIE DE AUGUSTE HÉRISSEY

M . DCCC . LXXIV

M. Joseph-Antoine Lebert, vétérinaire au Neubourg, membre de l'Association normande et de la Société de l'Histoire de Normandie, né en février 1801 à Droisy, près de Nonancourt (Eure), entra en 1824 à l'école d'Alfort, où il reçut son diplôme en 1828. Il se fixa alors au Neubourg, et c'est là qu'il est mort en septembre 1873.

Il se glorifiait du titre de bibliophile. La lecture des catalogues activait son ardeur de collectionneur, et dans les dernières années de sa vie il avait dressé lui-même, en double exemplaire, le catalogue annoté de sa bibliothèque. C'est ce catalogue, différent du catalogue plus sommaire imprimé pour la vente, qui est publié ici en exécution de ses dernières volontés. M. Lebert était célibataire, s'occupait beaucoup de politique, mais le soin de ses livres a surtout absorbé les loisirs que lui laissait l'exercice de sa profession.

La publication de son catalogue annoté rend inutile une plus longue biographie. Les lettres autographes analysées par lui à la fin de ce volume feront connaître ses relations, et l'on jugera suffisamment de ses goûts et de sa manière de penser par le choix même des livres qu'il avait amassés.

Le plus vif désir de cet amateur était que sa bibliothèque lui survécût. Il appréhendait pour elle l'anéantissement ou le morcellement. Il avait pendant plusieurs années cherché les divers moyens d'en faire en quelque sorte une fondation perpétuelle et inaliénable. Par son testament du 1er septembre 1869, M. Lebert légua à la ville d'Évreux sa collection de livres rares et curieux, en n'exceptant que sa bibliothèque professionnelle, laissée à son neveu qui vivait avec lui et exerce aussi la médecine vétérinaire.

Le testateur disait ceci : « Comme le but principal du legs

que je fais à la ville d'Évreux est d'empêcher la dispersion après ma mort d'une collection bibliographique dont la formation m'a coûté beaucoup de recherches, d'argent et de travail, j'impose comme condition expresse de ce legs, que la bibliothèque par moi léguée ne sera pas confondue avec les autres livres de la bibliothèque d'Évreux, mais sera placée soit dans une salle à part, soit au moins dans des meubles ou corps de bibliothèques sur lesquels seront inscrits ces mots : BIBLIOTHÈQUE LEBERT.

« Je désire, en outre, que cette bibliothèque soit conservée telle que je la lègue, intégralement, sans exclusion de tels ou tels ouvrages.... .

« La plupart des livres, objet du legs que je fais à la ville d'Évreux, indépendamment de leur valeur bibliographique, étant revêtus de reliures soignées, je désire que ces ouvrages soient conservés autant que possible dans un appartement parqueté au premier étage et que, dans tous les cas, ils soient constamment dans des armoires vitrées pour les tenir à l'abri de l'humidité et de la poussière.

« Pour réaliser d'une manière aussi complète que possible la pensée que j'ai toujours nourrie de mettre ma chère bibliothèque à l'abri de la dispersion, et pour parer à tous les événements imprévus, j'entends que le catalogue manuscrit par moi dressé de mes livres soit imprimé dans l'année où la ville d'Évreux sera mise en possession....

« Et afin que ce catalogue ait un caractère normand, je désire qu'il soit imprimé en Normandie, avec goût et correction, en caractères élégants et avec titre rouge et noir.

« Je veux qu'un exemplaire de ce catalogue soit distribué à chacune des principales bibliothèques publiques de la Normandie, un à la mairie de la commune de Droisy, canton de Nonancourt, où je suis né, et un autre exemplaire à la bibliothèque de la mairie du Neubourg, ma patrie d'adoption. Un exemplaire sera également distribué à mes chers amis.... »

Mais le testateur ne fit son legs à la ville d'Évreux qu'à la charge d'une rente viagère en faveur de son neveu et de diverses charges onéreuses. « La ville d'Évreux n'hésitera pas, je l'espère, à accepter mon dit testament. »

Cependant le conseil municipal, dans sa séance du 29 octobre 1873, nomma une commission « composée d'hommes spéciaux », chargée d'apprécier de visu si la bibliothèque léguée à la ville a réellement l'importance et la valeur pouvant motiver la charge principale imposée à la ville. La commission de trois membres, s'étant rendue au Neubourg, remarqua : 1° que la bibliothèque de M. Lebert renferme beaucoup d'ouvrages que la ville possède déjà; 2° que la moitié au moins des livres sont brochés et que leur reliure constituerait une certaine dépense, en admettant encore que tous en fussent jugés dignes; 3° que parmi les volumes enveloppés d'une riche couverture, la plupart, tant pour le fond que pour la forme, rentrent dans le domaine de la curiosité plutôt que de l'utilité; 4° que la bibliothèque Lebert, au point de vue de l'histoire, est peu fournie d'ouvrages solides, et que le peu de livres même qu'elle présente sur la Normandie, la ville les possède. « Somme toute », disaient encore les trois membres de la commission, « cette bibliothèque, composée de livres plus ou moins rares, plus ou moins richement reliés, plus ou moins curieux.... ne constitue pas dans son ensemble une bibliothèque offrant en assez bon nombre, dans les sciences, les lettres, les arts et l'histoire, de ces ouvrages de haute valeur que tout travailleur ou lecteur sérieux aime à rencontrer dans un dépôt public.... Dans les conditions où la bibliothèque Lebert est offerte, et vu l'intérêt et la valeur restreinte qu'elle représente, la commission estime que le legs de M. Lebert serait plutôt une vente qu'un don.... »

Le conseil municipal, adoptant le rapport de la commission, déclara, dans sa séance du 7 novembre 1873, qu'il n'y avait pas lieu d'accepter le legs.

M. Lebert avait pris ses mesures pour le cas où la ville d'Évreux ne deviendrait pas la gardienne de sa bibliothèque. Son testament porte en effet : « Si la ville d'Évreux n'acceptait pas mon legs, comme je veux avant tout que ma bibliothèque ne périsse pas, j'ordonne qu'au refus de ladite ville, ladite bibliothèque soit vendue à Paris, aux enchères publiques, avec l'aide d'un libraire expert.... Je désire que M. Le Brument, libraire à Rouen, soit chargé de cette opération. »

En conséquence, la vente publique eut lieu en neuf vacations, du 27 avril au 6 mai 1874; elle a produit un chiffre total de 17,720 fr.

Voici les ouvrages qui ont atteint les prix les plus élevés :

L'Entrée d'Henri II et de Catherine de Médicis à Rouen, *995 fr.;* l'Entrée d'Henri II à Paris *et* le Sacre de Catherine de Médicis à Saint-Denis *(n° 1143 du catalogue de vente, 1498 de ce catalogue annoté), 710 fr.*

La collection des écrits de Rétif de la Bretonne a produit un prix total de trois mille sept cent quatre-vingts francs ! *en y comprenant le livre de M. Monselet sur Rétif. Jamais ces romans n'avaient atteint le prix qu'ils ont obtenu à la vente Lebert.* La Femme infidèle, *par exemple, a été adjugée à 239 fr., reliée en 2 volumes;* le Palais-Royal, *3 volumes, 300 fr.;* le Quadragénaire, *un seul volume, 60 fr.*

Dans un autre ordre d'idées, on peut citer le Catéchisme de Meaux, *édition originale, vendu 42 fr.; les* Essais de Montaigne, *édition elzévirienne de 1659, 3 volumes reliés par David, adjugés à 101 fr. (voir la note n° 135); les* Caractères *de la Bruyère, édition de 1696, vendus 31 fr. seulement (voir la note du n° 146).*

Les Fables de la Fontaine, *exemplaire de Dupont (de l'Eure), en 4 vol. in-fol. (note du n° 393), n'ont été payées que 188 fr.* L'Illusion comique, *par P. Corneille, édition originale, a été vendue 110 fr.;* l'Andromède, *100 fr.;* la Toison d'or, *57 fr. (n°s 439, 440, 441 de ce catalogue annoté; 361, 362, 363 du catalogue de vente).*

Le recueil de pièces sur la Révolution, classées dans 24 cartons, a été adjugé à 111 fr. La collection sur la révolution de 1848, reliée en 6 vol. in-fol., a atteint 132 fr. — *Enfin on a vendu* l'Antiquité expliquée, *par Montfaucon, 131 fr., et les* Hommes illustres, *par Perrault, 145 fr.;* l'Histoire généalogique de la maison d'Harcourt, *avec plats armoriés, n'a été payée que 221 fr.*

Le Bouquiniste en Jouissance

CATALOGUE

DE LA

BIBLIOTHÈQUE

DE M. J.-A. LEBERT

---

1. LE BOUQUINISTE EN JOUISSANCE. *Paris, chez Gault de Saint-Germain. Sans date.* Planche coloriée in-folio.

Cette planche, très-curieuse, représente un vieux bibliomane du siècle dernier; il est vêtu en culotte courte, souliers à boucles, habit vert à larges basques. C'est un homme d'une soixantaine d'années, à la tête grise, aux cheveux longs, rares, hérissés, en un mot, fort mal peigné. Il tient entre ses genoux son chapeau à larges bords, sous le bras gauche une longue canne à bec de corbin, et, le binocle à la main, il examine avec une grande attention un volume tiré d'un étalage en plein vent. La figure très-expressive du vieux confrère exprime la *jouissance* et la satisfaction. Le marchand, type grotesque des libraires de l'époque, coiffé d'un large tricorne, à genoux au milieu de ses bouquins cotés à *six sous*, présente à son client, déjà très-préoccupé, un autre volume; enfin, le vieil amateur, qui probablement a déjà bouquiné et moissonné ailleurs, est littéralement accablé sous le poids de sa marchandise; deux gros volumes in-folio reposent sur ses genoux, appuyés contre son ventre; les nombreuses et vastes poches de son habit regorgent de livres de tous les formats, et l'une d'elles, crevant sous le poids, laisse échapper un gros volume in-quarto.

L'ensemble de cette caricature, qui doit être fort rare, est très-original. Notre vieux confrère pouvait de son temps se procurer des jouissances à bon marché; les livres gothiques, si dédaignés autrefois et si recherchés aujourd'hui, se donnaient alors pour *six sous* le volume, c'est-à-dire pour le poids du papier, et s'en allaient pour la plupart chez le marchand de tabac ou chez l'épicier pour envelopper leur marchandise. Quantité de bons ouvrages aujourd'hui si rares dans le commerce, et qui se payent au poids de l'or dans les ventes publiques, ont été ainsi détruits par l'ignorance ou l'impéritie des possesseurs; j'en citerai un exemple qui s'est passé presque sous mes yeux :

Il y a quelques années, le petit-fils d'un avocat de notre ville, avocat lui-même, nommé M. Dulong, avait hérité d'une partie des livres de la bibliothèque de son grand-père. Pour des motifs qu'il est difficile d'expliquer, tous ces livres sont allés successivement et par petits détachements chez le marchand de tabac M. D*** ; parmi ces ouvrages livrés à la destruction se trouvait un exemplaire complet du *Dictionnaire de la noblesse*, par LA CHENAYE-DESBOIS, 15 volumes in-4°. Malheureusement je suis arrivé trop tard pour empêcher cet acte de vandalisme ; une partie des feuillets était transformée en cornets. Cet ouvrage, estimé et rare, a été vendu devant moi 1,855 francs, sans les frais, à la vente de M. F. Solar, en 1860 ; il était revêtu à la vérité d'une belle reliure en maroquin rouge. L.

THÉOLOGIE

2. Biblia sacra.... *Rhotomagi, Rich. Lallemant,* 1769, gr. in-8°, v. m. avec les cartes.

Bible très-bien imprimée à 2 colonnes, en petits caractères.

3. La Saincte Bible contenant le Vieil et Novveau Testament, trad. du latin par les Théologiens de Louvain. *Paris,* 1639, in-f°, v. gran. fig.

Titre raccommodé et mouillures.

4. La Sainte Bible, tr. de Genoude. 1834, 3 vol. gr. in-8°, br. fig. sur bois.

5. Histoire du Vieux et du Nouveau Testament, par de Royaumont. *Rouen, Ferrand,* 1788, in-12, bas.

Cet exemplaire m'a été donné par mon ami M. Cyrille Perrier, propriétaire au Neubourg. L.

6. Histoire critique du Vieux Testament, par le R. P. Richard Simon. *Rotterdam,* 1685, in-4°, vélin.

Bel exemplaire. Condamné à Rome en 1683.

7. Chemin de la croix dédié à Mgr le cardinal de Riche-lieu, par son très-humble et très-obéissant serviteur S. Leclerc. In-16.

Collection de 36 planches finement gravées, en feuilles.

8. La République des Hébreux, où il est traité à fond de la sacrification mosaïque, etc. *Amsterdam,* 1705, fig. — Antiquités judaïques ou remarques sur la Ré-publique des Hébreux, par Basnage. *Amsterdam,* 1713, ensemble 5 vol. in-8°, v. br.

9. Dissertation sur l'arche de Noé et sur l'hémine et la livre de saint Benoist,... des provisions qu'on y renferma, etc., etc., par Le Pelletier, de Rouen. *Rouen,* 1700, in-12, v. gran. 3 pl.

10. La Cour saincte du R. P. Nicolas Caussin, de la Cie de Jésus. *Rouen,* 1655, 2 tomes en 1 vol. in-f°, v. br.

11. Novum Testamentum illustratum insignium rerum simulacris... singulari artificio expressis. *Excudebat Franc. Gryphius,* 1540, pet. in-12, v. br. fig.

Ce petit volume très-rare est orné d'une grande quantité de jolies figures sur bois : malheureusement il est incomplet de quelques feuillets de la table.   L.

12. Du Salut d'Origène : Question 1re. Si Origène est sauvé ou damné. Question 2e. S'il est vray que les plus grands esprits soient les plus méchants bien souvent et damnez, par le R. P. Binet. *Paris, Cramoisy,* 1629, in-12, vélin.

13. Litanies de la Très-Sainte Vierge illustrées, accompagnées de méditations, par M. l'abbé Edouard Barthe. *Paris,* 1851, in-8°, demi-rel. et coins de mar. rouge, tête dor. n. r. fig.

Belles épreuves des 58 gravures de Varin.

14. La Dévotion aisée, par le P. Lemoine. *Paris,* 1668, pet. in-12, mar. rouge, tr. dor. (aux armes de France).

15. Les Tableaux de la pénitence, par messire Antoine Godeau, évêque de Vence. Nouv. éd. *Paris,* 1711, in-12, v. br. fig. fermoirs.

Ouvrage orné de 22 planches.

16. De l'Estat des ames après le trespas et comment elles vivent estant du corps séparées et des purgatoires qu'elles souffrent en ce monde et en l'autre après icelle séparation, par Melchior Flavin. *Roven, Romain de Beauvais,* 1605, pet. in-12, vélin.

Petit ouvr. singulier. Brunet n'a pas cité cette édition de Rouen.

17. Traité sur les Miracles dans lequel on prouve que le diable n'en saurait faire pour confirmer l'erreur, par J. Serces. *Amsterdam,* 1729, in-12, v. br.

Mis à l'index par décret du 17 mai 1834.

18. Traité des Miracles dans lequel on examine : 1° leur nature et les moyens de les discerner d'avec

les prodiges de l'enfer ; 2° leurs fins ; 3° leur usage,
par l'abbé Hervieux de la Boissière. *Paris*, 1764.
—Lettres à l'auteur du Traité des Miracles en France,
1767. — Défense du Traité des Miracles, 1769. —
Suite des lettres à l'auteur du Traité des Miracles.
Amsterdam, 1774, ensemble 6 vol. in-12, rel.

19. Traité de l'exposition du Saint-Sacrement de l'autel,
par M. Jean-Baptiste Thiers, 4° édit. *Avignon*, 1777,
2 vol. in-12, demi-rel. v. fauve, n. r.
    Bel exemplaire relié sur brochure.

20. Traité des superstitions qui regardent tous les
Sacrements, selon l'Ecriture sainte, les décrets et les
conciles, etc., etc., par M. Jean-Baptiste Thiers.
Paris, 1704, 4 vol. in-12, v. gran.
    Mis à l'index par décrets des 12 mars 1703 et 30 mai 1757.

21. Traité contre l'impureté, par J. F. Ostervald. *Amsterdam*, 1712, in-12, v. fauve, front. gravé.

22. Le Fovet des paillards, ov juste punition des volup-
tueux et charnels, conformes aux arrêts divins et
humains, par M. L. P. (Mathurin Le Picard), curé du
Mesnil-Jourdain. *Roven*, 1623, pet. in-12, v. fauve.

23. Catéchisme des gens mariés, par le P. Féline. *Caën*,
1782. — Catéchisme en vers, par M. d'Heau-
ville, doyen de la cathédrale d'Avranches. — Catéchisme des Normands, composé par un docteur de
Paris. *S. l. n. d.* 3 vol. rel. en 1, mar. du Levant,
tête dor. n. r.
    Le Catéchisme des gens mariés a été condamné en 1782 par
l'autorité ecclésiastique.

24. Traité des empêchements du mariage, par un
professeur de théologie (M. Boileau). *Cologne*, 1691,
in-8°, vélin.

25. De l'Abus des nudités de gorge, attribué à l'abbé
J. Boileau. Réimpression. *Paris*, 1858, in-12, pap.
vélin. — Discours sur la nudité des mamelles des
femmes, par un R. P. Capucin. *Gand*, 1857. Reliés
ensemble en demi-chag. coins, tête dor. n. r.

26. Traité sur l'amour des parures et le luxe des habits, par l'abbé Gauthier. *Paris, Lottin,* 1779, pet. in-12, mar.

27. Discours de la nature et des effets du luxe, par le P. G. Erdès. *Turin,* 1768, in-8°, mar. rouge, tr. dor. rel. anc.

28. Catéchisme du diocèse de Meaux, par Bossuet. *Paris, Mabre Cramoisy,* 1687, pet. in-12, vélin.
    Edit. originale.

29. OEuvres complètes du cardinal Pacca, traduites de l'italien, par Queyras. *Paris,* 1845, 2 vol. in-8°, br.

30. De la véritable religion, par Levassor. *Paris, Claude Barbin,* 1688, v. rac. tr. rouge.

31. Le Chemin royal de la Croix, par D. Benoit. 1757, 2 vol. in-12, v. marb. fig.

32. Lettres de saint François de Sales, évêque et prince de Genève. *Paris,* 1758, 6 vol. in-12, v. gran.

33. Constitution des filles hospitalières de la congrégation de Saint-Joseph. *Rouen, Oursel,* 1696, pet. in-12, v. br.

34. Lettres sur la manière de gouverner les maisons religieuses. *Paris, L. Guérin,* 1740, in-12, v. gran.

35. Instruction de la jeunesse, par Gobinet. *Evreux, Magner, s. d.* in-12, parch.

36. Dissertation sur sainte Marie-Magdeleine, pour prouver que Marie-Magdeleine, Marie sœur de Marthe et la femme pécheresse sont trois femmes différentes, par le sieur Anquetin, curé de Lyons-la Forêt. *Rouen, Maury,* 1699, in-12, vélin, tr. dor.

THÉOLOGIE MYSTIQUE

37. Le Livre de l'internelle consolacion, première version française de l'Imitation de Jésus-Christ avec notes de MM. L. Moland et Ch. d'Hericault. *Paris, Jannet,* 1856, in-12, cart. perc. n. r.

38. L'Imitation de Jésus-Christ, traduite en vers françois par P. C (orneille), enrichie de fig. (37) en taille-douce à chaque chapitre. A *Roven, L. Mavrry,* 1653, pet. in-12, mar. noir, jans. dent. tr. dor. (*Thivet*).

1ᵉʳ et 2ᵉ livre réunis pour la première fois sous la même pagination. Vendu 170 fr. vente Cailhava. L.

39. Imitation de Jésus-Christ, trad. en vers françois par Pierre Corneille. *Rouen, Lavrens Mavrry, pour A. Ballard à Paris,* 1656, 2 vol. pet. in-12, mar. rouge, tr. dor. nomb. fig. de David (*Thivet*).

1ʳᵉ édit. des 4 livres réunis, plus rare que l'in-4°, parue en même temps. Les titres sont raccommodés. Il m'a été donné par mon excellent ami M. Hamel, propriétaire à Wille, près le Neubourg. L.

40. Imitation (l') de Jésus-Christ, trad. nouv., avec des réflex. à la fin de chaque chapitre, par l'abbé de Lamennais. 27ᵉ édit. *Paris,* 1854, gr. in-8°, pap. vélin, br. 4 pl.

41. Les Allumettes du feu divin, pour faire ardre les cœurs humains en l'amour de Dieu, ou sont déclarés les principaux articles et mystères de la passion de nostre sauveur Jésus, avec les voyes de paradis, par Pierre Doré. *Paris, Vincent Sertenas,* 1538, in-8°, goth. mar. noir du Levant, dent. tr. dor.

142 ff. pour les Allumettes. Les Voies du paradis n'ont que 46 ff., manque feuillet g. 1.

42. ANTICOSME OU ADIEU AU MONDE sur le voyage faict par le seigneur Cosmophile, ès grandes et puissantes villes de Philautée et Erothée, livre très utile pour tirer les mondains des péchez, par le seigneur Philothée, duc de Psyché (J. Le Jau). *Paris, Chastelain,* 1609, in-8°, v. fauve, tr. dor. (*Gayler-Hirou*).

Très-bel exemplaire d'un ouvrage mystique des plus singuliers, non cité dans le Manuel de Brunet. M. Frère, qui cite dans son Manuel du bibliographe normand le volume suivant du même auteur, n'en parle pas non plus. L'approbation des docteurs est datée du 16 novembre 1608, et signée de F. Salomon Leivin, prieur du couvent de Saint-Loys à Evreux, et de Lemarchand. L.

43. CABINET ROYAL DE L'ESPOVX, mevblé par son espouse,

avec le jardin spirituel, divisé en huit discours en
faveur des belles âmes, qui cherchent le royaume de
Dieu,... par M. Jean Le Jau, doyen en l'église cathédrale d'Evreux,.... auquel est adjoutée l'oraison funèbre de Le Jau, par M. Hébert, chanoine. A *Evreux,
Hamillon,* 1631, in-8°, v. fauve, fil. tr. dor. dent.
(Gayler-Hirou).

44. Merveilles de l'avtre monde, contenant les horribles
torments de l'enfer, les admirables joyes de Pa-
radie, par François Arnoux, chanoine. Voilà l'eau,
voilà le feu, tu auras celuy que tu voudras. A *Lyon,
Pierre Rigaud,* 1615, pet. in-12, vélin blanc, tr.
carmin.

> Petit traité singulier contenant certains passages bizarres surtout
> au chapitre XII.

45. Tableaux sacrez des figures mystiques du très auguste sacrifice ou sacrement de l'Eucharistie, dediez
à la très chrétienne royne Marie de Médicis, par Lovis
Richeome. *Paris,* 1601, in-8°, vélin, front. grav.
13 grav.

> Jolies figures de Thomas de Leu, Léonard Gaultier et C. Mal-
> lery. Vendu 20 fr., vente Vander Helle.   L.

46. Les sept visions de dom Francisco de Quevedo, chevalier de l'ordre de Saint-Jacques, trad. de l'espagnol par de La Geneste. *Paris,* 1682, in-18, demi-
rel. mar.

THÉOLOGIE POLÉMIQUE

47. Recherches sur la nature du feu de l'enfer et du lieu
où il est situé, par M. Swinden. *Amsterdam,* 1728,
in-8°, v. 2 pl.

> Condamné à Rome, par décret du 22 mai 1745.

48. La Vérité et sainteté du christianisme, vengées
contre les blasphèmes et les folles erreurs d'un livre
intitulé Origine de tous les cultes, par Dupuis, par
l'auteur de l'Apologie de la religion. *Paris, Le Clerc,*
1796, in-8°, bas. racine.

49. Le Déisme réfuté par lui-même, ou examen des principes d'incrédulité répandus dans les ouvrages de Rousseau, par Bergier. *Paris,* 1765, 2 vol. in-12, demi-mar.

50. Examen du matérialisme, ou réfutation du Système de la nature (du baron d'Holbach), par Bergier. *Paris,* 1771, 2 vol. in-12, demi-rel. bas. n. r.

51. Responce à ceux qui demandent à vivre en liberté de conscience, prouuant amplement que les heretiques doiuent être contraincts par les lois et ordonnances des princes chrétiens d'embrasser et suivre l'vnion catholique. Plus le dialogue de saint Hièrosme contre les lucifériens, trad. du latin par Jacques Tigeou Angevin. *Paris*, 1573, in-8°, demi-rel. v. fauve.

52. Le Tombeau des hérétiques, par George l'Apostre, ou le faux masque des huguenots est descouvert, divisé en trois livres, 2ᵉ édit. *Caën, Macé,* 1599, pet. in-8°, vélin.

53. Correspondance entre deux frères sur matière de religion, par Th. Dufossé. *Londres,* 1787, in-8°, demi-rel. v. fauve.

Le même vol. contient : le Clergé dévoilé pour être présenté aux états généraux, par un citoyen patriote. *S. l.* 1789.

ILLUMINÉS, OPINIONS SINGULIÈRES

54. Etat de l'homme dans le péché originel, ou l'on fait voir quelle est la source et quelles sont les causes et les suites de ce péché dans le monde (par Beverland). 6ᵉ édit. 1741, pet. in-12, demi-rel. mar. bleu, n. r.

55. La France mystique. Tableau des excentricités religieuses de ce temps, par Alexandre Erdan. —*Paris, Coulon, s. d.* (1855). 2 tomes en un vol. gr. in-8°, pap. vélin, demi-rel. mar. rouge du Levant, coins, filets, tête dor. n. r. Très-bel exempl.

Incomplet des pages 681 à 688. Cet ouvrage est devenu rare,

ayant été condamné à la destruction par arrêt de la cour du 17 septembre 1855. J'ai ajouté cet arrêt en tête du volume. L.

56. **Emmanuel de Swedenborg, sa vie, ses écrits et sa doctrine, par Matter.** *Paris,* 1863, in-8°, br. — Swedenborg, ou Stockholm en 1756, par le vicomte de Beaumont-Vassy. *Paris,* 1842, in-8°, demi-rel. v.

> Ces ouvrages m'ont été donnés par Mlle Pauline Dupont (de l'Eure). Je dois à son extrême bienveillance beaucoup d'autres ouvrages dont elle a bien voulu se dessaisir en ma faveur. Je lui lègue un exemplaire de mon catalogue imprimé, malgré que la lecture de ce travail ait peu d'attraits pour les personnes étrangères à la bibliophilie. Comme je connais Mlle Pauline Dupont, savante et studieuse, j'espère qu'elle me lira, et cette petite note, en passant sous ses yeux, lui montrera combien je suis reconnaissant de ses bontés et de toutes les attentions amicales et généreuses dont elle a bien voulu m'honorer. L.

57. **Traité curieux des charmes de l'amour conjugal dans ce monde et dans l'autre, par Swedenborg.** *Berlin* et *Basle,* 1784, pet. in-8°, v. br.

58. **Du Ciel et l'enfer.** *Bruxelles,* 1819. Le divin amour et la divine sagesse des terres dans le monde solaire, le ciel astral, la sagesse angélique, l'Apocalypse révélés, par Swedenborg. *Paris,* 1823-24, ensemble 5 vol. in-8°, demi-rel. v. fauve, n. r.

59. **Les Mondes célestes, terrestres et infernaux. L'enfer des escoliers, des mal mariés, des putains et ruffians, des soldats et capitaines, etc., tiré des œuvres de Doni Florentin, par G. Chappuis Tourangeau.** *Lyon, Barthélemy Honorati,* 1578, in-8°, fig. sur bois, v. br.

60. **Clé de la vie. Révélations sur la science de Dieu inspirées à Louis-Michel de Figanières, recueillies par Sardou et Pradel.** *Paris,* 1857, 2 vol. in-8° br.

> Don de Mlle Dupont (de l'Eure). L.

ATHÉES, DÉISTES, INCRÉDULES

61. **Le Théisme et l'Athéisme comparés, par Bayle.** *Paris,* an VIII, in-8°, demi-rel. m. v. n. r.

62. Théologie portative ou dictionnaire abrégé de la religion chrétienne, par l'abbé Bernier (baron d'Holbach). *Londres*, 1770, in-8°, demi-rel. v. bleu, n. r.

63. Système de la nature ou des lois du monde physique et du monde moral, par M. Mirabeaud (baron d'Holbach). *Londres*, 1770, 2 vol. in-8°, demi-rel. v. bleu, coins, n. r.

64. Système de la nature ou des lois du monde physique et du monde moral, par le baron d'Holbach, nouv. édit., avec des notes et des corrections par Diderot. *Paris*, 1822, 4 vol. in-18, demi-rel. v. bleu.

65. Recherches sur les miracles (par le baron d'Holbach). *Londres*, 1773, in-12, demi-rel. v. bleu.

66. L'Enfer détruit, ou examen raisonné du dogme de l'éternité des peines, par le baron d'Holbach. *Londres*, 1769, in-12, demi-rel. v. bleu.

67. L'Esprit du clergé, ou le christianisme primitif vengé des entreprises et des excès de nos prêtres modernes, par le baron d'Holbach. *Londres*, 1767, 2 vol. petit in-8°, en un, demi-rel. v. bleu, n. r.

68. De l'Imposture sacerdotale (par d'Holbach). *Londres*, 1767, pet. in-8°, demi-rel. v. bleu, n. r.

69. Les Prêtres démasqués, par d'Holbach. *Londres*, 1768, pet. in-8°, demi-rel. mar. bleu.

70. L'Esprit du Judaïsme, ou examen raisonné de la loi de Moyse, et de son influence sur la religion chrétienne, par le baron d'Holbach. *Londres*, 1770, pet. in-8°, demi-rel. v. bleu, n. r.

71. Le Christianisme dévoilé, ou examen des principes et des effets de la religion chrétienne, par le baron d'Holbach. *Paris*, 1767, in-12, demi-rel. v. bleu.

72. Tableau des saints, ou examen de l'esprit, de la conduite, des maximes et du mérite des personnages que le christianisme révère et propose pour modèle,

par le baron d'Holbach. *Londres*, 1770, 2 vol. in-12,
demi-rel. v. bleu.

73. La Contagion sacrée, ou histoire de la superstition,
par le baron d'Holbach. *Paris*, 1796, 1 vol. in-8°,
demi-rel. v. bleu, coins, n. r.

74. De la Cruauté religieuse, par le baron d'Holbach.
Londres, 1775, ensemble : Essai philosophique sur le
monachisme, par Linguet. *Paris*, 1776, in-12,
demi-rel. v. bleu, n. r.

75. La Morale universelle ou les devoirs de l'homme
fondés sur la nature, par le baron d'Holbach. *Paris,*
1820, 3 vol. in-8°, demi-rel. v. bleu, n. r.

76. Système social ou principes naturels de la morale
et de la politique, par le baron d'Holbach. *Paris,*
1822, 2 vol. in-18, v. bleu.

> Cette nouvelle édition a été condamnée à la destruction par
> arrêt de la cour royale de Paris du 1ᵉʳ mars 1823, inséré au
> Moniteur du 15 mars 1823 et 26 mars 1825. En 1770, le Parlement
> fit brûler tous les ouvrages de d'Holbach.   L.

77. Essai sur les préjugés ou de l'influence des opinions
sur les mœurs et sur le bonheur des hommes, par
Damoiseau (d'Holbach). *Paris*, l'an Iᵉʳ, 1792, 2 tom.
en 1 vol. in-8°, v. marb.

78. Histoire critique de Jésus-Christ ou analyse raisonnée des Évangiles, par le baron d'Holbach. *S. l.
n. d.* in-12, demi-rel. v. bleu, n. r.

79. Examen critique de la vie et des ouvrages de saint
Paul, par d'Holbach. *Londres,* 1770, pet. in-8°, v.
écaille.

80. Examen critique des Actes des Apôtres, ou démons-
tration de la fausseté des prétendus miracles des
disciples de Jésus-Christ, ouvr. trad. de l'anglais
par un professeur de théologie (d'Holbach). *Londres,*
1787, demi-rel. v. bleu, n. r.

81. Le Bon sens du curé J. Meslier, suivi de son testament (par d'Holbach). *Paris, au palais des Thermes*

de Julien, 1802, in-12, demi-rel. v. coins, tête dor.
n. r.

> Cet ouvrage est un code complet d'athéisme. Aussi a-t-il été frappé de nombreuses condamnations : 1° par la cour de Rome, décret du 10 août 1775 ; 2° par le tribunal de la Seine, le 20 août 1824 ; 3° par arrêt de la cour du Nord, du 22 février 1835 (prison et 500 fr. d'amende) ; 4° par la cour de Douai, du 1er septembre 1837 (un an de prison, 500 fr. d'amende) ; 5° par la cour d'assises de la Vienne, du 12 décembre 1838 (prison et amende). Toutes ces condamnations ont été prononcées pour outrages à la morale publique et religieuse. L.

82. Examen critique des apologistes de la religion chrétienne, par M. Freret. *S. l.* 1767, in-8°, mar. rouge, tr. dor. rel. anc.

> Ouvrage mis à l'index par la cour de Rome.

83. OEuvres de Fréret. *Paris,* J. F. Bastien, 1792, 4 vol. in-8°, v. rac. fil. tr. dor.

84. Traité des trois imposteurs. *Amsterdam,* 1776, in-12, dos et coins de mar. rouge du Levant, fil. tête dor. n. r.

85. Dictionnaire des Athées anciens et modernes, par Sylvain Maréchal. *Paris,* 1798, in-8°, demi-rel. v.

86. Pour et contre la Bible, par Sylvain Maréchal. A *Jérusalem,* l'an de l'ère chrétienne 1801, in-8° mar. vert, n. r.

87. Dieu et les prêtres, fragments d'un poëme philosophique, par Sylv. Maréchal. *Paris,* an II, in-8°, demi-rel.

88. Pensées libres sur les prêtres, par S. Maréchal. *Rouen* et se trouve à Paris, an VI, in-12, cart.

89. Les Abus dans les cérémonies et dans les mœurs (par Dulaurens) ; — Culte et lois d'une société sans dieu. L'an Ier de la raison, VI de la République française (attribué à Sylvain Maréchal), rel. ensemble, in-12, bas.

90. Nouvelle légende dorée, ou dictionnaire des saintes, par Sylvain Maréchal. In-12, 2 vol. en 1, mar. viol. du Levant, tr. dor.

91. David, ou l'histoire de l'homme selon le cœur de Dieu (par Voltaire). *Londres*, 1768, in-12, demi-rel. v. bleu, titre remonté.

92. Traité sur la tolérance (par Voltaire). *S. l.* 1764, in-8°, demi-rel. v. fauve, coins, tête dor. n. r.

93. Questions sur les miracles, en forme de lettres (par Voltaire). *Genève*, 1767, pet. in-12, demi-rel. chagr.

94. Le Citateur, par P.-T. L. B. (Pigault Lebrun). *Hambourg*, 1803, 2 part. en un vol. demi-rel. mar. br.
Mouillures.

95. Entretien des voyageurs sur la mer. *Cologne*, P. Marteau, 1715, 4 vol. in-12, v. fauve, fig.

96. De l'Esprit des religions, par N. Bonneville. Appendice de la 2ᵉ édit. de l'Esprit des religions. *Paris*, 1791-92, 2 vol. in-8°, demi-rel.

97. Examen critique des doctrines de la religion chrétienne, par Patrice Laroque. — Rénovation religieuse par le même. *Paris*, 1864, 3 vol. in-8° br.

98. La Religion naturelle, par Jules Simon. *Paris*, 1856, in-8°, demi-rel. chag. n. r.

99. Vie de Jésus, ou examen critique de son histoire, par Strauss, trad. par Littré. *Paris*, 1864, 2 vol. in-8°, br.

100. Histoire élémentaire et critique de Jésus, par Peyrat. *Paris*, 1864, in-8°, br.

101. La Mort de Jésus : révélations historiques sur le véritable genre de mort de Jésus, trad. du latin d'après le manuscrit d'un frère de l'ordre des Esséniens contemporains de Jésus, par Ramée. *Paris*, 1863, in-8°, br.

102. Action de Jésus sur le monde, ou conséquence du christianisme, par Daniel Ramée. *Paris*, 1864, in-8°, br.

103. Vie de Jésus, par Ernest Renan, 5ᵉ édit. *Paris*, 1863, in-8°, pap. vélin, br. portr. phot. de Renan.

104. Renan et la Vie de Jésus, recueil de pièces contenues dans trois portefeuilles in-8°, savoir : Réponse
à M. Renan, par Potret; Examen critique, par
Freppel; la Vie de Jésus, par Wallon; l'Évangile
selon Renan, par H. Lasserre; Vie d'Ernest Renan ;
Opinion d'un Déiste sur la vie de Jésus; l'Ame de
Henriette Renan à son frère; Lettres sur la vie d'un
nommé Jésus; Lettre pastorale de Mgr Plantier contre
la Vie de Jésus; Jésus-Christ, réponse à M. Renan,
par Graty; les Apôtres selon Renan, etc., etc., ensemble 24 brochures et articles de journaux sur la
Vie de Jésus, par Renan.

105. Les Apôtres, par Renan. *Paris,* 1866, in-8°, port. br.
    Edition originale parue le 15 avril. Cet ouvrage, assez insigni-
fiant, n'a pas eu le même succès que la Vie de Jésus. L.

106. Les Actes des Apôtres, les Épîtres et l'Apocalypse
annotés, par J. Proudhon. *Bruxelles,* 1867, in-12, br.

107. Anatomie de la messe ou est monstré par l'Escriture saincte, et par les témoignages de l'ancienne
église, que la messe est contraire à la parole de Dieu,
par Pierre Dv Moulin. *Sedan,* 1636, pet. in-12,
mar. bleu (*Thivet*).
    Edit. originale, raccom. et les 6 dernières ff. sont mss.

108. Anatomie de la messe, ov est montré par l'Escriture
saincte et par les témoignages de l'ancienne église,
que la messe est contraire à la parole de Dieu, par
Pierre Dv Movlin, ministre de l'église de Sedan,
2° édit. revue, augmentée. *Genève,* 1638, 2 part.
en 1 vol. in-8°, v. fauve, fil. tr. dor.

109. Les libres prêcheurs devanciers de Luther et de
Rabelais, par Antony Meray. *Paris,* 1860, in-18, br.

JURISPRUDENCE

110. Assises et bons usages du royaume de Jérusalem,
par messire Jean d'Ibelin ; ensemble : les Coutumes
de Beauvoisis, par messire Philippe de Beaumanoir, et
autres anciennes coutumes, par Gaspard Thaumas
de la Thaumassière. Imp. à *Bourges*, 1691, in-f°,
bas. gran.

Très-bel exemplaire à toutes marges de ce livre curieux et peu
commun. Je l'ai acheté en 1858 pour 2 fr., chez un marchand de
tabac du Neubourg. Déjà la couverture était enlevée et ses feuillets
allaient se transformer en cornets, lorsque je suis heureusement
arrivé. Je l'ai fait relier par Guignard, à Évreux.   L.

111. Le grand Coustumier général de pratique, aultrement appellé somme rurale, contenant la forme co-
mune de procéder et pratiquer en toutes cours et
juridictions, nouvellement corrigé, avec le répertoire
des matières contenues au présent volume, par Jehan
Boutillier. *On le vend à Paris en la grand salle du
palais, en la boutique de Gailliot-Dupré*, 1537, in-f°,
v. fauve, fers à froid, 2 ferm. marq. du libraire au
dern. feuillet.

Piq. de vers et mouillures. Brunet, t. II, col. 345, ne cite pas
cette édition.

112. Qvestions et responses svr les covstvmes de
France, par Guy Coquille. *Paris*, 1611, in-4°, parch.

113. Ordonnance et instruction selon laquelle doivent
se conduire et régler dorénavant les changeurs et col-
lecteurs de pièces d'or et d'argent deffendues, ro-
gnées, légieres ou trop usées, et moiennant ce
déclairées et réputées pour billon, etc. *En Anvers,
chez Hierosme Verdussen*, 1633, in-f°, format

d'agenda, v. fauve, n. r. plats à compartiments, fers à froid, fermoirs.

Vol. rare. Voir Brunet, t. IV, col. 210.
Le dernier feuillet est raccommodé. Fig. de monnaies gravées sur bois.

114. Ordonnances (les) et édits royaulx sur le fait des aides, tailles, gabelles, magasins, greniers à sel, jusque au roy notre sire Henry II de ce nom. *Paris, Jehan Dallier,* 1551, in-8°, v. fauve anc.

Titre et dernier feuillet raccommodés.

115. Traité de la Séduction considérée dans l'ordre judiciaire, par Fournel. — Traité de l'Adultère, par le même. *Paris,* 1781-1783, 2 vol. in-12, v. marb.

116. Traité de la Police, où l'on trouvera l'histoire de son établissement : les fonctions et les prérogatives de ses magistrats : toutes les lois et tous les règlements qui les concernent, avec une description historique et topographique de Paris, par M. Delamarre. *Paris,* 1722-1738, 4 vol. in-f°, v. gran. avec 10 plans de Suré.

Les deux derniers plans de cet ouvrage intéressant manquent souvent. **L.**

117. Répertoire général des causes célèbres anciennes et modernes. — Amours et galanteries des rois de France. — Dictionnaire de la pénalité dans toutes les parties du monde connu. — Biographie des lieutenants généraux, ministres, préfets, etc., par Saint-Edme. *Paris,* 1824-34, 25 vol. in-8°, demi-rel. v.

Le 16e volume du Répertoire manque souvent. Le 17e, qui n'est pas le moins curieux, contient le procès de Louis Napoléon Bonaparte et consorts à la cour des pairs, à la suite de l'échauffourée de Strasbourg et de Boulogne. Cet audacieux conspirateur ne fut condamné, lui et ses complices, qu'à la prison.... **L.**

118. Causes célèbres et intéressantes, par Richer. *Amsterdam, Rey,* 1772 à 1788, 22 vol. in-12, v. m.

Très-bon exemplaire acheté pour 5 fr. chez un brocanteur de Bernay, en 1860. **L.**

119. Crimes célèbres par MM. Alex. Dumas, Arnould,

Fournier, Fiorentino et Mallefille. *Paris,* 1843, 8 tom. en 4 vol. gr. in-8°, fig. demi-rel. bas.

120. Procès de Charles Ier,—de la Reine d'Angleterre,— de Louvel, — de Fieschi, — d'Alibaud, et procès politiques divers, ensemble 15 vol. in-8°, demi-rel. v. vert, rel. uniforme, fig.

121. Recueil général des pièces contenues au procès de M. le marquis de Gesvres et de Mlle Mascrani, son épouse. *Rotterdam,* 1714, 2 vol. in-12, v. br.
Procès scandaleux.

122. Arrest memorable dv parlement de Tholose, contenant vne histoire prodigieuse d'vn supposé mary aduenüe de nostre temps, par M. Jean de Coras. *Paris,* 1572, in-8°, dos et coins de v. fauve, fil. tr. peigne.
Vol. curieux et peu commun.

123. Histoire complète du procès du maréchal Ney, par Evariste Dumoulin. *Paris,* 1815, 2 vol. in-8°, bas.

124. Mémoires de Mme Manson, etc. — Mémoire de M. Clémandot, dans le procès Fualdès. 3 p. in-8° br.

— Procès de Mme Laffarge. 1840, grand in-8°, br.

125. Relation historique du procès de Louis Bonafous (frère Léotade), par Me Cazeneuve, avocat. *Toulouse,* 1848, in-8°, demi-rel. chag. planches.
Volume rare.

— Affaire de Jeufosse. — Procès Dumollard, Favre, Mirès, etc. 6 pièces, ensemble en un vol. gr. in-8°, demi-rel. v.

126. Les Procès des Treize : MM. G.-Pagès, Carnot, Drio, Hérold, Clamageran, Floquet, Ferry, Durier, Corbon, Jozon, Hérisson, Melsheim et Bory, prévenus. — Avocats : Jul. Favre, Marie, Grévy, Ern. Picard, H. Didier, Berryer, Dufaure, Senard, Desmarets, Et. Arago et Hébert. *Paris, Dentu,* 1864, gr. in-8°, demi-rel. v. vert, n. r.
Ensemble : Procès du général Despans-Cubières, pair de France, ancien ministre, et de M. Teste, ministre, condamnés pour concussion. *Paris,* 1847.

127. Les Chauffeurs, la bande d'Orgères. — Affaire Lemoine, Chereau, Bocarmé. 3 pièces in-4°, fig.

128. Du Contrat social, ou Principes du droit politique, suivi de considérations sur le gouvernement de Pologne, etc., etc., par J.-J. Rousseau. *Evreux, J.-J. Ancelle*, 1790, in-12, demi-rel. v. fauve, tr. peigne;

— Supplément au Contrat social, par Gudin, in-12, bas.

SCIENCES ET ARTS

PHILOSOPHIE, MORALE, ETC.

129. Le Vieux-Neuf, histoire ancienne des inventions et découvertes modernes, par Fournier. *Paris,* 1859, 2 vol. in-12, demi-rel. chag. viol. n. r.

130. Un million de faits, aide-mémoire universel des sciences, des arts et des lettres. *Paris,* 1842, 1 fort vol. in-8°, demi-rel. chag. vert.

131. Essay des merveilles de nature et des plvs nobles artifices, par René-François (le P. Binet). *Rouen,* 1644, in-8° vélin.

---

132. De la Sagesse, trois livres, par Pierre Charron. *Paris,* 1604, in-8° vélin, frontispice grav. par Léonard Gaultier.

> La statue de la Vérité a été un peu tachée d'encre. Condamné par la cour de Rome par décret du 16 décembre 1705.   L.

133. De la Sagesse, par Charron. *Paris,* 1783, 2 vol. in-8°, v. rac. tr. dor. port. et front.

> Notes mss.

134. De la Sagesse, par Charron, publié avec des commentaires, par Amaury Duval. *Paris, Chassériau,* 1820, 3 vol. in-8°, demi-rel. v. fauve, front.

135. LES ESSAIS de Michel, seigneur de Montaigne. *Bruxelles, François Foppens,* 1659, 3 vol. in-12, portr. mar. rouge du Levant, dos orné, fil. dent. tr. dor. (*David*).

> Edit. elzévirienne très-recherchée. 156 millim. de hauteur.
> La possession de cette jolie édition des *Essais* a été pour moi

une chance comme les bibliophiles aiment à les rencontrer. J'ai trouvé et payé cet exemplaire *cinq* francs en 1853 chez un marchand d'antiquailles du Havre. Enfoui au milieu des ferrailles, il était en mauvais état : je l'ai lavé et encollé avec soin. Le joli paletot de maroquin rouge dont il est revêtu m'a coûté 40 fr. C'est un des plus beaux livres de ma bibliothèque.

Vendu 150 fr. Renouard en 1829 ; 305 fr. mar. rouge (*Derome*) vente Yemeniz, en 1869.   L.

136. Essais de Michel de Montaigne, publiés par E. Johanneau. *Paris, Lefèvre,* 1818, 6 vol. in-18, bas.

> Jolie édition. Les Essais de Montaigne ne purent échapper aux foudres du Vatican. Cet ouvrage, lu par tout le monde, fut condamné par décret du 12 juin 1676.

137. Discours sur l'Origine et les fondements de l'inégalité parmi les hommes, par J.-J. Rousseau. *Amsterdam,* 1755, in-8°, demi-rel. v. fauve, n. r. front. gravé.

> Edit. originale.

138. Philosophie du bonheur, manuscrit de Platon, publié par l'auteur de la Philosophie de la nature, par Delisle de Sales. *Paris, Moutardier, s. d.* 2 vol. in-8°, cart. n. r. pap. vélin, avec 5 grav. et 4 port.

139. Essai sur les erreurs populaires ou examen de plusieurs opinions reçues comme vraies qui sont fausses ou douteuses, trad. de Th. Brown, par l'abbé Souchay. *Paris,* 1738, 2 vol. in-12, v. br.

140. Traité des erreurs et des préjugés, par Gratien de Semur. *Paris,* 1843, in-12, br.

— Essai sur les préjugés, par Dumarsais. *Paris,* 1822, in-18, demi-rel. v. bl.

> Cet ouvrage est attribué aussi à d'Holbach. Cette édition fut condamnée à la destruction par arrêts de la cour de Paris du 26 mars 1826 et du 19 juin 1827.   L.

141. Des Erreurs et des préjugés répandus dans la société, par J.-B. Salgues. *Paris,* 1810. — Préjugés des réputations, par le même. *Paris,* 1830, 4 vol. in-8°, demi-rel. chag. vert, n. r.

> Le 4e volume publié en 1830 manque à beaucoup d'exemplaires.

142. Les Misères de la vie humaine ou les gémissements et soupirs exhalés au milieu des fêtes, des spectacles, etc., par Beresford, trad. par Bertin. *Paris*, 1809, 2 vol. in-8°, avec 2 pl. br.

143. Les Caractères des passions, par le Sr de la Chambre. *Paris,* 1663, 5 vol. in-12, v. fauve, tr. dor.

> Bel exemplaire en reliure ancienne. Il m'a coûté 2 fr. en 1860 chez un marchand de bric-à-brac de Nonancourt.
> Vendu 55 fr. mar. rouge (*Bozerian*), vente Yemeniz en 1867.
>   L.

144. De l'Usage des passions, par le R. P. Senaut. *Paris,* 1669, pet. in-12, front. vélin.

145. Les Caractères de Théophraste, trad. du grec avec les caractères ou les mœurs de ce siècle, par Labruyère, 8e édit. *Paris, Michallet*, 1694, in-12, mar. bleu, tr. dor. (*Thivet*).

> Exempl. avec les noms écrits sur les marges par une main du temps. Le titre porte la signature autographe de *Dupont* (de l'Eure). Ce volume, précieux à plus d'un titre, m'a été donné par mon ami M. Charles Dupont (de l'Eure) fils, ancien capitaine du génie.
> Vendu 610 fr. mar. rouge, reliure ancienne aux armes de Montmorency, vente Potier en 1871.   L.

146. Les Caractères de Théophraste, trad. du grec, avec les caractères ou les mœurs de ce siècle, 9e édit. *Paris, Michallet*, 1696, in-12, mar. rouge, fil. dent. int. tr. dor. (*Thivet*).

> Vendu 102 fr. (Niedrée), vente Giraud; 135 fr. (Capé), vente Potier, en 1870.   L.

147. Le Zodiaque de la vie humaine ou préceptes pour diriger la conduite des hommes, par Palingène, avec des notes par de la Monnerie. *Londres,* 1733, 2 tomes en 1 vol. in-12, v. gran.

> Ouvrage où la gent monacale est étrillée, ce qui l'a fait mettre à l'index par la cour de Rome....   L.

148. Le Livre du chevalier de la Tour-Landry, pour l'enseignement de ses filles, publié d'après les mss. de Paris et de Londres, par A. de Montaiglon. *Paris, P. Jannet,* 1855, in-18, cart. perc. n. r.

149. Entretiens de la nature de l'âme des bêtes. *Bâle*, 1760, in-12, demi-rel. v. fauve, tr. peig. n. r.
Titre raccommodé.

150. Amusement philosophique sur le langage des bestes, par le P. Bougeant. *Paris*, 1739, in-12, v. br.

151. Les Animaux raisonnent. Examen philosophique de leur organisation., de leurs mœurs, etc., par Alfred de Nore. *Paris, Delahays, s. d.* in-8°, br.

152. Le Renard, ou le procez des bestes. *Bruxelles*, 1739, in-8°, demi-rel. v. fauve, nomb. fig.
Plusieurs feuillets raccommodés.

153. Histoire critique de l'âme des bêtes, par M. Guer. *Amsterdam*, 1749, 2 vol. mar. rouge, tr. dor. fil. (*aux armes*).
Très-bel exemplaire en reliure ancienne aux armes du duc de la Vrillière.   L.

154. Idée d'une république heureuse, ou l'utopie de Thomas Morus, trad. par M. Guedeville. *Amsterdam*, 1730, in-12, v. fauve, fil. 16 grav.
Vendu 49 fr. mar. rouge, Van der Helle, n° 426.   L.

155. Sciences des princes, ou considérations politiques sur les coups d'État, par Gabriel Naudé, Parisien. *Imprimé* l'an 1752, 3 vol. in-12, v. fauve.

156. Discours politiques des roys, par M. Scvdery. *Paris*, 1681, in-12, v. br.

157. Projet d'une dîme royale, qui supprimerait la taille, les aydes, les douanes d'une province à l'autre, les décimes du clergé, etc., par Vauban. *S. l.* 1707, in-12, demi-rel. v. fauve, n. r.

158. Le Secret des finances de France, descouvert et départi en trois livres, par Frovmenteav, et maintenant publié pour ouvrir les moyens de payer les dettes du roy, descharger ses sujets des subsides imposés depuis 31 ans. *S. l.* 1581, in-8°, v. br.
Vol. rare et fort curieux, dans lequel on trouve la récapitulation des personnes massacrées, noyées, filles violées, maisons détruites pendant les guerres de religion, dans tous es diocèses de France.

Je cite seulement les faits relatifs à notre département, extraits littéralement de cet auteur :

DIOCÈSE D'ÉVREUX.

Chanoines, curez et prestres, les vns occis, les autres noyez et estranglez . . . . XXV (25)

Moines occis, IX (19). — Gentilshommes catholiques occis tant en leurs maisons qu'en guerre . . . . IIII^{XX}x (90)

Gentilshommes de la religion, occis de mesme à la guerre et en leur maison. . . . . LX (60)

Soldats catholiques occis. . . . . VI.M (6 mille)

Soldats de la religion . . . . V.M (5,000)

Villages, bourgades et maisons brûlées. . . . . III^C.LX (360)

Maisons détruites en ce diocèse pour raison de troubles. VII^C (700)

Filles violées, tant catholiques que de la religion : le nombre est de. . . . . IX^C (900)

Nombre des personnes occis, exécutez et massacrez au diocèse d'Evreux.... Vnze mil cent quatre vingtz et quatre, cy. XI.M.C.IIII^{XX}.IIII (11,184)

Somme totale des deniers levez en ce diocèse : cinquante millions huit cent mil livres, cy . . . . LM^{ONS}.VIII^C.M ₶ (50,800000)

L.

159. Études sur les réformateurs ou socialistes modernes, par L. Reybaud. *Paris*, 1848, 2 vol. in-12, br.

160. Voyage en Icarie, par Cabet ; — Histoire du communisme, par Sudre ; — Études sur les socialistes, par Fr. Lacombe. 3 vol. in-12, br.

161. Le Droit au travail, au Luxembourg et à l'Assemblée nationale, par MM. de Lamartine, Thiers, L. Blanc, etc., avec une introduction, par Émile de Girardin. *Paris*, 1849 ; — Organisation du travail, par L. Blanc ; — Mably, Théories sociales. 4 vol. in-12, br.

162. La Cosmosophie, ou le socialisme universel, par H. Lecouturier. *Paris*, 1850, in-8°, br.

163. Profession de foi du XIX° siècle, par Eug. Pelletan. *Paris*, 1852, in-8°, demi-rel.

––––––––––

164. Histoire de la Législation sur les femmes publiques et les lieux de débauche, par M. Sabatier. *Paris*, 1828, in-8°, br.

165. Les Filles publiques de Paris et la police qui les régit, par V.-V.-A. Béraud. *Paris,* 1839, 2 vol. in-8° br.

166. De la Prostitution dans la ville de Paris considérée sous le rapport de l'hygiène publique, de la morale et de l'administration, par A.-J.-B. Parent Duchâtelet. *Paris,* 1837, 2 vol. in-8°, demi-rel. mar. vert, tête dor. n. r.

167. De la Prostitution dans la ville d'Alger depuis la conquête, par A. Duchesne. *Paris,* 1853, in-8°, br.

HISTOIRE NATURELLE.

168. Le Théâtre d'agriculture et ménage des champs, d'Olivier de Serres, seigneur du Pradel, nouvelle édit. augmentée de notes et d'un vocabulaire. *Paris,* an XII (1804), 2 vol. in-4°, v. rac. port.

169. L'Agriculture, poëme, par Rosset. *Paris, Imprimerie Royale,* 1774, in-4°, v. gran. avec planches.

170. OEuvres complètes de Bernard de Palissy, avec des notes, par Cap. *Paris,* 1844, in-12, demi-rel. chag.

171. La Nature et présage des comètes, ouvrage mathématique, physique, chimique et historique, par Claude Corniers. *Lyon,* 1665, in-8°, fig. vélin.

172. Les Livres de Hierosme Cardanus, médecin milanais, intitulez de la subtilité et subtile invention, ensemble les causes occultes et raisons d'icelles, trad. par Richard Leblanc. *Paris,* 1575, in-8°, fig. v. m.

173. Les Secrets et merveilles de nature, recueillis de divers auteurs et divisés en XVII liv., par Jean-Jacques Wecker, de Basle, médecin de Colmar. *Roven,* 1699, in-8°, v. gran.

174. OEuvres complètes de Buffon, mises en ordre par M. le comte de Lacepède. *Paris, A. Eymery,* 1825, 26 vol. in-8°, br. port. de l'auteur, 234 planch. noires.

175. Histoire abrégée des insectes, par M. Geoffroy. *Paris*, an IX (1800), 2 vol. in-4°, demi-rel. fig. coloriées.

176. Histoire naturelle des Lépidoptères d'Europe, par H. Lucas, ouvrage orné de plus de 400 fig. coloriées d'après nature, par A. Noël. *Paris*, 1834, gr. in-8°, cart. n. r.

177. Entretiens sur la pluralité des mondes, par Fontenelle, 1821, in-18, br.

> Mis à l'index par décret du 1er décembre 1687.

178. Discours sur les révolutions du globe et sur les changements qu'elles ont produits dans le règne animal, par le baron Cuvier. *Paris*, *G. Dufour*, 1825, in-8°, demi-rel. mar. Portr. de Cuvier ajouté.

> Cet exemplaire, provenant de la bibliothèque du docteur Choppin, m'a été donné par M. E. Boucher, son gendre. **L.**

MÉDECINE ET CHIRURGIE.

179. Dictionnaire des sciences médicales, par une société de médecins et de chirurgiens. *Panckoucke*, 1812-1822, 60 vol. in-8°, br. planches.

180. Dictionnaire de médecine, par Adelon, Béclard, etc. *Béchet*, 1821-1828, 21 vol. in-8°, br.

181. Dictionnaire de médecine et des sciences accessoires, par Nysten. *Brisson*, 1814, in-8°, bas.

182. Dictionnaire des termes de médecine, chirurgie, art vétérinaire, pharmacie, histoire naturelle, par Bégin, Boisseau, Jourdan, etc. *Paris*, *Béchet*, 1823, in-8°, demi-rel. bas.

> Exemplaire fatigué : il porte sur le titre la signature autographe de M. Duprey, mon professeur de pathologie à l'école de médecine vétérinaire d'Alfort. **L.**

183. Essai d'une histoire pragmatique de la médecine, par Kurt-Sprengel, trad. par Ch. F. Geiger. *Imp. imp.*, 1809, 2 vol. in-8°, br. fig.

184. Traité de thérapeutique, d'après les principes de

la nouvelle doctrine médicale, par Bégin. *Paris,
J.-B. Baillière*, 1825, 2 vol. in-8°, cart. n. r.

185. Traité de médecine légale et d'hygiène publique,
par Fodéré. *Paris, Mame*, 1813, 6 vol. in-8°, v. gr.
fil. *(Bel exemplaire de prix.)*

186. Dissertation sur l'incertitude des signes de la mort
et l'abus des enterrements et embaumements pré-
cipités, par J.-B. Winslow, trad. par Bruyer. *Paris,
Morel*, in-12, v. gr.

187. Précis de la matière médicale, par Lieutaud. Nouv.
édit. *Paris, Th. Barrois*, 1781, in-8°, v. br.

188. LE PROPRIÉTAIRE DES CHOSES très-utiles et prouffi-
tables aux corps humains, avec aucunes additions
nouvellement adjoutées. A la fin : *imprimé nouvellement à Paris, l'an de grâce mil cinq cens et
dix-huit, le viiie jour de janvier, pour Jehan Petit
et Michel Lenoir, libraires jurés en l'université de
Paris, demeurant en la rue Saint-Jacques.* Pet. in-f°
gothique, v. fauve, fig. sur bois. Marque de Michel
Lenoir.

> Volume fort rare. Bel exemplaire, sauf quelques feuillets rac-
> commodés dans la marge. Ce volume est à deux colonnes de
> 52 lignes à la page : 8 feuillets pour le prologue et la table ; plus
> 277 feuillets non chiffrés, signatures *a. v.* A. B. Il y a des lettres
> grises et des figures singulières.
> Vendu 80 fr. m. r. Huzard ; 125 fr. Montmerqué ; 300 fr.
> v. fauve, vente Yéméniz en 1867.   L.

189. L'Escole des médecins de Salerne qui enseigne
comme il favt sainement et longuement vivre, trad.
Mich. le Long. *Rouen, Antoine Ferrand*, 1660, in-8°
vélin.

190. Commentaires sur l'école de Salerne, par Dvfovr
de la Crespelière. *Paris*, 1674, in-12, demi-rel. v.
fauve, coins, tr. dor.

> Ouvrage en prose et en vers. Bel exemplaire de ce volume sin-
> gulier et peu commun.   L.

191. Les OEvvres d'Ambroise Paré, onzième édition.

Lyon, Pierre Rigaud, 1652, in-f°, bas. fig. sur bois singulières.

Bel exemplaire auquel j'ai ajouté deux portraits, dont un gravé par A. Vallée en 1585.   L.

192. La Chirurgie de M. Jean Tagault, docteur en médecine, diligemment revue et corrigée en cette dernière édition. *Paris, J. d'Aumalie,* 1618, in-8°, vélin, fig.

193. Discours contenant la conférence de la pharmacie chymique ou spagirique, avec la galvanique ou ordinaire..., par Jacques Pascal, maistre apothicaire de Béziers. *Béziers, Martel,* 1616, in-8°, vélin.

194. Satyre contre les charlatans et pseudo-medecins enpiryques, etc., par M. Thomas Sonnet, sieur de Courval, docteur en médecine, gentilhomme virois. *Paris, Jean Millot,* 1610, in-8°, vélin.

195. Anecdotes de médecine, ou choix de faits singuliers qui ont rapport à l'anatomie, l'histoire naturelle, etc., et les médecins. *Paris, J.-B. Fleury,* 1766, 2 vol. in-12, demi-rel. bas.

Recueil curieux et peu commun.   L.

196. Histoire naturelle du genre humain, par J.-J. Virey. *Paris,* 1824. — De la Femme, par le même. *Paris,* 1825, 4 vol. in-8°, fig. col. demi-rel. v. br.

A l'index, par décret du 5 août 1833.

197. La Physionomie humaine de J.-B. Porta, Neapolitain, enrichie de quantité de figures tirées au naturel, où par les signes extérieurs du corps on voit clairement la complexion, les mœurs et les desseins des hommes. Nouv. trad. par le sieur Rault, première édit. *Rouen, Berthelin,* 1655, in-8°, 2 vol. br. fig.

Exemplaire de Viollet-Leduc.

198. La Phrénologie, le geste et la physionomie démontrés par 120 portraits, sujets et compositions gravés sur acier, texte et dessins par H. Bruyères. *Paris,* 1847, gr. in-8°, demi-rel. chag. vert, tr. dor.

Epuisé. Cet exemplaire provient de la bibliothèque du docteur Richard, mort à Evreux en 1857.   L.

199. Rapport du physique et du moral de l'homme, par Cabanis. 4° édit. avec notes par Pariset. *Paris, Béchet*, 1824, 2 vol. in-8°, br.

200. Observations diverses sur la stérilité, perte de fruict, fécondité, accouchements et maladies des femmes et enfants nouveaux naiz, etc, etc., par Louise Bourgeois dite Bovrsier, sage-femme de la reine. *Paris*, 1642.— Observations de Louyse Bovrgeois. Livre deuxième. *Paris*, 1652. — Observations diverses de Lovyse Bovrgeois. 3° liv. *Paris*, 1652, 3 part. en un vol. in-8°, dos et coins de v. fauve, tête dor. front. et portraits.

Ouvrage rare et recherché, formant avec les trois parties réunies 493 pages. J'ai fait à ce curieux volume de nombreuses réparations. Lorsqu'il m'est tombé sous la main, il était découpé dans ses marges comme de la dentelle par les vers, ces éternels ennemis des bibliophiles.

La seconde partie seule, vendue 28 fr. veau fauve (*Petit*), vente Sauvageot en 1860. Cette seconde partie se recommande par un tableau naïf et peut-être unique (dit M. Leber) de la chambre à coucher d'une reine de France, au moment où elle donne un héritier au trône. L.

201-202. Lucina sine concubitû, par Abraham Johnson. *Londres*, 1776.— Concubitus sine lucinâ, ou le plaisir sans peine. Réponse à la lettre Lucina sine concubitû. *Londres*, 1776, 2 tom. en un vol. in-18, demi-rel. v. fauve, n. r.

Ces deux opuscules sont fort singuliers, pour ne rien dire de plus. L.

203. De l'Indécence aux hommes d'accoucher les femmes et de l'obligation aux mères de nourrir leurs enfants, par Hecquet. *Trévoux*, 1744, in-12, v. br.

204. L'Art de procurer les sexes à volonté, 3° édit. augmentée de la solution de plusieurs questions faites à l'auteur, spécialement des moyens de rendre fécondes les femmes dont la stérilité dépend de la conformation intérieure, par Millot, *an X* (1802), in-8°, demi-rel. v. rose, n. r. fig.

205. Des Hermaphrodits, accovchements des femmes et

traitement qui est requis pour les relever en santé et bien élever leurs enfants, par Jacques Duval. *Roven*, 1612, in-8°, chag. bleu, tr. dor. dent. int. portrait et fig.

Rare. Un arrêt du Parlement de Rouen a ordonné la saisie des exemplaires de ce livre singulier. Cet exemplaire, que j'ai fait relier à Paris, m'a coûté 13 fr. 65 c. à la vente de M. Le Prevost, en 1857.
L.

206. Méthode nouvelle de guérir les catarrhes et toutes maladies qui en dépendent,... par noble homme M. Jacques Duval, sieur d'Ectomare et du Houvel, docteur et professeur en médecine, natif d'Evreux, demeurant à Rouen. *Rouen, Geuffroy,* 1611, in-8°, vélin.

207. De l'Homme et de la femme considérés physiquement dans l'état du mariage, par M. de Lignol. *Lille,* 1793, 3 vol. in-12, demi-rel. chag. rouge.

208. Tableau de l'amour conjugal, par Nicolas Venette. *Paris,* 1814, 2 vol. in-12, demi-rel. mar. br. fig.

209. De l'Utilité de la flagellation dans les plaisirs du mariage et dans la médecine, trad. du latin de Meibomius, par Mercier de Compiègne. *Paris,* 1792. J. H. Meïbomii de flagellorum usû in re medicâ et venereâ. *Parisis,* 1792, 2 tom. en un vol. in-18, demi-rel. v. fauve, n. r. fig.

L'une des deux fig. représente les trois Grâces, entourées de guirlandes.

210. De la Maladie d'amour, ov mélancholie erotique. Discours curieux qui enseigne à cognoistre l'esseance, les causes, les signes et les remèdes de ce mal fantatisque, par Jacques Ferrand, Agenois. *Paris,* 1623, pet. in-8°, v. fauve, fil. tr. dor.

Bel exemplaire de cet ouvrage rare et singulier, vendu 145 fr. mar. r. tr. d. vente de M. Brunet, auteur du Manuel, en 1868. L.

211. Traité des Eunuques, dans lequel on explique les différentes sortes d'Eunuques, quel rang ils ont tenu,

et quel cas on en fait, etc. (par Ch. Ancillon). *A la Sphère*, *s. l.* 1707, in-12, v. br.

Petit traité peu commun, vendu 31 fr. m. r. *(Capé)*, vente Gillet en 1865.
L.

212. Système physique et moral de la femme, suivi du système physique et moral de l'homme, par Roussel. *Paris*, 1820, in-8°, demi-rel. bas. fig. coloriées.

213. Des Bains de mer. Guide médical et hygiénique du baigneur, par J. Lecœur. *Paris*, 1847, 2 vol. in-8°, pap. vélin, br.

214. Le Corps de l'homme, traité complet d'anatomie et de physiologie humaine, par le docteur Galet. *Paris*, 1853, 4 vol. in-4°, fig. col. br.

215. La Médecine des passions, considérées dans leurs rapports avec les maladies, les lois et la religion, par J.-B.-Fr. Descuret. *Paris, Béchet*, 1841, in-8°, br.

Cet ouvrage est rempli de renseignements curieux et intéressants : je l'ai lu avec infiniment de plaisir.
L.

216. Observations sur les maladies épidémiques, ouvrage rédigé d'après le tableau des épidémies d'Hippocrate, publié par ordre du gouvernement, par Lepec de la Cloture. *Paris, Vincent,* 1776 à 1778, 3 vol. in-4°, v. fauve, tête dor. fil.

Très-bel exemplaire de cet ouvrage estimé et recherché. On le trouve rarement aussi complet. Je l'ai fait relier sur brochure et j'ai ajouté en tête du tome Ier la Notice historique sur Lepec de la Cloture, par Hersent. *Caen,* 1804, 14 p. in-8°, dont j'ai remonté les feuilles dans le format in-4°.
L.

217. Etude pratique et comparée sur le traitement des épidémies au XVIIIe siècle ; appréciation des ouvrages de Lepec de la Cloture, par le docteur Simon. *Paris, Baillière*, 1854, in-8°, br. portr.

218. Anatomie générale, par Bichat, nouv. éd. *Paris*, 1818, 2 vol. in-8°, v. gran. fil. portrait.

219. Dictionnaire de chirurgie, par Louis. Extrait de l'Encyclopédie. *Paris, Nyon*, 1742, 2 vol. in-8°, v. mar.

220. L'Eschole méthodique et parfaite des sages-fem-
mes ov l'art de l'accouchement, par Ch. de Saint-
Germain. *Paris, Clousier*, 1651, in-8°, vélin.
Pas commun.   L.

EXERCICES GYMNASTIQUES, CHASSE, ETC.

221. Recherches sur l'époque de l'équitation et l'usage
des chars équestres chez les anciens, par Gabriel
Fabricy. *Marseille*, 1774. 2 vol. in-8°, cart. front. gr.

222. Les Chevaux du Sahara et les mœurs du désert, par
E. Daumas, nouvelle édit. revue et augm., avec des
commentaires, par l'émir Abd-el-Kader. *Paris*, 1862,
gr. in-8°, br. 2 port.

223. Les Dons des enfants de Latone, la musique et la
chasse du cerf, poëme, par J. de Serré de Rioux. *Paris*,
1734, in-8°, v. gran.

224. Traité des chiens de chasse, par un des auteurs du
Traité général des chasses. *Paris*, 1827, in-8°, demi-
rel. bas. fig.

225. Le Livre de la chasse du grand Sénéchal de Normandie et les ditz du bon chien Souillard, publié par le
baron J. Pichon. *Paris*, 1858, in-12, perc. n. r.

226. Le Chasseur au chien d'arrêt, contenant les habitudes, les ruses du gibier, l'art de le chercher et de le
tirer, le choix des armes, l'éducation des chiens, leurs
maladies, etc., par E. Blaze. *Paris*, 1836, in-8°, demi-
rel. v. fauve, coins, tête dor. n. r.
Edition originale.

227. Le Chasseur au chien courant, contenant les habitudes, les ruses des bêtes, l'art de les quêter, de les
juger et de les détourner, de les attaquer, de les tirer
ou de les prendre à force. — L'éducation du limier,
des chiens courants, leurs maladies, etc., par
E. Blaze. *Paris*, 1838, 2 vol. in-8°, demi-rel.
v. fauve, coins, tête dor. n. r.

228. Le Chasseur aux filets, ou la chasse des dames, contenant les habitudes, les ruses des petits oiseaux, leurs noms vulgaires et scientifiques, l'art de les prendre, de les nourrir et de les faire chanter en toutes saisons, la manière de les engraisser, de les tuer et de les manger, par Elzéar Baze. *Paris*, 1830, in-8°, demi-rel. v. fauve, coins, tête dor. n. r. avec pl.

> Edition originale. J'ai ajouté à la fin de ce volume le catalogue des livres de l'auteur avec les prix à la main. La vente eut lieu à Paris en novembre 1852. L.

229. Histoire du chien chez tous les peuples du monde, d'après la Bible, les Pères de l'Eglise, le Koran, Homère, Aristote, Xénophon, Plutarque, Pausanias, Pline, Horace, Virgile, Ovide, Jean Caino, Paulleni, Gesner, etc., etc., par Elzéar Blaze. *Paris*, 1843, in-8°, demi-rel. v. f. coins, tête dor. n. r.

230. Le Chasseur conteur, ou les chroniques de la chasse, contenant des histoires, des contes, des anecdotes, et par-ci par-là quelques hâbleries sur la chasse depuis Charlemagne jusqu'à nos jours, par Elzéar Blaze. *Paris*, 1840, in-8°, demi-rel. v. fauve, coins, tête dor. n. r.

> Edition originale de cet ouvrage très-curieux, rempli de contes et de hâbleries. L'auteur aurait dû intituler son livre *le Chasseur menteur*.
> Cette collection des ouvrages de Elzéar Blaze est de reliure uniforme et parfaitement traitée. L.

231. Almanach des Chasseurs pour l'année 1839-1840, contenant les opérations cynégétiques de chaque mois, des anecdotes, la vie miraculeuse de saint Hubert, par Elzéar Blaze. *Paris*, 1839, in-18, br.

232. De la Passion du jeu, depuis les temps anciens jusqu'à nos jours, par Dussaulx. *Paris*, 1779, 2 tom. en un vol. in-8°, v. marb.

233. Nouveau livre des cinq ordres de l'architecture, par Jacques Barrozio Vignole. *Paris*, *Daumont*, 1760, in-8°, br.

PHILOSOPHIE OCCULTE

CABALE, MAGIE, APPARITIONS, SORTILÉGES.

234. — Le comte de Gabalis, ou entretiens sur les sciences secrètes. *Cologne, Marteau, s. d.* in-12, v. bl. 163 p. à la sphère.

> Ouvrage condamné par décret de la cour de Rome du 22 juillet 1712. L.

235. Le comte de Gabalis, ou entretiens sur les sciences secrètes, nouv. édit. augmentée des génies assistants et des gnomes irréconciliables, par l'abbé de Villars. *Londres,* 1742, 2 vol. in-12, v. br.

236. Les Génies assistants et gnomes irréconciliables, ou suite du comte de Gabalis, par le P. Ant. Androl. *La Haye,* 1718, pet. in-12, v. br.

237. Histoire critique des pratiques superstitieuses qui ont séduit les peuples et embarrassé les savants, par le P. Lebrun. 2e éd. augmentée. *Amsterdam,* 1733, 4 tom. en 2 vol. in-8°, v. fauve, fil. fig.

> Bel exemplaire de cette édition peu commune, chargé sur les marges de nombreuses notes critiques et intéressantes. L.

238. Histoire critique des pratiques superstitieuses qui ont séduit les peuples et embarrassé les savants, par le P. Lebrun. *Paris,* 1750, 4 vol. in-12, demi-rel. v. fauve.

239. Des Sciences occultes, ou essai sur la magie, les prodiges et les miracles, par Eusèbe Salverte. *Paris,* 1829, 2 vol. in-8°, demi-rel. chag. rouge, tête dor. D. r.

240. Dictionnaire des sciences occultes, ou répertoire universel des êtres, des personnages, des livres et des choses, qui tiennent aux apparitions, aux divinations, à la magie, aux démons, par l'abbé Migne. *Paris,* 1840, 2 vol. gr. in-8°, demi-rel. chag. noir, n. r.

241. Histoire de la magie en France depuis le commencement de la monarchie jusqu'à nos jours, par Jules Garinet. *Paris,* 1818, in-8°, fig. bas.

242. Dictionnaire infernal, ou bibliothèque universelle sur les êtres, les livres et les choses relatives aux apparitions, à la magie, etc., par J. Collin de Plancy, 2ᵉ édit. *Paris,* 1825, 4 vol. in-8°, demi-rel. chag. coins, tête dor. n. r. et atlas de 16 pl.

243. Dictionnaire infernal par le même, 3ᵉ édit. refondue et augmentée de 250 articles. *Paris,* 1844, gr. in-8°, demi-rel. mar. tête dor.

> Cette 3ᵉ édit., approuvée par l'archevêque de Paris, a subi des changements et retranchements qui la rendent tout à fait différente de la 2ᵉ édit. de 1825.

244. La Philosophie occulte, de Henry Corneille Agrippa. *La Haye,* 1727, 2 vol. in-8°, mar. Lavallière du Levant, fil. tr. dor.

245. Les Admirables secrets d'Albert le Grand, contenant plusieurs traités sur la conception des femmes, des vertus des herbes, etc., etc. *Paris,* 1818, in-18, fig. demi-rel. v. rose, tête dor. n. r.

246. Traité sur la magie, le sortilége, les possessions, obsessions et les maléfices, par M. D*** (Dangis). *Paris,* 1732, in-12, v. gran.

> Avec *ex libris* autographe de F. de Lamennais.

247. Lettres philosophiques sur la magie. *Paris, an XI* (1803). — La France trompée par les magiciens et démonolâtres du xviiiᵉ siècle, par l'abbé Fiard. *Paris,* 1803, in-8°, demi-rel. mar. noir, tête dor.

248. Apologie pour tous les grands hommes qui ont

esté accusez de magie, par Naudé. *Paris*, 1669, pet. in-12, v. fauve.

249. Traité de l'apparition des esprits, par N. Taillepied, docteur en théologie. *Rouen*, 1602, pet. in-12, mar. bleu, tr. dor.

Le titre et les derniers feuillets sont raccommodés.

250. Traité sur les apparitions des esprits et sur les vampires, ou les revenants de Hongrie, de Moravie, etc., par dom Augustin Calmet. *Paris*, 1751, 2 vol. in-12, demi-rel. chag. tr. dor.

251. Discovrs des spectres, ov visions et apparitions d'esprits, comme anges, démons et âmes, se monstrans visibles aux hommes, etc., par Pierre le Loyer. *Paris, Nicol. Bvon*, 1608, in-4°, v. br.

Mouillures.

252. Le Monde enchanté, ou examen des communs sentiments touchant les esprits, leur nature, leur pouvoir, leur administration, etc., par Balthasar Bekker. *Amsterdam*, 1694, 4 vol. pet. in-12, mar. rouge, fil. tr. dor. rel. anc. port. et fig.

Bel exemplaire.

253. Traité historique et dogmatique sur les apparitions, les visions et les révélations particulières, par l'abbé Lenglet-Dufresnoy. — Recueil de dissertations anciennes et nouvelles sur les apparitions, les visions et les songes, avec une préface, par Lenglet-Dufresnoy. *Avignon*, 1751, 4 vol. en 6 part. in-12, demi-rel. v. rouge, tr. peig.

Ex. avec signature et notes de E.-H. Langlois, du Pont-de-l'Arche.

254. Les Sexes des esprits, par Delamotte-Lenoble. *Rouen*, 1676, in-8°, chag. vert, tr. dor.

255. L'Incrédulité sçavante et la crédulité ignorante au sujet des magiciens et des sorciers, par Jacques d'Avtvn. *Lyon, J. Molin*, 1671, in-4°, v. br.

Piqûres de vers.

256. Témoignage d'un enfant de la vérité et droiture des

voyes de l'esprit, ou l'on traite de la magie divine, angélique, naturelle et charnelle. Imprimé à *Berlebourg*, 1739, in-12, cart. n. r.

257. Lettres de M. de Saint-André à quelques-uns de ses amis au sujet de la magie, des maléfices et des sorciers. *Paris*, 1725, in-12, v. br.

258. Recueil de lettres au sujet des maléfices et du sortilége, servant de réponse aux lettres du sieur de Saint-André, méd. à Coutances, sur le même sujet, par le sieur Boissier. *Paris*, 1731, in-12, v. br.

259. Secrets merveilleux de la magie naturelle et cabalistique du Petit-Albert. *Lyon*, 1788, in-18, fig. demi-rel. v. rose, tête dor. n. r.

260. Les Controverses et recherches magiques, par Martin Delrio, trad. par André du Chesne. *Paris*, 1611, 2 vol. pet. in-8°, chag. rouge, tr. dor. titre manuscrit.

261. Idée générale de la théologie payenne, servant de réfutation au système de M. Bekker, touchant l'existence et l'opération des démons, ou traité historique des dieux du paganisme, par M. Binet. *Amsterdam*, 1699, in-12, v. br. n. r.

262. La Démonologie, ou histoire des démons et des sorciers, par Walter Scott, trad. par A. de Montémont. *Paris*, 1838, in-8°, demi-rel. mar. noir.

263. Histoire curieuse et pittoresque des sorciers, devins, magiciens, astrologues, voyants, revenants, etc., par M. Fornari. *Paris*, 1846, gr. in-8°, pl. demi-rel. bas.

264. Tableav de l'inconstance des mavvais anges et demons ou il est amplement traité des sorciers et de la sorcellerie, par Pierre de l'Ancre. *Paris*, *Nicolas Bvon*, 1613, in-4°, demi-rel. mar. noir, tête dor. avec la grande planche du sabbat.

Quelques mouillures.

265. L'Incrédulité et mescréance dv sortilége pleinement

convaincue, par Pierre de Lancre. *Paris, N. Bvon*, 1622, in-4°, v. br. fers à froid, plats quadrillés, rel. ancienne.

Très-bel exemplaire dans sa reliure originale, grand de marges, avec beaucoup de témoins. Beau portrait de Louis XIII, gravé par Léonard Gaultier. Ce vol. est composé de 842 pages et 6 feuillets pour la table. On trouve à la fin un recueil très-curieux de différents arrêts de condamnation contre de prétendus sorciers : l'auteur se montre aussi crédule et aussi impitoyable que dans l'ouvrage précédent. **L.**

266. Démonologie ov Traitté des démons et sorciers, ensemble l'anti-démon de Mascon, par Perreavd. *Genève*, 1653, pet. in-8° vélin.

267. Trois livres des charmes, sorcelages ov enchantemens, fait en latin par Léonard Vair et mis en françois par Julian Bavdon, Angevin.*Paris, Nicolas Chesneav, rue Saint-Jacques, au Chesne-Vert*, in-8°, v. fauve, tr. bleue.

Quelques feuillets raccommodés dans la marge.

268. De la Démonomanie des sorciers, par J. Bodin, Angevin. *Anvers*, 1593, in-8°, demi-rel.

269. Dissertation sur les maléfices et les sorciers, selon les principes de la théologie et de la physique, par de Valmont. *A Tourcoing*, 1752, pet. in-12, v. br.

270. L'Histoire des imaginations extravagantes de M. Oufle. *Paris*, Duchesne, 1754, 3 vol. in-12, fig. v. br.

Exemplaire avec la grande planche du sabbat qui manque souvent. Figures singulières gravées par Crespy. **L.**

271. Histoire de M. Oufle, par l'abbé Bordelon, et la Description du sabbat. *Paris*, 1793, in-8°, demi-rel. v. fauve, tr. peig. fig.

272. De la Sorcellerie et de la justice criminelle à Valenciennes (XVI° et XVII° siècles), par Th. Louise. *Valenciennes*, 1861, in-8°, br. blason col. et 4 fig.

273. Olim. Procès des sorciers en Belgique sous Philippe II, tirés d'actes judiciaires et de documents

inédits, par A.-B. Cannaert. *Gand*, 1847, in-8°, br. 2 pl.

274. Les Farfadets, ou tous les démons ne sont pas de l'autre monde, par Al. Vinc. Ch. Berbiguer. *Paris*, 1821, 3 vol. in-8°, demi-rel. chag. portr. et 8 fig. lithographiées.

275. Discovrs des sorciers avec six advis en faict de sorcellerie, par Henry Bogvet, Dolanois. *Lyon*, 1610, in-8°, v. fauve, tr. dor. dent.

Livre curieux, *exécrable* et singulier tout à la fois.

276. Histoire admirable de la possession et conversion d'vne pénitente, séduite par vn prince des magiciens la faisant sorcière et princesse des sorciers au pays de Provence, conduite à la Saint-Baume pour y être exorcisée, etc., etc.; ensemble vn discours sur les Esprits, par F. Sébastien Michaélis. *Dovay, Balthazar Bellere*, 1613, in-8°, chag. noir (*Thivet*).

Quelques feuillets raccommodés.

277. Histoire véritable et mémorable de ce qui s'est passé sous l'exorcisme de trois filles possédées au pays de Flandre, ou il est aussi traité de la police du sabbat, par le R. P. Michaelis, le tout mis en lumière par J. Le Normant. *Paris, Nic. Buon*, 1623, 2 vol. pet. in-8°, chag. noir. Jolie reliure de *Thivet*.

Ouvrage aussi singulier et aussi rare que le précédent. Malheureusement il était criblé de piqûres de vers lorsqu'il m'est tombé sous la main. J'ai réparé ses nombreuses blessures du mieux qu'il m'a été possible : elles n'affectent que les marges. J'ai réussi assez bien et je suis content de mon travail. Cet exemplaire, que j'ai encollé après mon opération, ne m'avait coûté que 2 fr. sans la reliure.   L.

278. Les Pleiades dv sievr de Chavigny Beavnois divisées en VII livres. Tirées des anciennes prophéties et conférences, avec les oracles du célèbre et renommé M. Michel Nostradamus. *Lyon, Pierre Rigavd*, 1607, in-8°, mar. rouge, tr. dor. (*Petit*).

ALCHIMIE, CHIROMANCIE, ASTROLOGIE.

279. L'Alchimie et les alchimistes, essai historique et critique sur la philosophie hermétique, par Louis Figuier. *Paris*, 1856, in-12, br.

280. Bibliothèque des philosophes chimiques et alchimistes, par G. Salmon. *Paris*, 1741, 4 vol. in-12 avec 29 fig. v. br.
> Le 4e vol. imprimé en 1754 manque souvent.

281. Histoire de la philosophie hermétique, accompagnée d'un catalogue raisonné des écrivains de cette science. *Paris, Coustelier*, 1742, 3 vol. in-12, v. br.

282. Dictionnaire mytho-hermétique dans lequel on trouve les allégories fabuleuses des poëtes, les métaphores, les énigmes et les termes barbares des philosophes hermétiques expliqués, par dom Ant.-Joseph Pernety. *Paris*, 1758, in-12, v. br.

283. La Chiromancie royale et novvelle, par le sieur Adrian Sicler. *Lyon*, 1666, pet. in-12, demi-rel. v. fauvé, fig.

284. La grande Chiromancie naturelle, ou l'art parfait de se connaître soy-même, tirée de tovs les plvs graves avthevrs anciens et modernes qui ont traitté de cette matière. *Paris, François Clousier*, 1677, in-4°, bas. fil. 90 pl.

285. Les Ovvrages de M. Jean Belot, cvré de Milmonts, contenant la chiromancie, etc. *Rouen*, 1662, in-8°, vél. fig.

286. Cvriositez inovyes svr la scvlptvre talismanique des Persans. Horoscope des patriarches et lectvre des estoilles, par M. J. Gaffarel. *S. l.* 1637, pet. in-8°, fig. v. fauve.

287. Des Talismans, ov figvres faites sovs certaines constellations, pour faire aymer et respecter les

hommes, les enrichir, etc., avec des observations contre le livre des Cvriositezinovyes, de M. J. Gaffarel, et un traité de l'vngvent des âmes, ov ongvent sympathique et constellé, etc., par le sieur de l'Isle (Ch. Sorel). *Paris*, 1636, in-8°, v. marb. tr. dor.

Piqûres de vers réparées.

288. Cinq livres des hieroglyphiqves, ov sont conte-nvs les plus rares secrets de la nature et pro-priétés de toutes choses, etc., etc., par M. P. Dinet. *Paris*, 1614, in-4°, vél.

289. Polygraphie et vniverselle escriture caballistique, de M. J. Trithemius, abbé, avec les tables et fig. concernant l'effaict et l'intelligence de l'occulte escriture, traduite par Gabriel Collague. *Paris, Jacques Kerver*, 1561, in-4°, demi-rel. v. fauve, coins, tr. peig.

Rare. Contient des principes de sténographie et les anciens alphabets des Francs, des Normands et autres.   L.

290. Geomancie astronomiqve, de Girard de Crémone, pour savoir les choses passées, les présentes et les futures, par le sieur de Salerne. *Paris*, 1669, pet. in-12, v. fauve, fil. tr. dor.

291. Pratique curieuse, ou les oracles des sibylles sur chaque question proposée, par M. Commiers. *Paris*, 1770, in-12, v. br.

292. Les Vrayes centuries et prophéties de maistre Michel Nostradamus. *Rouen, Besongne*, 1710, in-12, vél.

293. Panthéon, ou temple des oracles divertissants, dans lequel chacun peut apprendre ce qui luy doit arri-ver de bonheur ou de malheur en ses desseins et entreprises, par C. D., commandeur de Valcanuille, 3e édit. *Paris, Cardin Besongne*, 1610, in-8°, mar. bleu, tr. dor.

Livre rare, composé de quatrains. Cette édition en caractères italiques, de 245 pages, n'est pas mentionnée dans le Manuel de Brunet.   L.

294. Le Panthéon et temple des oracles où préside
fortune, dédié au roy par François d'Hervey, de l'ordre des chevaliers de Saint-Jehan de Hierusalem,
seigneur et commandeur de Valcanville, Cantelou et
Sauvetroup. Nouv. édit. revue sur le manuscrit de
l'auteur, conservé à la bibliothèque impériale. *Paris,
Jannet*, 1858, in-16, perc. rouge.

> Edition plus complète avec le titre de l'édition de 1630, où l'au-
> teur est désigné sous les initiales C. D.   L.

295. Les Devins, ou commentaires des principales sortes
de divinations, par Gaspar Pevcer. *Anvers*, 1594,
in-4°, v. fauve, tr. dor.

296. Prophétie du pape Innocent XI, précédée de celle
d'un anonyme, avec l'explication, par M. V***. *Paris*,
1816, in-12, rel.

297. La Buccomancie, ou l'art de connaître le passé, le
présent et l'avenir d'une personne, d'après l'inspec-
tion de sa bouche, par William Rogers. *Paris*, 1851,
in-8°, br. port.

298. Souvenirs prophétiques d'une sibylle; — les Oracles sibyllins; — la Sibylle au congrès d'Aix-la-
Chapelle; — Souvenirs de la Belgique, ou cent jours
d'infortune, par Mlle Lenormand. *Paris*, 1814-22,
4 vol. in-8°, br. fig. Avec la signature autographe
de l'auteur.

> Recueil de sept pièces de Mlle Lenormand. — 1° La Sibylle
> au tombeau de Louis XVI. 1816, front. gravé. — 2° Le Petit homme
> rouge au château des Tuileries, la vérité à Holyrood. 1831, 106 p.
> avec envoi autographe de l'auteur. — 3° Arrêt suprême des dieux
> de l'Olympe en faveur de Mme la duchesse de Berry et de son fils;
> l'ombre du prince de Condé à son filleul le duc d'Aumale. *Paris*,
> 1833, front. 144 p. (Cette pièce curieuse fut saisie.) — 4° Anniver-
> saire de la mort de l'impératrice Joséphine. *Paris*, 1814, 23 p. —
> 5° L'Ange protecteur de la France au tombeau de Louis XVIII.
> 1824, 74 p. — 6° L'Ombre de Catherine II au tombeau d'Alexandre
> Ier. 1826, fig. 68 p. — 7° L'Ombre de Henri IV au palais d'Orléans.
> 1831, 94 p.

299. Légendes des esprits et des démons qui circulent
autour de nous, par Collin de Plancy. *Paris*, s. d.
in-8°, demi-rel. chag. coins, tête dor. n. r.

300. Le Diable peint par lui-même, ou galerie de petits romans et de contes merveilleux, par Collin de Plancy. *Paris*, 1825, in-8°, demi-rel. chag. tête dor. n. r.

301. Histoire du diable, par Daniel de Foë. *Amsterdam*, 1730, 2 vol. in-12, v. fauve.

    A l'index.

302. Cinq livres de l'imposture et tromperie des diables, des enchantements et sorcellerie. Pris du latin de Jean Wier par Jacques Grevin, de Clermont en Beauvoisis. *Paris*, 1569, in-8°, chag. vert.

    Le titre manque et un feuillet a été raccommodé.

303. Le Diable bossu, par Brusté de Montplainchamps. *Nancy*, 1708, pet. in-12, v. gran. front. grav.

304. Roderic ou le démon marié, nouvelle historique, trad. de Machiavel. *A Baratropolis*, *s. d.* — Métra ou la démone mariée, par Mlle Patin. *A Demonopolis* (*Paris*), *s. d.* pet. in-12, v. m.

305. Les sept nuances de l'œuvre philosophique hermétique, suivi d'un Traité sur la perfection des métaux, par Eteilla. *Paris*, 1785, in-12, fig. br.

306. L'Alkaest ou le Dissolvant universel de Van Helmont, révélé dans plusieurs traités qui en découvrent le secret, par J.-L. Pelletier, de Rouen. *Rouen*, *G. Behourt*, 1704, in-12, v. br.

307. Le Prophète des Alpes, avénement des peuples et rénovation du monde (par M. Bremont). *Londres*, 1857, 2 tom. en 1 vol. gr. in-8°, demi-rel. mar. vert.

    Livre fort singulier, écrit avec énergie, et dont la vente fut défendue en France. Il est rare, n'ayant été tiré qu'à 200 exemplaires.
    Dans cet ouvrage, l'auteur prophétise l'anéantissement prochain des monarchies, la terreur et la fuite des rois. « Ils trembleront, dit-il, comme les arbres des forêts que le vent agite, et leur puissance sera comme un amas d'étoupes sèches qu'une étincelle embrase et réduit en cendres.... »
    Cet exemplaire m'a été donné par Mlle Dupont (de l'Eure). J'y ai

ajouté ses lettres d'envoi autographes, avec ma réponse contenant
quelques réflexions sur l'esprit et les tendances de ce livre hardi,
curieux et singulier à la fois.   L.

308. Plan de confédération européenne et universelle
du livre précurseur, avec une carte. *Paris, Paul
Dupont,* 1867, in-4° br.

> Cet ouvrage est de l'auteur du *Prophète des Alpes,* J. J. Bremont.
> Il contient, comme celui-ci, des théories singulières qu'il n'est pas
> toujours facile de comprendre, au moins pour un pauvre esprit
> comme le mien.   L.

309. Nouvelles considérations puisées dans la clair-
voyance instinctive de l'homme sur les oracles des
sibylles et les prophètes, et en particulier sur Nostradamus, etc., par Théodore Bouys. *Paris,* 1806,
in-8°, demi-rel. mar. noir, tête peigne, n. r.

310. Des Satyres, brvtes, monstres et démons, de levr
natvre et adoration, contre l'opinion de ceux qui ont
estimé les satyres estres une espèce d'hommes dis-
tincts et séparés des Adamicques, par F. Hedelin.
Paris, Nicolas Bvon. S. d. in-8°, demi-rel. chag. fil.
Quelques feuillets réparés.

BELLES-LETTRES

.

LINGUISTIQUE.

311. Dictionnaire françois contenant généralement tous
les mots tant vieux que nouveaux et plusieurs remarques, etc., par Pierre Richelet. *Amsterdam, Jean
Élzévir*, 1706, in-f°, v. br.

> Bel exemplaire de ce curieux dictionnaire dans lequel on trouve
> les termes du vieux langage, et un grand nombre de petites pièces
> de vers facétieuses et libres. **L.**

312. Dictionnaire de l'Académie française. Nouv. édit.
Lyon, Duplain, 1776, 2 t. en un vol. in-4°, v. mar.

313. Dictionnaire des dictionnaires français, par Nap.
Landais. 10ᵉ édit. 1850, 2 vol. in-4°, br.

314. Dictionnaire des synonymes français. *Paris*, 1823,
2 vol. in-12, v. racine.

315. Dictionnaire comique, satyrique, critique, burlesque, libre et proverbial, par P.-J. Leroux. *Pampelune
(Paris)*, 1786, 2 vol. in-8°, bas.

> Edition la plus complète.

316. Dictionnaire néologique à l'usage des beaux esprits
de ce siècle, avec l'éloge historique de Pantalon Phœ-
bus. *Amsterdam*, 1748, in-12, demi-rel. chag. n. r.
— Contient aussi : De la réception de l'illustre Chris-
tophle Matanasius à l'Académie française. — Deux
lettres d'un rat calotin, à Citron Barbet, au sujet de
l'histoire des chats, etc.

317. Nouveau dictionnaire proverbial, satyrique et burlesque, par A. Caillot. *Paris*, 1826, in-12, br.

318. Grammaire classique française, par François dit Alexandre, 4ᵉ édit. 1826, in-12.

> L'auteur de cette grammaire, dans laquelle il propose un nouveau système d'orthographe pour un grand nombre de mots de la langue française, a été mon professeur : sa méthode n'a pas prévalu.   L.

319. La Rhétorique des savants, par l'abbé Cheruel d'Autrain. *Paris*, 1767, in-12, demi-rel. v. n. r.

---

320. Etudes sur les orateurs parlementaires, par Timon. *Paris,* 1838. — Lettres sur la liste civile, par le même. — Etat de la question, par le même, 2 vol. in-18, demi-rel. chag.

321. Oraison funèbre de François Iᵉʳ, empereur des Romains; de Louis, dauphin; de Stanislas Iᵉʳ, roi de Pologne; de Charles V, roi de France, et de Marie Leczinska. 1766-68, 11 pièces in-4°, br. gravures.

POÉSIE FRANÇAISE ET ÉTRANGÈRE.

322. L'Iliade, poëme, avec un discours sur Homère, par M. de la Motte. *Paris, G. Dupuis*, 1711, pet. in-8°, demi-rel. v. coins, fil. tr. peig. fig.

> Vendu 18 fr. v. mar. (*Padeloup*), vente Techener.
> J'ai ajouté une pièce rare de 43 pages, qui ne se trouvait pas dans l'exemplaire de M. Techener, et dont j'ai remonté les feuillets. Elle est intitulée : Lettre de M*** sur l'Iliade de M. de la Motte. *Paris,* 1714.

323. L'Iliade et l'Odyssée d'Homère, trad. par Mᵐᵉ Dacier. *Amsterdam*, 1712-1717, 6 vol. in-12, v. mar. avec 61 fig. coloriées.

324. OEuvres complètes d'Homère, trad. en français par de Bitaubé. *Paris, Castel de Courval*, 1825, 4 vol. in-8°, br.

325. Nouvelle traduction des Métamorphoses d'Ovide, par Fontanelle. *Lille, J.-B. Henry,* 1767, 2 vol. gr. in-8°, v. éc. pap. vergé fort, fig.

326. Elégies de Tibulle, trad. en vers français par C.-L. Mollevaut. *Paris, Debray,* 1806, gr. in-8°, cart. n. r.

> Brunet ne mentionne pas cette édition, qui est cependant très-belle. Signature autographe de Mollevaut, au verso du titre. L.

327. Poésies complètes de Catulle, nouvelle traduction en vers français, par A. Canel. *Rouen, A. Lebrument,* 1860, in-12, pap. vergé, br.

> On lit sur le faux titre : A *Monsieur Lebert oncle, souvenir affectueux.* A. CANEL. M. Alfred Canel, membre de l'Assemblée constituante en 1848, nommé dans le département de l'Eure par 64,418 voix, fut un défenseur constant et zélé des libertés publiques. Retiré dans la vie privée, il est resté fidèle à ses convictions républicaines. Auteur d'un grand nombre d'ouvrages très-estimés, sa plume élégante et consciencieuse est presque constamment consacrée à l'histoire de notre province. Bibliophile distingué et très-ardent, il n'a laissé échapper aucune occasion d'augmenter ses collections.
> Sa bibliothèque, composée presque entièrement d'ouvrages normands, est, sans contredit, par les raretés qu'elle renferme, l'une des plus curieuses et des plus riches de la Normandie.
> M. Canel est né à Pont-Audemer le 30 novembre 1803. L.

328. Satires de D. J. Juvénal. Traduction avec le texte en regard et accompagnée de notes, par Fabre de Narbonne. *Paris,* 1822, 3 vol. in-8°, br.

329. Fabliaux et contes des poëtes françois des xiᵉ, xiiᵉ, xiiiᵉ, xivᵉ et xvᵉ siècles, publiés par Barbazan. *Paris, Warée,* 1808, 4 vol. in-8°, demi-rel. chag. rouge, coins, tête dor. n. r.

330. Fabliaux ou contes, fables et romans des xiiᵉ et xiiiᵉ siècles, traduits ou extraits par Legrand d'Aussy, 3ᵉ édit. *Paris, Renouard,* 1829, 5 vol. gr. in-8°, demi-rel. v. tête dor.

> Les titres sont un peu tachés. Ex. Le Roux de Lincy, pap. vélin.

331. Nouveau recueil de Contes, Dits, Fabliaux et autres pièces inédites des xiiiᵉ, xivᵉ et xvᵉ siècles, par Ach. Jubinal. *Paris, Pannier,* 1839, 2 vol. en un, in-8°, demi-rel. chag. brun, tête dor. n. r.

332. Li Romans de Dolopathos, recueil de contes en vers du xiiᵉ siècle, publié pour la première fois en entier par

MM. Charles Brunet et A. de Montaiglon. *Paris, Jannet,* 1856, in-16, cart. perc. rouge, n. r.

333. Les Contes du gay savoir, ballades, fabliaux et traditions du moyen âge, publiés par Ferd. Langlé. *Paris*, *Didot*, 1838, in-8° caract. goth. orné de vignettes coloriées et fleurons imités des mss. originaux, cart. dans un étui.

334. Le Roman de la Rose, par Guillaume de Lorris et Jehan de Meung, nouvelle édit. revue par Méon. *Paris, Didot,* 1814, 4 vol. in-8°, grav. de Monnet, demi-rel. v. fauve, n. r. *(Thouvenin).*

> Le compte rendu de cette édition, la meilleure selon Brunet, extrait du *Journal des Savants*, formant 42 pages, se trouve à la fin du 4ᵉ volume. Cette pièce manque à beaucoup d'exemplaires. L.

335. Bibliothèque poétique, ou nouveau choix des plus belles pièces de vers en tous genres, depuis Marot jusqu'aux poëtes de nos jours, avec leurs vers et des remarques (par Lefort de La Morinière). *Paris,* 1745, 4 vol. in-12, v. marb.

336. Recueil de poésies françoises des xvᵉ et xviᵉ siècles, morales, facétieuses, historiques, réunies et annotées, par A. de Montaiglon. *Paris, Jannet,* 1855-58, 9 vol. in-16, cart. perc. n. r.

337. OEuvres d'Alain Chartier, nouvelle édit. avec notes de Vallet de Viriville. *Jannet,* 1858, 3 vol. in-16, cart. perc. n. r.

338. OEuvres complètes de Villon, nouvelle édit. mise en ordre avec des notes historiques et littéraires, par P.-L. Jacob, bibliophile. *Jannet,* 1854, in-16, cart. perc. n. r.

> De la bibliothèque elzévirienne. J'ai 86 volumes de cette collection, formant 40 ouvrages répartis dans les diverses classes de ce catalogue. L.

339. OEuvres de Clément Marot, avec les œuvres de Jean Marot son père et ceux de M. Marot son fils et les pièces du différend de Clément Marot avec François Sagan, etc. *La Haye, Gosse et J. Naulme,* 1731, 6 vol. in-12, v. fauve (*aux armes*).

340. L'Adolescence clémentine, aultrement les œuvres de Clément Marot, de Cahors en Quercy. *Paris, Denis Janot*, 1538, pet. in-8°, cuir de Russie, tr. dor. *(Thivet)*.

Le titre et les ff. 73 et 74 sont très-bien reproduits à la main.

L.

341. OEuvres complètes de P. Gringore, réunies pour la première fois par MM. Ch. d'Héricault et A. de Montaiglon. *Paris, Jannet*, 1858, 1 vol. in-16, cart. perc. n. r.

342. OEuvres de Philippe Desportes avec une introduction et des notes, par Alfred Michiel. *Paris, Ad. Delahays*, 1858, gr. in-18, vélin double, br. front.

343. La seconde sepmaine de Gvillaume de Salvste, seignevr dv Bartas —Suite des OEuvres de G. de Salvste, seignevr dv Bartas. *Roven, Raphael du Petit Val*, 1616, 2 part. en 1 vol. pet. in-12, mar. bleu, tr. dor. *(Niedrée)*.

Plusieurs feuillets rognés à la lettre. J'ai ajouté à ce bel exemplaire le portrait de Du Bartas. L.

344. Les Satyres du sievr Régnier. *Paris, Tovssaincts dv Bray*, 1613, in-8°, vélin bl.

Selon M. Potier, cette édit. doit être la 2e; elle contient 4 satyres de plus que l'édit. de 1612. Vendu 35 fr. mar. r. Giraud, et 34 fr. Solar. L.

345. OEuvres complètes de Mathurin Régnier, avec les commentaires revus et corrigés, précédés de l'histoire de la satyre en France, par M. Viollet Le Duc. *Paris, Jannet*, 1853, in-16, cart. perc. n. r.

346. OEuvres complètes de Régnier, nouvelle édit. avec les commentaires de Brossette, publiée en 1729, des notes littéraires, un index, etc., par Prosper Poitevin. *Paris, Ad. Delahays*, 1860, gr. in-18, vélin double, br.

347. Discovrs des misères de ce temps, par P. de Ronsard, gentilhomme vandômois. *Paris, Gabriel Buon*, 1571, pet. in-12, vélin blanc.

Plusieurs feuillets réparés dans la marge.

348. Poésies de Marguerite Eléonore Clotilde de Vallon Chalys, depuis Mme de Surville, publiées par Ch. Vanderbourg. *Paris*, 1803, in-8°, br. front. grav.

349. Poésies inédites de Marguerite Eléonore Clotilde de Vallon Chalys, depuis Mme de Surville, publiées par Roujoux et Ch. Nodier. *Paris*, 1825, in-8°, br. fig.

350. OEuvres de Coquillart, nouvelle édit. revue et annotée, par Charles d'Héricault. *Paris*, *Jannet*, 1858, 2 vol. in-16, cart. perc. n. r.

351. Adam Billaut, menuisier de Nevers. Les Chevilles. *Paris*, *F. Quinet*, 1644, in-4°, cart. (*incomplet*).

352. Le Vilebrequin de Me Adam, menuisier de Nevers, contenant toutes sortes de poésies galantes. *Paris*, G. *de Luyne*, 1663, pet. in-12, vélin blanc.

> Edition originale de ce petit livre piquant et rare. Lorsque cet exemplaire m'est tombé sous la main, il était incomplet des feuillets 285-287, que j'ai refaits à la plume. Ils avaient été arrachés parce qu'ils contenaient quelques mots un peu gaillards.... L.

353. OEuvres complètes de Théophile, nouv. édit. annotée et précédée d'une notice biographique, par M. Alleaume. *Paris*, *Jannet*, 1856, 2 vol. in-18, cart. perc. n. r.

354. Les OEuvres et suite des OEuvres du sieur de Saint-Amant, 2e édit. *Paris*, *N. Trabouillet*, 1633, in-8°, v. fauve, fil. dent. plats ornés, tr. dor. (*Thivet*).

> Edition fort rare. Les 4 derniers feuillets sont refaits à la main par moi. L.

355. OEuvres complètes de Saint-Amant, revues et annotées par Ch. Livet. *Paris*, *Jannet*, 1855, 2 vol. in-18, cart. perc. n. r.

356. Les OEuvres de M. de Voiture, poësies et ses lettres. *Paris*, *Cl. Robustel*, 1729, 2 vol. in-12, portr. v. brun.

357. Poésies diverses, par Thevenot. *Paris*, 1732, in-12, bas.

358. OEuvres de Gresset. *Paris*, 1793, 2 vol. in-8°, grav. br.

359. OEuvres de François Joachim de Pierre, cardinal de Bernis. *Paris*, 1803, 2 vol. in-12, pap. vélin, bas.

360. OEuvres de Millevoye, précédées d'une notice littéraire par de Pongerville. *Paris*, *Furne*, 1835, 2 vol. in-12, demi-rel. bas. n. r. 4 fig. de T. Johannot.

361. Alaric ov Rome vaincuë, poëme héroïque dédié à la sérénissime reine de Suède, par Scvdery. *Jouxte la copie. A Paris, Covrbé*, 1656, pet. in-12, mar. vert, tr. dor. front. et fig. (*Thivet*).

362. Les Sarrazins chassez de France, poëme héroïque, par le sieur de Sainte Garde. *Paris, Clavde Barbin*, 1667, pet. in-12, v. fil. tr. dor. (*Thivet*).

Edit. originale rare. Né à Rouen, Carel de Sainte-Garde mourut en 1684. L.

363. Saint Lovis ov la covronne reconqvise, poëme héroïque, par le P. P. Lemoine. *Paris, Avgvstin Covrbé*, 1658, petit in-8°, v. fauve, dos et plats ornés, dent. tr. dor. jolies fig. de Chauveau.

Bel exemplaire ayant appartenu à l'abbaye de Saint-Amand de Rouen, dont les armes se trouvent à l'intérieur des plats. L.

364. Les Muses chrétiennes, ou petit dictionnaire poétique. *Paris*, 1773, pet. in-12, vélin.

365. Poésies sacrées, trad. ou imitées des psaumes (par l'abbé Godeau). *Rouen*, 1717, in-12, demi-rel. chag.

366. Le faut mourir et les excuses inutiles que l'on apporte à cette nécessité. Le tout en vers burlesques, par Jacques Jacques. *Rouen*, 1780, pet. in-12, v. fil. tr. dor.

La dernière page de la table manque.

367. Le Médecin liberal qvi donne gratis des remèdes salutaires contre les frayeurs de la mort, par M. Jac-

qves Jacqves. *Lyon, Charles Mathevet*, 1666, pet. in-12, chag. rouge, front. grav.

Deux feuilles ont été en partie refaites à la main. Petit volume en vers burlesques non moins singulier et plus rare que le précédent. Vendu 15 fr. vente Coste ; 35 fr. mar. vert, vente A. Veinant, en 1860. L.

368. Le Virgile travesti en vers burlesques, par Paul Scarron, avec la suite de Moreau de Brasei, nouvelle édit. revue, annotée et précédée d'une étude sur le burlesque, par Victor Fournel. *Paris, Ad. Delahays*, 1858, gr. in-18, vélin double, br.

369. Télémaque travesti, poëme héroï-comique en 12 chants, par Parigot. *Paris, Sanson*, 1825, 1 fig. — La Henriade travestie, par Fougeret de Mongeron. *Paris, Berquet*, 1825, 2 vol. en un, in-32, demi-rel. v. rose, n. r.

370. La Pvcelle ov la France délivrée, poëme héroïque, par M. Chapelain. 2ᵉ édit. *Paris, Avgvstin Covrbé*, 1656, pet. in-12, mar. viol. du Levant, tr. dor. fil. front. et fig.

Très-bel exemplaire provenant de la bibliothèque de M. Abel Vautier, de Caen, dont la vente eut lieu en novembre 1863. A cause de sa très-mauvaise condition, ce livre ne fut payé que 3 fr. Taché d'huile du premier au dernier feuillet, je l'ai nettoyé avec soin, encollé et fait relier par Thivet. C'est aujourd'hui un des plus jolis volumes de ma modeste bibliothèque. L.

371. La Ligue ou Henry le Grand, poëme épique, par M. de Voltaire. *Amsterdam (Évreux)*, 1724, in-12, v. br.

Edition originale rare de la Henriade, imprimée à Evreux, et publiée par l'abbé Desfontaines, dans laquelle il a ajouté des vers satiriques de sa façon contre certains personnages de l'époque. Voltaire, dans sa correspondance, se plaint vivement de ces infidélités... Voir lettre à Mᵐᵉ Denis, tome VI, page 374, de l'édition Beuchot. L.

372. La Henriade en dix chants. *Genève*, 1773, in-16, mar. rouge, plats ornés, tr. dor.

Reliure ancienne de Derome.

373. La Henriade, par M. Arouet de Voltaire. *Zurich, C. Orelli*, 1738, in-8°, br.

374. La Pucelle d'Orléans, poëme héroï-comique. *Londres*,1761, pet. in-8°, v. marbre, front. gravé et 12 fig.

Edition non expurgée et qui contient de nombreux passages satyriques contre certains personnages de la cour de Louis XV, qui ne se trouvent pas dans les éditions postérieures. La *Pucelle* fut condamnée au feu par décret de la cour de Rome du 20 janvier 1757. **L.**

375. La Pucelle d'Orléans, poëme, suivie du Temple du goût, etc. *S. l.* 1785, in-8°, demi-rel. chag. coins, tr. rouge, grav.

Très-bonnes épreuves.

376. La Christiade, ou le Paradis reconquis. *Bruxelles,* 1753, 6 vol. in-12, v. m. fig. d'Eisen.

Cet ouvrage, qui est de J.-F. Labaume Desdossat, fut condamné et brûlé par arrêt du Parlement du 9 avril 1756, sur le réquisitoire d'Omer Joly de Fleury. Il faut convenir que les curiosités indiscrètes de l'auteur de la Christiade sont souvent poussées un peu loin..... **L.**

377. La Chandelle d'Arras, poëme héroï-comique en 18 chants, par Dulaurens. *Paris*, 1833, avec 16 grav. — Le Cabriolet avec le Passe-temps des Mousquetaires, ou le Temps perdu (par Des Bies). *La Haye*, 1760, 2 vol. en un, in-12, demi-rel. chag. rouge, n. r.

Les gaillardises que contiennent ces deux ouvrages ont motivé, spécialement pour la Chandelle d'Arras, les condamnations suivantes : Mise à l'index par décret du 19 juin 1760, condamnation à la destruction, par la cour royale de Paris, 21 septembre 1822, et par la cour d'assises, le 17 septembre 1835. **L**

378. La Congrégation ou une Mission chez les Iroquois, poëme Ace-ti épique en 9 chants, avec des notes critiques et édifiantes, par Godard Luce. *Paris, l'auteur,* 1846, in-8°, demi-rel. chagrin noir, frontispice.

379. Les Animaux parlants, poëme, par Casti, trad. par Mareschal. *Paris*, 1819, 2 vol. in-8°, demi-rel.

380. La Philosophomanie, poëme, ou la maladie des têtes à systèmes (par Dières). *Rouen, an III* (1794), in-12, mar. vert clair, n. r.

Ouvrage assez rare d'un avocat de Rouen.

381. La Chassomanie, poëme, par Deyeux. *Paris*, 1856, gr. in-8°, br. fig.

382. Les Helvétiens, poëme en 8 chants, par Ch.-F. Masson, citoyen françois. *Paris, Pougens, an VIII*, in-12, br.

383. Contes et nouvelles, en vers, de la Fontaine. *Amsterdam*, 1776, 2 vol. pet. in-8°, v. fauve, tr. dor. fig. à mi-pages, avec la signature autographe de Dupont de l'Eure sur le titre.

> Edition non citée dans le *Manuel* de Brunet.
> Les contes de la Fontaine furent mis à l'index par décret du 11 juillet 1804.   L.

384. Contes et nouvelles, en vers, par Jean de la Fontaine. *Paris, P. Didot, l'an III* (1795), 2 vol. en un, gr. in-4°, pap. vél. demi-rel. chag. rouge, tête dor. n. r.

385. Contes et nouvelles de la Fontaine, nouv. édit. avec toutes les variantes et plusieurs contes inédits, précédés de l'Histoire de la vie et des ouvrages de la Fontaine, par Mathieu Marais. *Paris, Ad. Delahays*, 1858, 2 vol. pet. in-8°, pap. de Holl. mar. violet, dor. à pet. fers, fil. dent. tr. dor. n. r.

> 84 gravures ajoutées. Très-bel exemplaire.

386. Le Cabinet satyrique, ou recueil parfait des vers piquants et gaillards de ce temps, tirés des secrets cabinets des sieurs de Sigogne, Régnier, Motin, Berthelot, Maynard et autres des plus signalés poëtes du XVIIᵉ siècle. *Gand, Duquesne*, 1859, 3 tom. en 2 vol. pet. in-8°, mar. rouge, dos et plats ornés, tête dor. dent. n. r. (*Thivet*).

> Très-bel exemplaire. Ouvrage condamné par décret de la cour de Rome du 30 juin 1781.   L.

387. Le Parnasse satyrique du sieur Théophile, avec le Recueil des plus excellents vers satyriques de ce temps. *Gand, Duquesne*, 1851, 2 tomes en 1 vol. pet. in-8°, mar. vert, dos plats ornés à petits fers, fil. tête dor. dent. n. r. (*Thivet*).

> Très-bel exemplaire relié sur brochure. Cette édition, tirée à

petit nombre, est rare en France. J'ai fait prendre cet exemplaire à Gand, chez l'éditeur lui-même, où il a été payé 17 fr., et il a franchi la frontière belge caché dans les bottes d'un ami.

Cet ouvrage fut condamné par écrit du Parlement en 1623, dont voici les termes : « Avoir esté ordonné que les nommez Théophile, Frenée, Colletet et Berthelot, auteurs des sonnets et vers contenants les impiétez, blasphèmes et abominations mentionnez au livre par eux intitulé le *Parnasse satyrique*, seraient pris au corps et amenez prisonniers en la conciergerie du Palais. La dicte cour les déclare atteints et convaincus de crime de lèse-majesté divine, et condamne Théophile a être brûlé vif en place de Grève, son corps réduit en cendres, icelles jetées au vent, et lesdits livres brûlez, et ledit Berthelot pendu et estranglé à une potence. » Heureusement pour lui, Théophile ne fut brûlé qu'en effigie : il mourut tranquillement dans son lit en 1626.

Les énormités de tout genre qui composent ce recueil sont telles, qu'on doit s'étonner que les auteurs condamnés au feu aient eu la bonne chance d'échapper alors au fagot. L.

388. Le Parnasse libertin, ou recueil de poésies libres. *Amsterdam*, 1776, in-12, chagr. violet, dent. tr. dor.

Petit volume rempli de gaillardises et de facéties. Le catalogue Auvillain en contenait un exemplaire qui fut retiré de la vente en 1865, par ordre supérieur. L.

389. OEuvres badines d'Alexis Piron. *Paris*, 1832, in-18, br.

390. OEuvres complètes d'Évariste Parny. *Bruxelles*, 1824, in-8°, demi-rel. v. rose.

Exemplaire auquel on a ajouté, outre le frontispice, 21 planches coloriées pour la Guerre des dieux ; ces figures sont en général fort libres.... L.

391. OEuvres choisies de Parny, précédées d'une notice sur sa vie et ses ouvrages. *Paris*, 1826, in-8°, demi-rel. v. rose, portrait.

392. Les Fables d'Esope, mises en françois, avec le sens moral en quatre vers et des fig. à chaque fable. *Rouen*, 1777, in-12, dos et coins de v. vert, fil. tr. peig.

393. FABLES CHOISIES, mises en vers par J. de la Fontaine. *Paris, Dessaint et Saillant*, 1759, 4 vol. in-f°, v. écaille, fil. fig. d'Oudry.

Bel exemplaire, bonnes épreuves, reliure ancienne, avec la vie de la Fontaine, par M. de Montenault. Il provient du cabinet de

M. Dupont (de l'Eure), dont ôn lit la signature sur les faux titres. A côté de la signature de son noble père se trouvent ces mots de la main de son fils : « Offert à M. Lebert par Charles Dupont fils.» Vendu 305 fr. v. f. n° 1157, vente Van der Helle en 1864. Légère piqûre de vers en marge du tome Ier; 5 feuillets raccommodés et 1 planche doublée dans le tome IV.   L.

394. Pièces échappées du feu, ou la curiosité, la rareté. Première et deuxième sottise. *Imprimé à N.....* pour l'année prochaine. 2 part. en 1 vol. pet. in-12, demi-rel. chag. brun.

> Quelques feuilles courtes de marges. Petit recueil de poésies fort gaillardes.   L.

395. Aventures burlesques de Dassoucy, avec notes, par Em. Colombey. *Paris, Delahays,* 1858, in-12, pap. vél. fort, br.

396. La Comédie du Dante, Enfer — Purgatoire — Paradis, traduite en vers. — Dante hérétique, révolutionnaire et socialiste. révélations d'un catholique sur le moyen âge, par E. Aroux. *Paris,* 1854-56, 3 vol. in-8°, demi-rel. chag. noir, n. r.

397. Le Paradis perdu de Milton, tr. en vers par E. Aroux. *Paris,* 1842, 2 vol. in 12, br.

398. Collection de cent figures, dessinées et gravées par Mme Giacomelli (Mme Chomel), pour orner la Divine comédie du Dante, traduite par Artaud. *Paris,* 1813, in-4°, demi-rel. chag. noir, coins, tête dor.

> Collection de planches au trait, d'après J. Stradan.

339. Jérusalem délivrée, poëme du Tasse, trad. par Lebrun. *Paris, an II,* 2 vol. in-8°, fig. de Gravelot, demi-rel. v. fauve, coins, tête dor.

400. La Jérusalem délivrée, illustrée, avec notes, par A. Mazuy. *Paris,* 1845, in-8° br. fig. sur bois hors texte.

401. Les Nuits d'Young, traduites de l'anglais, par Letourneur. *Paris,* 1769, 2 vol. in-12, préparés pour la reliure.

> Première édition en français.

402. OEuvres de Gessner. *Paris, Dufart, s. d.* 2 vol.
in-8°, v. rac. avec grav. de Monnet.

403. Géorgiques françaises, poëme, par J.-B.-R. La-
bergerie. *Paris, an XIII*, 2 vol. in-8, br.

404. OEuvres de J. Delille, avec les actes de MM. Per-
ceval, Gouffier, A. Martin, etc. 4° édit. *Paris, Lefèvre*, 1835, gr. in-8° br., avec portrait par Plée.

405. OEuvres de M. Thomas. *Lyon,* 1773, 2 tom. en
un vol. demi-rel. chagrin vert, n. r.

CHANSONS, NOELS, ETC.

406. Le Sage résolu contre la fortune, par M. de Cre-
naille, sieur de Chateaunière, 6ᵉ édit. *Paris, Cardin
Besogne,* 1667, 2 vol. in-12, v. br. front. gravé.

407. Caquet-Bonbec, la poule à ma tante, poëme ba-
din, par Jonquières. *S. l.* 1763, in-12, vélin.

408. OEuvres de Méry et Barthélemy. Recueil de 7 pièces
en un vol. in-8°, demi-rel. v. olive.

La Villeliade, 1826. — Rome à Paris, 1827. — La Bacriade.
1827.—Une soirée chez Peyronnet,1827.—Le Congrès des ministres,
1827. — Etrennes à M. de Villèle, 1828. — Napoléon en Egypte,
1828.
Ces poëmes satiriques eurent beaucoup de succès, et contri-
buèrent à la révolution de 1830, et à la chute de Charles X. L.

409. Dix ans de solitude, poésies, par J.-A. Refuvielle.
Rouen, Berdalle, 1851, in-8°, br.

410. Hommage à Casimir Delavigne, poëme, par
Deshays des Déserts. *Rouen,* 1852, in-8°, br.

411. De Dieu, des Religions et des Prêtres, poëme,
par Edouard Vitcoq. *Paris,* 1870, gr. in-8°, br.

Envoi autographe de l'auteur, signé « A M. Lebert, comme
souvenir de notre vieille amitié. »
Ce poëme contient des idées neuves et des principes philosophiques qui sont les miens. Ma réponse contenant mes félicitations
à l'auteur, se trouve transcrite au bas de son *ex-dono*. L.

412. Recueil de chants historiques français, depuis le
xiiᵉ jusqu'au xviiiᵉ siècle, par Leroux de Lincy.
Paris, 1841, 2 vol. in-12. demi-rel. chag. violet, n. r.

413. La grande Bible renouvelée des noëls nouveaux,
où tous les mystères de la naissance et de l'enfance
de Jésus-Christ sont expliqués. *Troyes*, *s. d.* (1788),
4 part. en 1 vol. pet. in-8°, vél. blanc, tr. carmin.

414. Les Noëls bourguignons de Bernard de la Monnoye, publiés par Fertiault. *Paris*, 1842, in-12,
demi-rel. chag.

415. Chansons de Gauthier Garguille, nouvelle édit.,
suivies des pièces relatives à ce farceur, avec introduction et notes, par Ed. Fournier. *Paris*, *Jannet*,
1858, in-16, cart. perc. n. r.

416. Anthologie française, ou chansons choisies,
depuis le xiiiᵉ siècle jusqu'à présent, avec les airs
notés (par Monnet). *S. l.* 1765, 3 vol. in- 8°, demi-
rel. chag. coins, tête dor. n. r. fig. de Gravelot.
    Bel exemplaire.

417. Anthologie françoise, ou chansons choisies
depuis le xiiiᵉ siècle jusqu'à présent. *S. l.* 1765,
portr. et grav. par Cochin et Gravelot; airs notés.

418. Chansons joyeuses, mises au jour par un ane-
onyme, onissime (par Colet). *Paris et à Hispahan*,
s. d. (1765).

419. Recueil de romances historiques, tendres et burlesques, avec les airs notés, par M. D. L. (de Lusse).
S. l. 1767; — ensemble 6 vol. pet. in-8°, demi-rel.
chag. violet, coins, tr. peig.

420. Amusement des compagnies, ou nouveau recueil
de chansons choisies. *La Haye*, *Gosse*, 1761, 2 vol.
in-12, demi-rel. v. fauve, n. r.
    Coté 15 fr. les 2 vol. en un, Catal. Fontaine.   L..

421. Le Nouveau siècle de Louis XIV, ou choix de

chansons historiques et satyriques, presque toutes inédites, de 1634 à 1712. *Paris*, *Garnier*, 1857, in-12, demi-rel. v. fauve.

422. Chansons, ballades et rondeaux, de Jehannot de l'Escurel. *Paris*, *Jannet*, 1855, in-16, cart. perc. rouge, n. r.

423. Étrennes tourquennoises ou recueil de chansons facétieuses et plaisantes, par feu F. Decottignies, dit Brûle-Maison. *Tourcoing*, *s. d.* 10 part. en 2 vol. in-32, demi-rel. bas. fig.

    Chansons en patois des environs de Lille.

424. OEuvres complètes de P.-J. de Béranger, édit. revue par l'auteur, ornée de 104 vignettes en taille-douce. *Paris*, 1834, 4 vol. in-8°, demi-rel.. n. r.

    Les titres sont un peu tachés.

425. Béranger, ses amis, ses ennemis et ses critiques, par Arnould. *Paris*, 1864, 2 vol. in-12, demi-rel. chag. tête dor. n. r.

426. OEuvres complètes de P.-J. de Béranger, chansons, musique; ma biographie, correspondance. *Paris*, 1857-60, 9 vol.

427. Béranger et ses chansons, par J. Bernard. *Paris*, 1858.

428. Mémoires authentiques sur Béranger, recueillis et mis en ordre, par Leynadier. *Paris*, 1858.

429. Biographies de Béranger, notes, pamphlets et documents divers, recueillis par J.-A. Lebert. *Le Neubourg*, 1866 (recueil factice); ensemble 12 vol. gr. in-8°, demi-rel. chag. rouge, coins, tête dor. n. r. *(Thivet)*.

430. Mémoires sur Béranger, souvenirs, confidences, anecdotes, lettres, recueillis et mis en ordre par Savinien Lapointe. *Paris*, 1837, gr. in-8°, br.

431. Philosophie et politique de Béranger, par P. Boiteau. *Paris*, 1859, in-8° br.

POÉSIE DRAMATIQUE.

432. Comédies de Térence, avec la traduction et les remarques de Mme Dacier. *Amsterdam*, 1724, 3 vol. in-12, fig. vél. tr. rouge.

433. Les Tragiques, par Théodore-Agrippa d'Aubigné; nouvelle édit. annotée, par Ludovic Lalanne. *Paris, Jannet*, 1857, in-16, cart. perc. rouge, n. r.

434. Ancien théâtre français, ou collection des ouvrages dramatiques les plus remarquables, depuis les mystères jusqu'à Pierre Corneille. Publ. avec des notes et des éclaircissements, par Viollet-Leduc. *Paris, Jannet*, 1854-57, 10 vol. in-16, cart. perc. n. r.

435-436. Les Muses françoises, contenant un tableau universel, par alphabet et numéros, des théâtres de France, avec le nom de leurs auteurs et de toutes les pièces anonymes de ces théâtres, depuis les mystères jusqu'à l'année 1764. *Paris, Duchêne*, 1764.

— Lettres sur l'état présent de nos spectacles, avec des vues nouvelles sur chacun d'eux, particulièrement sur la Comédie-Française et l'Opéra. 2 vol. en un, demi-rel. v. fauve, tête dor. n. r.

437. Les Tragédies de Robert Garnier, conseiller du roi et de monseigneur, frère unique de sa majesté, nouvellement revues et corrigées. *Paris, Mamert Patisson*, au logis de *Robert Estienne*, 1580, petit in-12, vélin réglé.

Edition fort rare, composée de 6 pièces formant ensemble 257 feuillets chiffrés et 4 feuillets préliminaires. Selon le Manuel de Brunet, c'est la première des tragédies de Garnier, avec pagination suivie. Elle comprend *Porcie, Hippolyte, Cornelie, Marc-Antoine* et *la Troade. Antigone*, la dernière et de même date, a une pagination particulière de 54 feuillets. Cet exemplaire a appartenu au conseiller Louis de Vienne, dont l'écusson se trouve à l'intérieur des plats. Un exemplaire de cette édition, m. r. (*Duru*) a été vendu 60 fr. n° 668, vente Chedeau, en 1865.   L.

438. Les Tragédies de Robert Garnier, dédiées av roy

Cette Pièce, de Pierre Corneille, d'Édition
originale est fort rare: elle est ornée
de cinq Planches et le frontispice.

Monsieur Frère, dans son Manuel de Bibliographie Normand, t. 1er. p. 274. n'a indiqué que 3 planches
cet exemplaire malheureusement trop rogné, m'a coûté
6 fr. avec la Reliure en 1863. Il était côté
du 1er au dernier Juillet.

Debert, membre de la société de
l'histoire de Normandie.

de France et de Pologne. *Paris, Mamert Patisson*, 1585, pet. in-12, v. fauve, plats et dos ornés, tr. dor. fil. dent., 12 ff. préliminaires et 332 ff. chiffrés d'un côté.

M. Brunet dit que cette édition est une des plus belles et des plus recherchées. Mon exemplaire est grand de marges avec témoins. Mais malheureusement il est incomplet des feuillets 312 et 313; j'ai refait ces feuillets à la plume en cherchant à imiter autant qu'il m'a été possible les caractères d'imprimerie. L.

439. L'Illusion comique, comédie (par P. Corneille). *Paris, François Targa*, 1639, in-4°, dos et coins, v. fauve, tête dor. n. r.

Édition originale. Je l'ai trouvée en 1862 auprès de Damville. C'est un de mes neveux, M. Huet Baziret, qui m'en a fait cadeau : il l'avait découverte au fond d'un panier parmi de vieux papiers. L.

— Dans le même vol. : Iphigénie en Tauride, tragédie lyrique, paroles de Guillard et musique de Gluck. *Paris*, 1779.

Édition originale.

440. Andromède, tragédie (par P. Corneille), représentée avec les machines sur le théâtre royal de Bourbon. *Rouen, Laurens Maurry*, 1651, in-4°, dos et coins, v. fauve, front. et 5 pl.

Édition originale, ornée d'un frontispice et de cinq belles gravures. M. Frère, dans son *Manuel du bibliographe normand*, n'indique que quatre planches. Cet exemplaire, que j'ai lavé et encollé, m'a coûté 3 fr. sans la reliure. L.

441. La Toison d'or, tragédie représentée pour la première fois, par la troupe royale des Marests, chez M. le marquis de Sourdéac, en son chasteau du Neufbourg, pour la réjouissance publique du mariage du roy et pour la paix avec l'Espagne. *Imprimé à Rouen et se vend à Paris, chez A. Covrbé et G. de Lvyne, 1661*, pet. in-12, demi-rel. v. fauve, coins, n. r.

La Toison d'or a figuré à l'exposition rétrospective d'Evreux en 1864. Le *Courrier de l'Eure* lui a consacré un long paragraphe, dans lequel il raconte des faits très-piquants qui se seraient passés au Neubourg, à l'occasion de cette représentation. On raconte qu'à la suite de cette fête, une demande en séparation de corps fut intentée par Mme de Sourdéac contre son mari, sous prétexte que ce seigneur par trop hospitalier, aurait entretenu des relations intimes avec une des comédiennes de la troupe.

J'ai ajouté à ce petit volume diverses pièces relatives à l'exposition et l'article du *Courrier de l'Eure*.

La Toison d'or de Pierre Corneille, est le premier opéra joué en France, et c'est la ville du Neubourg qui a la gloire d'avoir été son berceau.

A la vente Chedeau en 1865, *la Toison d'or*, cartonnée, fut vendue seule 42 fr., et *Othon* 53 fr.

Édition originale. Quatre pages sont refaites à la main.   L.

— Dans le même vol. : Othon, tragédie (par P. Corneille). *Paris*, 1665.

Édition originale. Titre en partie refait à la main.

442. OEuvres de Molière, nouvelle édit. augmentée de la vie de l'auteur et des remarques historiques et critiques, par M. de Voltaire. *Amsterdam, Arkstée et Merkus*, 1765. 6 vol. pet. in-12, fig. de Punt, demi-rel. mar. rouge, coins, tête dor. *(Thivet)*.

443. OEuvres de Nericault-Destouches. *Paris, aux dépens de la compagnie*, 1774, 10 vol. in-18, v. br. *(Edit. Cazin)*.

444. Rachel et la tragédie, par Jules Janin. *Paris*, 1861, gr. in-8°, portr. demi-rel. chag. tête dor. n. r.

On a ajouté à cet exemplaire beaucoup de documents relatifs à la célèbre tragédienne.

445. Théâtre gaillard. *Londres, Alfeston*, 1803, 2 vol. in-12, mar. rouge, dent. ornem. sur les plats, tête dor. fig.

Recueil composé de pièces en prose et en vers, dont la plupart sont très-libres. Aussi ces gaillardises trop décolletées ont-elles motivé les condamnations suivantes contre ce livre dangereux au premier chef :

1° Condamné à la destruction par la cour royale de Paris du 16 octobre 1822; 2° idem, par arrêt de la cour d'assises de la Seine du 24 novembre 1834; 3° par arrêt de la cour d'assises de la Vienne du 12 décembre 1838, etc., etc.

L'amende et la prison frappèrent les colporteurs et les vendeurs de ce livre.

446. Le Fils de Giboyer, par Em. Augier. In-18 br.

447. Paul Forestier, par le même. In-18 br.

448. Le Lion amoureux, par F. Ponsard. In-18 br.

ROMANS DE DIFFÉRENTS GENRES.

449. Les Amours de Daphnis et Chloé. *La Haye,
J. Naulme*, 1764, in-12, dos et coins de chag. rouge,
tr. dor. 9 grav. dont celles dites des petits pieds.
Exempl. fatigué intérieurement.

450. Le Violier des histoires romaines, ancienne traduction française des *Gesta Romanorum*, nouv. édit.
revue par M. G. Brunet. *Paris, Jannet*, 1858, in-16,
perc. rouge.

451. L'Argenis de J. Barclay, tradvction nouvelle.
Roven, J. Berthelin, 1643, in-8°, vélin, fil. grav.
Titre réparé et quelques mouillures.

452. Amadis de Gaule, traduction libre, par Tressan.
Paris, 1787, 3 vol. in-8°, avec jolies fig. de Marillier,
cart. à la brad.

453. Histoire amoureuse de Pierre Lelong et de sa
très honorée dame Blanche Bazu. *Londres*, 1765,
in-12, v. m. fig. et musique.

454. Hitopadésa, ou l'instruction utile, recueil d'apo-
logues et de contes. Trad. du sanscrit avec des notes
historiques et littéraires, etc., par M. Ed. Lancereau.
Paris, Jannet, 1855, in-18, cart. perc. n. r.

455. Le Roman de Jehan de Paris, publié d'après les
premières édit. et précédé d'une notice, par E. Mabille.
Jannet, 1855, in-16, cart. perc. n. r.

456. Melusine, par Jehan d'Arras, nouvelle édit. conforme à celle de 1478, revue et corrigée, par
Ch. Brunet. *Jannet*, 1854, in-18, cart. perc. n. r.

457. Le Roman bourgeois, ouvrage comique. *Paris,
Guillaume de Luyne*, 1666, in-8°, v. fauve, fil. or-
nements, tr. dor. *(Thivet)*.
Edit. originale : le titre est raccommodé, le frontispice manque.

458. Le Roman bourgeois, par Furetière. *Nancy, Cusson,*

1713, in-12, fig. dos et coins de v. fauve, tr. dor.
(Thivet).

459. Histoire du prince Joly, surnommé Prénany, et
de la princesse Feslée, par M. de C*** le fils (Crébillon). *Amsterdam*, 1746, pet. in-12, v. marb.

460. Le Soldat parvenu, ou mémoires et aventures de
M. de Verval dit Bellerose (par M. de Mauvillon).
Dresde, 1762, 2 vol. in-12, v. marb.

461. La Vie de Marianne, ou les aventures de
Mme la comtesse de***, par Marivaux. *Amsterdam*,
1778, 12 part. en 2 vol. in-12, v. marb. grav. de
Fokke.

> Même édition vendue 90 fr , mar. r. (*Dutu*), vente Duplessis en
> 1856; 40 fr. broché, vente Labédoyère en 1862.   L.

462. Le Paysan parvenu, ou les mémoires de M***,
par Marivaux. *Paris*, 1764, 8 part. en 2 vol. in-12,
v. marb.

463-466. Bélisaire, par M. Marmontel. *Vienne*, 1767. —
Censure de la faculté de théologie de Paris, contre
le livre qui a pour titre Bélisaire. *Paris*, 1767. —
Examen de Bélisaire (par Coget). *Paris*, 1767. —
Lettre à Marmontel, par un déiste converti. *S. l.*
1767, 2 vol. in-12, demi-rel. v. n. r.

> Editions originales. Bélisaire fut condamné par décret de la cour
> de Rome, du 25 mai 1767.   L.

467. Les Incas, ou la destruction de l'empire du Pérou,
par M. Marmontel. *Paris, Lacombe*, 1777, 2 vol.
in-12, demi-rel. v. n. r.

> Edit. originale.

468. L'Abailard supposé, ou le sentiment à l'épreuve,
par Mme la comtesse de Beauharnais. *Paris*, 1781,
in-12, demi-rel. chag. brun, n. r.

> Dans le même volume : Cabriolet, ou l'égoïste corrigé, conte
> en l'air, par le même.   L.

469. Le Diable boiteux. Seconde édit. *Paris, veuve
Barbin*, 1707, in-12, demi-rel. chag. brun, tr. peig.

> Cette seconde édit. a été publiée dans la même année que l'édi-
> tion originale et elle est presque aussi rare. Manque le frontispice.
>   L.

470. Valmore, anecdote française, par Leoiset de Tre-
ogate. *Paris*, 1776. — Fiorello, histoire méridionale,
par le même. *Paris*, 1776, 2 t. en un vol. in-8°, br.
front. grav. par Queverdo.

471. La nouvelle Clarisse, par Mme Le Prince de Beaumont. *Lyon*, *Bruyset*, 1775, 2 vol. pet. in-12, br.

472. Julie, ou la nouvelle Héloïse, ou lettres de deux
amants, habitants d'une petite ville au pied des
Alpes, par J.-J. Rousseau. *Paris*, 1823, 2 vol. in-8°,
cart. n. r. fig. de Moreau.

> Quelques mouillures. La nouvelle Héloïse fut condamnée par
> décret de la cour de Rome du 9 décembre 1806. L.

473. Les Veillées allemandes, chroniques, contes, traditions et croyances populaires, par Grimm, trad.
par l'Héritier. *Paris*, 1838, 2 vol. in-8°, demi-rel.
chag. vert, fig.

474. Histoire de l'admirable Don Quichotte de la
Manche, trad. de Michel de Cervantes, 6 vol. suivis
de ses Nouvelles, 2 vol. *Amsterdam*, *Arkstée et Merkus*, 1768, 8 vol. in-12, dos et coins de mar. r. v.
fil. tr. peig. jolies fig. de Folkema et Fokke.

> Quelques mouillures. Édition très-recherchée à cause des figures
> dont elle est ornée. J'ai ajouté une seconde suite de figures tirées
> de l'édition de Francfort de 1750.
> Coté 400 fr. même édition, mar. v. (*Hardy*), chez Fontaine en
> 1872. L.

475. Suite nouvelle et véritable de l'histoire et des
aventures de l'incomparable Don Quichotte. *Paris*,
1726, 6 vol. in-12, fig. v. br.

> Cette suite est attribuée à Lesage, auteur de Gil Blas. L.

476. Histoire de l'admirable Don Quichotte de la Manche, trad. de Michel de Cervantes. *Paris*, 1741, 6 vol.
in-12, v. br.

477. Histoire de l'admirable Don Quichotte de la Manche, traduction de l'espagnol, par H. Bouchon-Du-
bournial. *Paris*, 1822, 4 vol. in-8°, demi-rel. v. f.
avec 12 grav. et une carte.

478. Nouvelles espagnoles de Michel de Cervantes, traduction par Lefebvre de Villebrune. *Paris*, 1788, 2 vol. gr. in-8°, v. gran. fil. avec 12 belles grav. par Desrais.

Quelques mouillures.

479. Aventures et espiègleries de Lazarille de Tormes, par Hurtado de (Mendoça). *Paris*, 1801, 2 vol. en un, fig. de Ransonnette, demi-rel. v. n. r.

Trois feuil. tachés.

Œuvres complètes

de Nicolas-Edme Rétif de La Bretonne.

Formant 212 tomes en 162 vol. in-8° et in-12, demi-rel. v. f. la plupart non rognés.

480. Le Pornographe, ou Idées d'un honnête homme sur un projet de règlement pour les filles prostituées, propre à prévenir les malheurs qu'occasionne le publicisme des femmes, avec des notes historiques et justificatives. *Londres, Jean Nourse,* 1796, 2 part. en un vol. in-8°, demi-rel. v. fauve.

Faux titre : *Idées singulières,* t. I.

481. Le Mimographe, ou Idées d'une honnête femme pour la réformation du théâtre national. *Amsterdam, Chauguion,* 1770, in-8°, demi-rel. v. fauve.

Faux titre : *Idées singulières,* t. II.

482. Les Gynographes, ou Idées de deux honnêtes femmes pour un projet de règlement proposé à toute l'Europe pour mettre les femmes à leur place et opérer le bonheur des deux sexes; avec des notes historiques et justificatives, suivies des noms des femmes célèbres. *A la Haie, chés Gosse et Pinet, et à Paris, chés Humblot,* 1777, 2 part. en un vol. in-8°, demi-rel. v. fauve.

Il y a au faux titre : *Idées singulières,* t. III.

483. L'Andrographe, ou Idées d'un honnête homme sur un projet de règlement proposé à toutes les nations de l'Europe pour opérer une réforme générale des mœurs, et par elle le bonheur du genre humain; avec des notes historiques et justificatives. *A la Haie, chés Gosse et Pinet, et à Paris, chés la dame veuve Duchesne, Belin et Mérigot,* 1782, 2 part. en un vol. in-8°, demi-rel. v. fauve.

> Le faux titre porte : *Idées singulières,* t. IV. Vendu 7 fr., très-mauvaise condition, vente Solar en 1860.

484. Le Thesmographe, ou Idées d'un honnête homme sur un projet de règlement proposé à toutes les nations de l'Europe pour opérer une réforme générale des lois, avec des notes historiques. *A la Haie, chés Gosse Junior et Changuion, et à Paris, chés Maradan,* 1789, 2 part. en un vol. in-8°, demi-rel. v. fauve.

> Le faux titre porte : *Idées singulières,* t. V. Les cinq volumes, étant tomés 1 à 5 et de reliure pareille, seront vendus ensemble.

485. La Famille vertueuse, lettres trad. de l'anglais, par M. de la Bretonne. *A Paris, chés la veuve Duchesne,* 1767, 4 vol. in-12, demi-rel. v. fauve.

> Premier ouvrage de l'auteur.

486. Lucile, ou les Progrès de la vertu, par un mousquetaire. *A Québec et à Paris, chez Delalain,* 1768, in-18, demi-rel. v. fauve n. r.

> Ce petit livre fut fait en cinq jours, et payé 3 louis à l'auteur. Edition originale.

487. L'Innocence en danger, ou les Evénements extraordinaires. *Liége, Boubers,* 1779. — La Belle Allemande, ou les Galanteries de Thérèse. *Strasbourg, Strink,* 1776, ensemble 1 vol. in-12, demi-rel. v. f.

> Contrefaçon de Lucile sous un autre titre.

488. Le Pied de Fanchette, ou l'Orfeline française, histoire intéressante et morale, *imprimée à la Haye et à Paris, chez Humblot et chez Quillau,* 1769, 3 t. en un vol. in-12, demi-rel. v. fauve.

> Edit. originale rare, tirée à mille exemplaires. Vendu 13 fr. mal relié, vente Solar en 1860. L.

489. Le Pied de Fanchette, ou l'Orpheline française, histoire intéressante et morale. *A la Haye et à Francfort chez Eslinger*, 1769, 3 part. en un vol. in-12, demi-rel. v. fauve, tr. peig.

Jolie contrefaçon.

490. Le Pied de Fanchette, ou le Soulier couleur de rose, 3ᵉ édit. *imprimée à la Haye*, 1786, 2 part. en un vol. in-12, demi-rel. v. fauve, tête dor. n. r. jolies fig.

La meilleure édit. revue et corrigée par l'auteur.

491. La Confidence nécessaire, ou lettres de Mylord Austin de Norfolk à Mylord Humfrey de Dorset. *La Haye*, 1769, 2 part. en un vol. in-12, demi-rel. v. fauve, n. r.

Edition originale, rare.

492. La Fille naturelle. *A la Haie et à Paris, chez Humblot et chez Le Jay*, 1770, 2 part. en un vol. in-12, demi-rel. v. fauve.

Edition originale rare.

493. La Fille naturelle. *Imprimé à la Haye et se trouve à Paris, chez la veuve Duchesne*, 1775, 2 part. en un vol. in-12, demi-rel. v. fauve.

2ᵉ édit. corrigée et augmentée, tirée à 500 exempl.   L.

494. La Fille naturelle. *Imprimé à la Haie et se trouve à Lausanne chez François Grasset*, 1776, 2 t. en un vol. in-12, demi-rel. v. fauve, n. r.

3ᵉ édit. non citée par Monselet.

495. Le marquis de T***, ou l'Ecole de la jeunesse. *A Londres, 1771. Paris, chez Humblot*, 4 part. en 2 vol. in-12, demi-rel. v. fauve.

Très-rare; il manquait à la collection Solar.

496. Adèle de Comm**, ou lettres d'une fille à son père. *En France*, 1772, 5 vol. in-12, demi-rel. v. f.

Très-rare, surtout avec le 5ᵉ vol. dont la vente fut contrariée par la censure, à cause de pièces libres. Vendu 30 fr. vente Solar en 1860.   L.

497. La Femme dans les trois états de fille, d'épouse et de mère; histoire morale, comique et véritable.

A Londres et à Paris, chés de Hansy, 3 t. en un vol.
in-12, demi-rel. v. fauve.

> Rare ; il manquait aussi à la collection Solar. Vendu 16 fr. cart.
> et rogné, vente Luzarche en 1868.　　　L.

498. Le Ménage parisien, ou Deliée et Sotentout. *Imprimé à la Haye,* 1773, 2 t. en un vol. in-12, demi-
rel. v. fauve.

> A la fin du second volume, au bas de la dernière page, on lit :
> *A Rouen, chez Le Boucher, et se trouve à Paris, chez de Hansy...* L.

499. Les Nouveaux mémoires d'un homme de qualité,
par M. le M*** de Br**. *Imprimé à la Haie et se trouve
à Paris, chés la veuve Duchesne et de Hansy,* 1774,
2 part. en un vol. in-12, demi-rel. v. fauve.

> A la fin du 2e vol. se trouvent deux opuscules intitulés : *les
> Beaux rêves* et *le Secret d'être aimé.* Ces deux pièces rarissimes
> manquent souvent ; elles ont été remontées.

500. Le Fin matois, ou histoire du grand Taquin, trad.
de l'espagnol de Quevedo, avec des notes historiques
et politiques, nécessaires pour la parfaite intelligence
de cet auteur. *Imprimé à la Haie,* 1776, 3 part. en
un fort vol. in-12, demi-rel. v. fauve, n. r.

501. Le Paysan perverti, ou les Dangers de la ville ;
histoire récente mise au jour d'après les véritables
lettres des personnages, par N. E. Rétif de la Bretonne. *Imprimé à la Haie et se trouve à Paris, chez
Esprit,* 1776, 8 part. en 4 vol. in-12, demi-rel. v.
fauve, 82 fig. avant la lettre.

> Vendu 64 fr., v. bleu, vente A. Bertin en 1858. Revendu 150 fr.
> (le même exemplaire) vente Solar en 1860. Mon exemplaire, qui
> contient en plus l'explication des figures, qui doit se trouver à la fin
> de chaque volume, mais qui laisse un peu à désirer sous le rapport
> des marges, ne me coûta que 14 fr. à Paris en 1828.　　　L.

502. L'Ecole des pères, par N. E. Rétif de la Bretonne.
*En France et à Paris, chés la veuve Duchesne, Hum-
blot, Le Jai et Dorez,* etc., 1776, 3 t. en 2 vol. in-
12, demi-rel. v. fauve.

503. Le Quadragénaire, ou l'Age de renoncer aux passions, histoire utile à plus d'un lecteur. *A Genève et*

à Paris chés la veuve Duchêne, 1777, 2 part. en un vol. in-12, demi-rel. v. fauve, 15 figures.

    Rare. Coté 28 et 30 fr.

504. Le Nouvel Abeilard, ou lettres de deux amans qui . ne se sont jamais vus. *A Neufchatel et à Paris, chez la veuve Duchesne,* 1778, 4 vol. in-12, demi-rel. v. fauve, 10 fig.

    Vendu 25 fr., demi-reliure, vente Solar.

505. La Vie de mon père, par l'auteur du Paysan perverti, 3ᵉ édit. *A Neufchatel et à Paris, chés la veuve Duchesne,* 1788, 2 part. en un vol. in-12, demi-rel. v. fauve, tête dor. n. r. 14 fig. et 2 médaillons sur les titres.

506. La Vie de mon père, par l'auteur du Paysan perverti. *Berlin,* 1781, 2 part. en un vol. demi-rel. v. fauve, fig.

    Traduction en allemand.

507. La Malédiction paternelle : lettres sincères et véritables de N****** à ses parents, ses amis et ses maîtresses; avec les réponses recueillies et publiées par Timothée Joly, son exécuteur testamentaire. *Imprimé à Leipsick, par Buchel, et à Paris, chés la dame veuve Duchesne,* 1780, 3 vol. in-12, demi-rel. v. fauve, n. r.

    Avec deux jolis frontispices gravés par Binet.

508. Les Contemporaines, ou Aventures des plus jolies femmes de l'âge présent, recueillies par N. E. R. de la B. et publiées par Timothée Joly, de Lyon. *A Paris, chez la veuve Duchesne,* 1780-1785, 42 vol. in-12, demi-rel. v. fauve n. r. fig. avant la lettre.

    Cette collection comprend : 1° les Contemporaines mêlées, 17 vol.; 2° les Contemporaines communes, ou aventures des belles marchandes, ouvrières, etc., 13 vol.; 3° les Contemporaines graduées, ou aventures des jolies femmes de la noblesse, de la médecine et du théâtre, 12 vol.

    Chaque contemporaine est accompagnée d'une gravure, ce qui forme un total de plus de 300 planches.

509. La Découverte australe par un homme volant, ou le Dédale français; nouvelle très-philosophique, suivie de la lettre d'un singe, etc. *Imprimé à Leip-*

sick et se trouve à Paris, 1781, 4 vol. in-12, demi-rel. v. fauve, tête dor. n. r. 23 fig.

M. Monselet dit que « le 4ᵉ volume commence à la page 95 et finit à la page 334 ». C'est une erreur; il est à croire que l'exemplaire consulté par lui était incomplet quant au 4ᵉ vol. Ce même tome IV de mon exemplaire commence bien à la page 95, mais pour finir à la page 422. Il contient les morceaux annoncés : *l'Iatromachie, la Raptomachie, la Loterie, l'Olympiade*, etc., articles que M. Monselet indique comme manquants. **L.**

510. La Dernière Avanture d'un homme de quarante-cinq ans, nouvelle utile à plus d'un lecteur. *Genève et Paris, Regnault,* 1783, 2 vol. in-12, demi-rel. v. fauve, tête dor. n. r. fig.

Bel exemplaire relié sur brochure. **L.**

511. La Prévention nationale, action adaptée à la scène avec deux variantes, et les faits qui lui servent de base. *A la Haie et à Paris, chez Regnault,* 1784, 3 t. en 2 vol. in-12, demi-rel. v. fauve, n. r. 10 fig. avant la lettre.

Rare. Mon exemplaire n'a pas reçu les cartons que Rétif fit faire sur les instances de l'astronome Lalande, et il contient à la fin du tome III certaine lettre latine supprimée dans le restant de l'édition. **L.**

512. La Paysanne pervertie, ou les Dangers de la ville, histoire d'Ursule R***, sœur d'Edmond le Paysan, mise au jour d'après les véritables lettres des personnages. *Imprimé à la Haie et se trouve à Paris, chés la dame veuve Duchesne,* 1784, 8 part. en 4 vol. in-12, demi-rel. v. fauve, 37 fig. avant la lettre.

On trouve à la fin du 4ᵉ vol. la revue des ouvrages de Rétif de la Bretonne, pièce de 36 ff. qui manque souvent.

513. Les Veillées du Marais, ou histoire du grand prince Oribeau, roi de Mommonie, au pays d'Évinland, et de la vertueuse princesse Oribelle de Lagénie, tirée des anciennes annales irlandaises et récemment translatée en français, par Nichols-Donnerail, du comté de Korke, descendant de l'auteur. *Imprimé à Waterford, capitale de Mommonie,* 1785, 4 vol. in-12, demi-rel. v. fauve, tr. dor. n. r.

514. Les Françaises, ou XXXIV Exemples choisis dans les mœurs actuelles propres à diriger les filles, les femmes, les épouses et les mères. *A Neufchatel et à Paris, chés Guillot,* 1786, 4 vol. in-12, demi-rel. v. fauve, tête dor. n. r. 34 fig. *(Relié sur brochure).*

Cet ouvrage fait suite aux Contemporaines.

515. Les Parisiennes, ou XL Caractères généraux pris dans les mœurs actuelles propres à servir à l'instruction des personnes du sexe, tirés des mémoires du nouveau Lycée des mœurs. *A Neufchatel et à Paris, chés Guillot,* 1787, 4 vol. in-12, demi-rel. v. fauve, tête dor. n. r. 20 fig. avant la lettre. *(Relié sur brochure).*

C'est la seconde suite des Contemporaines.

516. Les Nuits de Paris, ou le Spectateur nocturne. *Paris, Mérigot,* 1791, 16 part. en 8 vol. in-12, demi-rel. v. fauve, 16 fig.

La 16e partie, très-rare, contient un récit saisissant de scènes révolutionnaires dont Rétif de la Bretonne a été témoin et quelquefois acteur. J'ai ajouté à la tête de mon exemplaire les noms véritables des différents personnages. Ces noms confiés à la comtesse Fanny de Beauharnais, par Rétif de la Bretonne, sont extraits de l'exemplaire qu'elle tenait de l'auteur.   L.

517. La Femme infidèle. *A la Haye et à Paris chez Maradan,* 1788, 4 part. en 2 vol. in-12, demi-rel. v. fauve, n. r.

Rare. Vendu 24 fr. Solar.   L.

518. Ingénue Saxancourt, ou la Femme séparée; histoire propre à démontrer combien il est dangereux pour les filles de se marier par entêtement et avec précipitation, malgré leurs parents; écrite par elle-même. *A Liége et à Paris chés Maradan,* 1789, 3 vol. in-12, demi-rel. v. fauve, tête dor. n. r.

Les pages 249 à 252 sont mss. Vendu 40 fr. vente Solar. L.

519. Tableaux de la vie, ou les mœurs du XVIIIe siècle, avec 17 fig. en taille-douce. *A Neuwied sur le Rhin, chez la Société typographique, et à Strasbourg, chez J. G. Treuttel. S. d.* 2 vol. in-18, demi-rel. v. fauve, tête dor. n. r. 17 fig.

520. Le Palais Royal. *A Paris, au Palais Royal d'abord, puis partout, même chés Guillot libraire, rue des Bernardins,* 1790, 3 vol. in-12, demi-rel. v. fauve, n. r. 3 grandes gravures, belles épreuves.

521. Le Palais Royal. *A Londres,* 1792, 3 vol. in-12, demi-rel. v. fauve, n. r.

> Edition non citée par Monselet. Elle est sans figures et elle a dû être publiée ainsi, car elles ne sont pas annoncées au revers du titre comme dans l'édition originale. **L.**

522. Tableaux de la bonne compagnie, ou Traits caractéristiques, anecdotes secrètes, politiques, morales et littéraires, recueillis dans les sociétés du bon ton, pendant les années 1786 et 1787, accompagnés de planches en taille douce, dessinées et gravées par M. Moreau le jeune, graveur du cabinet du roi, et d'autres célèbres artistes. *Paris,* 1787, 2 vol. in-18, demi-rel. v. fauve, 16 fig.

> Ouvrage non cité par Monselet, vendu au prix fabuleux de 64 fr., v. m. en 1866, sous le n° 772 du catalogue de M. Duplessis, lequel y avait ajouté la note suivante : « Les charmantes vignettes qui décorent cet ouvrage sont, non pas gravées d'après les dessins de Moreau, mais réduites sur des planches de dimension in-4°, dessinées par cet artiste. Elles n'en sont pas moins jolies. »
> Vendu 56 fr., cart. n. r. vente Jérôme Pichon en 1869. **L.**

523. L'Année des Dames nationales, ou histoire, jour par jour, d'une femme de France. *Genève et Paris,* 1791-1794, 12 tomes en 6 vol. in-12, demi-rel. v. fauve, 42 figures.

524. Le Drame de la vie, contenant un homme tout entier ; pièce en 13 actes des ombres, et en 10 pièces régulières. *Imprimé à la maison chés la veuve Duchesne et Mérigot,* 1793, 5 vol. in-12, demi-rel. v. fauve, n. r. avec un portrait.

> Très-bel exemplaire relié sur brochure, avec le rare et beau portrait in-4° qui manque souvent. On lit au bas : « Nic. Ed. Restif, fils Edme, né le 22 nov. 1734, à Saci, en basse-Bourgogne. 1785. *L. Binet del. L. Berthet incid.* » Vendu 48 fr. sans le portrait, vente Luzarche en 1868. **L.**

525. Théâtre de N. E.. Restif de la Bretonne. *Neuf-chatel*, 1770-1790, 5 tom. en 4 vol. in-12, demi-rel. v. fauve, n. r.

> Collection très-rare, reliée sur brochure par Thivet. L.

526. Monsieur Nicolas, ou le cœur humain dévoilé, publié par lui-même. *Imprimé à la maison, et se trouve à Paris chés le libraire indiqué au frontispice de la dernière partie*, 1794 à 1797, 16 parties en 8 vol. in-12, demi-rel. v. fauve, tête dor. n. r.

> Bel exemplaire relié sur brochure : les figures annoncées sur les titres n'ont jamais été faites. L.

527. Philosophie de Monsieur Nicolas, par l'auteur du Cœur humain dévoilé. *Paris*, 1796, 3 tomes en 2 vol. in-12, demi-rel. v. fauve, n. r. — On a joint à ces vol. les Singularités de la nature, par Voltaire. *Genève*, 1769 (édit. originale).

> L'Opuscule de Voltaire contenant 112 p. a été condamné par décret de la cour de Rome du 16 janvier 1770. L.

528. Les Posthumes : Lettres reçues après la mort du mari, par sa femme qui le croit à Florence, par feu Cazotte (par Rétif). *Paris*, *Duchêne*, 1802, 4 vol. in-12, demi-rel. v. fauve, n. r.

> Exemplaire relié sur brochure. Cet ouvrage de Rétif fut saisi et mis au pilon par ordre du premier consul Bonaparte. L.

529. Les Provinciales, ou histoire des filles et femmes de province, dont les aventures sont propres à fournir des sujets dramatiques de tous les genres, 12 vol. in-12, br. fig.

> Manque le t. VIII.

530. Les Nouvelles Contemporaines, ou histoire de quelques femmes du jour. *Paris*, 1802, 2 vol. in-12, demi-rel. v. f. n. r.

> Histoires la plupart d'un genre graveleux. Manque le t. Ier. Je n'ai pu me procurer ce volume, que j'ai demandé à tous les librai-res. L.

531. Histoire des campagnes de Maria, ou épisodes de la vie d'une jolie femme; ouvrage posthume de

Rétif de la Bretonne. *Paris*, 1811, 3 vol. in-12, demi-rel. v. fauve.

Quelques taches.

La collection complète des œuvres de Rétif a été pour moi l'objet de patientes recherches. Commencée dans le bon temps, c'est-à-dire à l'époque où les ouvrages de Rétif étaient complètement dédaignés et s'étalaient sur les quais de Paris à deux sous le volume, il m'a fallu cependant l'espace de quarante années, toute une vie de bibliophile, pour réunir morceaux par morceaux, volumes par volumes, les *quarante-six* ouvrages, formant 208 tomes, décrits au présent catalogue, et arriver enfin à former une collection bien complète de cette œuvre aussi colossale que singulière sortie du cerveau d'un seul homme. Cette curieuse collection m'a coûté relativement bon marché. Ainsi, j'ai payé dans le temps, le *Paysan* et la *Paysanne*, 13 fr. 50. Les *Contemporaines*, 42 vol. fig. br. 7 fr.

Aujourd'hui, les ouvrages de Rétif qui passent en vente, atteignent des prix fort élevés. J'ai moi-même, pour me compléter, payé très-cher les derniers volumes de ma collection.   L.

---

532. L'Anti-Justine ou les Délices de l'Amour, par M. Linguet, avocat au et en Parlement (par Rétif de la Bretonne). *Au Palais-Roial, chez la veuve Girouard très-connue*, 1793, deux parties en un vol. petit in-8°, v. f. dos à petits fers, plats ornés, tr. d. *(Gayler-Hirou).*

Manuscrit très-soigné, écrit de ma main à l'encre rouge, texte encadré d'un filet bleu et rouge, composé de deux parties formant ensemble 309 pages sans les tables.

Ce manuscrit, à cause des tableaux plus que libres qu'il contient, échappe à toute analyse. Dans cet ouvrage, Rétif se montre encore plus monstrueusement cynique que dans son *Monsieur Nicolas*. Espérons, dit M. Monselet, qu'il a rêvé la plupart des aventures dans lesquelles il figure comme acteur principal et à côté de lui sa propre mère, ses sœurs, sa fille et son gendre............

Cet ouvrage du supposé Linguet est encore plus ordurier que la *Justine* de l'infâme de Sades. Si je me suis décidé à transcrire ici les énormités contenues dans ce livre, que je n'ai vu qu'en manuscrit, ça été uniquement dans le but de compléter la collection des œuvres de Rétif.   L.

533. Colin Gautier, ou le nouveau paysan perverti, par le petit-fils de Rétif de la Bretonne, (V. Vignon).

Paris, 1824, 3 tomes en un vol. demi-rel. v. fauve, fig.

534. Le Paria français, ou le manuscrit révélateur, par le petit-fils de Rétif de la Bretonne, (V. Vignon). *Paris*, 1821, 3 vol. — On y a joint Hilaire, par un métaphysicien (par Marchant). *Amsterdam*, 1767, ensemble 4 tomes en 2 vol., demi-rel. v. fauve, n. r.

535. Tableau des mœurs d'un siècle philosophe, par M. F.-C.-L. R. de L. *Paris*, 1786, 2 parties en un vol. in-12, demi-rel. v. fauve, n. r. figures.

Cet ouvrage intéressant est attribué par plusieurs bibliographes à Rétif de la Bretonne. M. Monselet l'attribue à Le Roy de Lozembrune. Dans le doute sur la paternité de ce livre, j'ai cru devoir le placer à la suite des œuvres de Rétif.   L.

536. Rétif de la Bretonne, sa vie et ses amours; documents inédits : ses malheurs, sa vieillesse et sa mort; ce qui a été écrit sur lui; ses descendants; catalogue complet et détaillé de ses ouvrages, suivi de quelques extraits, par Ch. Monselet, avec un portrait gravé par Nargeot et un fac-simile. *Paris*, 1854, in-12, pap. vergé, demi-rel. v. fauve, n. r.

Tiré à 400 exemplaires. J'ai ajouté à la fin de cet exemplaire une étude intéressante sur ce fécond écrivain, extraite du journal *le Droit* du 1er juin 1850.   L.

537. Les Illuminés, récits et portraits, par Gérard de Nerval. Le roi Bicêtre, histoire de l'abbé du Buquoy. Les confidences de M. Nicolas, Cagliostro, etc., etc. *Paris*, 1852, 1 vol. in-12, demi-rel. v. fauve, n. r.

Ce volume contient, page 77, une étude intéressante sur Rétif, *Monsieur Nicolas*.   L.

ROMANS CONTEMPORAINS.

538. Don Alonzo, ou l'Espagne, histoire contemporaine, par N.-A. de Salvandy. *Paris, Beaudoin*, 1828, 4 t. en 2 vol. demi-rel. bas.

M. de Salvandy est mort au château de Graveron, près le Neubourg, en 1856.   L.

539. Six Mois de la vie d'un jeune homme (1797), par Viollet Le Duc. *Paris, Jannet*, 1853, in-16, cart. perc. n. r.

540. Physiologie du mariage, ou méditations de philosophie éclectique sur le bonheur conjugal, publiées par un jeune célibataire (par Balzac). *Paris, Levasseur*, 1830, 2 vol. in-8°, demi-rel. bas.

Edition originale rare de cet ouvrage singulier. L.

541. Le Lys dans la vallée, par de Balzac. *Paris, Werdet*, 1836, 2 vol. in-8°, cart.

Deux feuillets tachés d'encre au tome II. Edition originale rare, cotée 10 et 20 fr. Mis à l'index le 16 septembre 1841. L.

542. Petites misères de la vie conjugale, par H. de Balzac. Illustré par Bertall. *Paris, Chlewdowski, s. d.* gr. in-8°, demi-rel. mar. rouge, tr. peig. nombreuses fig.

543. Un Été à Meudon, par Frédéric Soulié. *Paris, Dumont*, 1835, 2 vol. in-8°, cart.

Edition originale rare. L.

544. Notre-Dame de Paris, par Victor Hugo. *Paris*, 1860, 2 vol. in-8°, grav. br. 12 fig.

545-570. Lot de romans d'Eugène Sue, de George Sand, de Paul Féval, de Paul de Kock, d'Alexandre Dumas père et fils, etc., d'éditions vulgaires de Maresq, Havard, Lévy, etc., avec illustrations populaires. —Romans du jour.— Echo des feuilletons, etc., environ 25 vol. in-4°, br.

Tous les romans d'Eugène Sue, de George Sand et des deux Dumas, ont été condamnés par la congrégation de l'index, par décrets des 30 mars 1841, 22 janvier 1852, 22 juin 1862 et 15 décembre 1863.

571. Fabrique de romans, maison Alexandre Dumas et Cie, par Eugène de Mirecourt. *Paris*, 1845, gr. in-8°, demi-rel. chag. coins, tête dor.

572. Jérôme Paturot à la recherche d'une position sociale, par L. Reybaud. *Paris, Dubochet*, 1846, gr. in-8°, fig. demi-rel. mar. rouge, fil. dor. s. tr.

Cette belle édition est devenue rare. L.

573. Jérôme Paturot à la recherche de la meilleure république, par L. Reybaud. *Paris, Lévy*, 1849, gr. in-8°, toile, fers spéciaux sur les plats, tr. dor.
.   Edition rare.   L.

574. Contes fantatisques de Hoffmann, traduction nouvelle, précédée de souvenirs intimes sur la vie de l'auteur, par P. Christian. *Paris*, 1843, gr. in-8°, br. illustrations par Gavarni.

575. Comme on dîne à Paris, par Jacques Arago. *Paris*, 1842, in-12, br.

576. La Famille Cazotte, par Anna-Marie. *Paris*, 1847, in-8°, br.

577. Un Hermaphrodite, par Louis Jourdan, 2e édit. *Paris*, 1861, in-12, br.
    Cet ouvrage m'a été donné par Mlle Dupont (de l'Eure). J'y ai ajouté sa lettre autographe d'envoi signée et datée du 17 avril 1864.   L.

578. Les Petits mystères de l'hôtel des ventes, par Henri Rochefort. *Paris*, 1862, in-12, br.

579-584. Le Maudit, — la Religieuse, — le Moine, — le Curé de campagne, — le Jésuite, — le Confesseur, par l'abbé ***. *Paris*, 1864-69, 12 vol. in-8°, br.
    En tête du Maudit se trouve une biographie de l'abbé ***, laquelle a été, du reste, déclarée apocryphe par les éditeurs, Lacroix, Verboeckhoven et Cie.

CONTES, NOUVELLES, ETC.

585. Les Cent nouvelles nouvelles. *Londres*, 1744, 2 t. en un vol. pet. in-12, demi-rel. v. rose, tr. r.
    Quelques feuillets courts de marge.

586. Les Cent nouvelles nouvelles, contenant les cent histoires nouveaux, moult plaisans a raconter en toutes bonnes compaignies, par manière de joyeuseté. *Cologne, F. Gaillard,* 1703, 4 t. en 2 vol. pet. in-8°, dos et coins de mar. r. tête dor. n. r. (*Thivet*).
    Avec les figures d'après Romain de Hooghe, bonnes épreuves.

587. Contes de Boccace. *Londres,* 1779, 10 vol. pet. in-12, 100 fig. de Gravelot, mar. vert, fil. (*Reliure anc.*)

588. Contes de Boccace, traduction nouvelle, par Ed. Rastoin-Brémont. *Paris,* 1835, 2 vol. in-8°, br. 20 grav.

589. Contes et nouvelles de Marguerite de Valois, reine de Navarre. *Paris,* 1828, 5 t. en 2 vol. in-32, demi-rel. v. rose n. r.

590. L'Heptameron des nouvelles de très haute et très illustre princesse Marguerite d'Angoulême, royne de Navarre, avec des notes et une notice, par F.-L. Jacob. *Paris, A. Delahays,* 1860, pet. in-8°, papier de Hollande, br.

591. Nouvelles françoises en prose dés xiii⁰ et xiv⁰ siècles, publiées d'après les mss. avec une introduction et des notes, par MM. L. Moland et C. d'Héricault. *Paris, P. Jannet,* 1858, 2 vol. in-16, cart. perc. n. r.

592. Contes drolatiques, colligez ès abbayes de Touraine, et mis en lumière par Honoré de Balzac. *Paris,* 1857, in-8°, br.

> Avec les illustrations de Gustave Doré.
> Mis à l'index par décret du 16 septembre 1841.

593. Les Œuvres de Tabarin, avec les aventures du capitaine Rodomont, la farce des Bossus et autres pièces tabariniques. Nouvelle édit., préface et notes, par G. d'Harmonville. *Paris, Delahays,* 1858, gr. in-18, vélin double, br.

594. Œuvres complètes de Tabarin, avec les rencontres, fantaisies et coq-à-l'âne facétieux du baron Gratelard, etc., précédé d'une introduction et d'une bibliographie tabarinique, par Gustave Aventin (A. Veinant). *Paris, P. Jannet,* 1853, 2 vol. in-16, cart. perc. n. r.

595. La Nouvelle fabrique des excellents traits de vérité. Livre pour inciter les resveurs tristes et mélancoliques à vivre de plaisir, par Philippe d'Alcripe,

sieur de Néri en Verbcs. *Jannet,* 1853, in-16, cart.
perc. n. r.

On lit dans l'avant-propos que l'auteur était Normand. Les lieux
qu'il choisit pour en faire la scène de ses récits facétieux et gaillards,
ainsi que les nombreuses locutions propres à la Normandie qu'il
emploie à chaque instant, ne sauraient laisser place à aucun doute
à cet égard. Ce Normand serait un moine de Mortemer-en-Lyons,
nommé Philippe le Picard. Ph. d'Aclripe serait l'anagramme de son
nom, et sieur de Neri en Verbos voudrait dire sieur de Rien en
Bourse. **L.**

596. Les Facétieuses nuits de Straparole, trad. par
J. Louveau et P. de Larivey. *Jannet,* 1837, 2 vol.
in-16, cart. perc. n. r.

597. Histoire comique des états et empires de la Lune
et du Soleil, par Cyrano de Bergerac. Nouvelle édit.
revue et publiée avec des notes et notice historique,
par P.-L. Jacob. *Paris, Delahays,* 1858, gr. in-18,
vélin double, br.

598. Œuvres comiques et littéraires de Cyrano de Bergerac, avec notes, par P.-L. Jacob. *Delahays,*
1858, in-18, pap. vélin double, br.

599. Recueil de farces, soties et moralités du xvᵉ siècle,
réunies pour la première fois et publiées par P.-L.
Jacob, contenant Maistre Pierre Pathelin, Moralité
de l'Aveugle et du Boiteux, etc. *Delahays,* 1859,
gr. in-18, papier de Hollande, br.

600. Le Cymbalum mundi, précédé de nouvelles récréa-
tions et joyeux devis de Bonaventure des Perriers.
Nouvelle édit. avec des notes et une notice, par P.-
L. Jacob. *Delahays,* 1858, gr. in-18, vélin double, br.

601. La Vraie histoire comique de Francion, composée
par Charles Sorel, sieur de Souvigny. Nouvelle édit.
avant-propos et des notes, par Emile Colombey.
Delahays, 1858, gr. in-18, vélin double, br.

602. Les Bigarrvres et tovches dv seignevr des Accords,
avec les apophtegmes dv sievr Gavlard et les escraignes dijonnaises. *A Roven, David Gevffroy,* 1616,
pet. in-12, vélin. fig.

Vendu 41 fr. même édition et même reliure, nº 2838 du catalogue Bearzy, en 1867. **L.**

603. Les Bigarrvres et tovches dv seignevr des Accords, avec les apophtegmes dv sievr Gavlard et les escraignes dijonnaises. *Paris, Estienne Mavcroy*, 1662, pet. in-12, chag. violet, dent. tr. dor. *(Thivet)*.

Vendu 60 fr. même édit. m. r. (*Thouvenin*), vente Labédoyère en 1837; 80 fr. même édit. m. r. nº 610, vente H. de Ch. ʟ.

604. Candide ou l'Optimisme, trad. de l'allemand de M. le docteur Ralph (par Voltaire). *S. l.* 1759. Edit. originale. — A la suite : Olimpie, tragédie nouvelle de M. de Voltaire. *Paris*, 1764, 2 part. en un vol. in-12, demi-rel. v. f. tête dor. n. r.

605. Candide en Dannemark, ou l'Optimisme des honnêtes gens. *Genève,* 1767, in-12, demi-rel. v. fauve, tête dor. n. r.

606. L'Homme aux quarante écus (par Voltaire). *S. l.* 1768, in-8°, demi-rel. v. fauve, coins, tête dor.

Edition originale.

FACÉTIES, DISSERTATIONS SINGULIÈRES.

607. OEuvres de Rabelais. Edit. *variorum,* augmentée des Songes drolatiques de Pantagruel. *Paris, Dalibon,* 9 vol. in-8°, demi-rel. v. f. tête dor. fig.

608. Rabelais analysé, ou explication des 76 fig. gravées pour ses OEuvres. *Paris*, 1830, in-8°, demi-rel. v. vert.

609. Histoire maccaronique de Merlin Coccaie, prototype de Rabelais, où est traité les ruses de Cingar, le tour de Bocal, les adventures de Léonard, etc., avec des notes, par G. Brunet. Edit. revue et corrigée, par P.-L. Jacob. *Delahays,* 1859, gr. in-18, papier de Hollande, br.

610. Discours d'aucuns propos rustiques, facétieux et de singulière récréation (par Noël du Fail). *S. l.* 1732, pet. in-12, v. f., reliure ancienne.

6

611. Les Contes et discours d'Eutrapel, par Noël du Fail. *S. l.* 1732, 2 vol. pet. in-12, v. fauve, rel. anc.

612. Le Moyen de parvenir. Nouvelle édit. *S. l.* 1773, 2 t. en un vol. pet. in-12, vélin, front. gravé, tr. dor.

Quelques mouillures. Cette édition contient beaucoup de passages libres qui ont été retranchés dans les éditions postérieures.

613. Le Moyen de parvenir, œuvre contenant la raison de ce qui a été, est et sera, etc., par Beroalde de Verville, avec un commentaire historique et philologique par L. Jacob. *Paris, Gosselin,* 1841, in-12, demi-rel. mar. rouge.

614. Bibliothèque facétieuse, historique et singulière. *Paris, Claudin,* 1858, in-16, papier vergé, br.

615. La Sage folie, fontaine d'allégresse mère des plaisirs et royne des belles humeurs. La délectable folie, soustien des capricieux soulas des chagrins, etc. (par Spelte). *Lyon,* 1649, 2 t. en un vol. in-8°, v. fauve, front. gravé.

Titre raccommodé.

616. Les Œvvres bvrlesqves de M. Scarron, dédiées à sa chienne. *Roven, D. Berthelin,* 1668, pet. in-12, vélin.

Piqûres de vers dans la marge.

617. Roman comique, par Scarron. *Rouen, Racine,* 1784, 3 vol. in-12, br. portrait.

618. Roger Bontems en belle humeur, donnant aux tristes et aux affligés le moyen de chasser leurs ennuis, et aux joyeux le secret de vivre toujours contents. *Cologne, P. Marteau,* 1734, à la Sphère, 2 t. en un vol. in-12, v. fauve, fil. tr. marb.

Il manque au t. II les feuilles 17-18.

619. Les Véritez plaisantes ou le monde au naturel. *Rouen, Maurry,* 1702, in-12, v. br.

Attribué à un avocat au Parlement de Normandie, nommé Dutuit. Vendu 16 et 18 fr. L.

620. Les Etrennes de la Saint-Jean. *Troyes, veuve Oudot,* 1751. — Les Ecosseuses ou les Œufs de

Pâques. *Troyes, veuve Oudot*, 1745, 2 t. en un vol. in-12, dos et coins de chag. violet, tête dor. n. r.

621. L'Art de désopiler la rate, sive de modo C. prudenter. *A Gallipoli de Calabre*, l'an des folies 175886, pet. in-12, demi-rel. v. fauve.

622. Le Papillotage, ouvrage comique et moral. *Rotterdam*, 1767.— Le Canapé couleur de feu, histoire galante, par M. D*** (Fougeret de Monbron). *Paris*, 1775, 2 vol. en un vol. in-12, demi-rel. v. fauve.

623. Histoire secrète du prince Croqu'etron, et de la princesse Foirette. *A Griguenaude, chés Vincent d'Avalos, et Fleurimont Mordant*, rue du Gros-Visage, à l'enseigne du Privé-Consul, attenant l'hôtellerie de la Fleur. (*Lille, s. d.*), in-18, pap. vergé, br.

Réimpression de l'édit. de 1704. Facétie à la fleur d'orange dont voici la conclusion:

Quand vous aurez lu cette histoire,
S'il vous en reste du dégoût,
C'est une marque très-notoire,
Lecteur, que vous en serez soûl.

L'édition de 1704 reliée en veau fauve par Petit, n° 1419 du catalogue de la vente Van der Helle, a été vendue 71 fr.   L.

624. L'Art de peter, essai théori-physique et méthodique à l'usage des personnes constipées, des personnages graves et austères, des dames mélancoliques, etc, etc., suivi de l'histoire de Pet-en-l'air et de la reine des amazones, ou l'on trouve l'origine des vuidangeurs (par Hurtault). *En Wesphalie, chez Florent Q. rue Pet-en-gueule, au Souflet*, 1776, in-12, dos et coins de v. fauve, n. r.

625. Mémoire pour servir à l'histoire des Cacouacs (par Moreau). *Amsterdam*, 1757. — Catéchisme et décisions des cas de conscience, à l'usage des Cacouacs (par l'abbé de Saint-Cyr). *A Cacopolis*, 1758. — L'Aletheophile, ou l'ami de la vérité. *Amsterdam*, 1758, 3 pièces en un vol. in-12, demi-rel. v. fauve, tr. peig.

Pièces satiriques très-piquantes dirigées contre les encyclopédistes.

626. Histoire édifiante et curieuse de Rothschild Ier, roi des Juifs, par Satan, 1846. — Rothschild Ier et son peuple, par Dairnvel, 1836. — Les 104 péchés de M. Thiers, les 10 vertus de M. Guizot, 1846, etc., in-12, br.

Ces pièces satiriques et facétieuses sont devenues fort rares.

627. L'An deux mil quatre cent quarante, rêve s'il en fut jamais, suivi de l'homme de feu, par L.-S. Mercier, nouv. édit. *S. l.* 1786, 3 vol. in-8°, 3 fig.

Mis à l'index par la cour de Rome, par décret du 25 novembre 1773.   L.

628. Mémoires de l'Académie des sciences, inscriptions, belles-lettres, beaux-arts, nouvellement établie à Troyes en Champagne (par Grosley). *Troyes*, 1756, 2 t. en un vol. v. mar. front. gr. — Dans le même vol. : les Ecosseuses, ou les OEufs de Pâques, suivi de l'Histoire du porteur d'eau, ou les Amours de la ravaudeuse. *Troyes, s. d.*

629. Histoire d'un pou françois, ou l'espion d'une nouvelle espèce tant en France qu'en Angleterre (par Delauney). *Paris*, 1781, in-8°, demi-rel. v. f. n. r.

630. Amusement curieux et divertissant, propre à égayer l'esprit, ou recueil de bons mots, contes à rire, etc. *Florence*, 1772. — Magasin énigmatique. *Paris*, 1777, 2 vol. in-12, demi-rel.

631. Le Livre des quatre couleurs. *Aux quatre Eléments, imprimerie des quatre Saisons*, 4444 (1744). — Le Livre à la mode. *En Europe*, 100070060, par Caraccioli, 2 t. en un vol. demi-rel. v. rose.

632. Eloge de l'Enfer, ouvrage critique, historique et moral (par Bénard). *La Haye*, 1759, 2 vol. in-12, v. écaille, fil. pap. fort. (Marque gravée aux armes du duc de Brissac, collée à l'intérieur).

Ouvrage condamné par décret de la cour de Rome du 18 août 1764.   L.

633. L'Eloge de l'yvresse (par Sallengre). *La Haye*, 1714, in-12, demi-rel. v. fauve, n. r. front. gravé.

Edition originale très-rare.

634. Eloge de l'ivresse (par Sallengre). *A Bacchopolis, de l'imprimerie du vieux Silène*, l'an de la vigne 5555. *Et Paris, Michel, an VI* (1797), in-12, demi-rel. chag. vert, front. gravé.

635. L'Eloge de la folie, par Erasme, et trad. par M. Gueudeville, avec fig. de Holbein. *Amsterdam (Paris), L'honoré*, 1731, in-12, v. br.

636. Eloge de la Folie, traduit par Gueudeville, nouv. édit. *S. l.* 1761, in-12, v. f. rel. anc. front. gravé, et 18 fig. d'Eisen.

637. Traité de la jalousie, ou moyen d'entretenir la paix dans le mariage (par Courtin), 2ᵉ édit. *Paris*, 1685, in-12, v. m.

637 *bis*. Traité de la paresse, ou l'art de bien employer son temps (par Courtin), 4ᵉ édit. *Paris*, 1743, in-12, v. m.

> Ces deux traités ont leur utilité. Je connais un mari qui s'est bien trouvé en suivant les préceptes enseignés dans le premier. L.

638. Eloge des perruques, par le docteur Akerlio (Marie de Guerle). *Paris*, 1799, in-12, cart. n. r.

639. Histoire des perruques, par M. J. B. Thiers. *Paris, aux dépens de l'auteur*, 1690, in-12, v. f. rel. anc.

640. Histoire de la crinoline au temps passé, par Al. de la Fizelière. *Paris, A. Aubry*, 1859, in-12, br.

641. Vadeana, ou recueil d'anecdotes et de discours poissards. *Paris, chez Nanette Dubut*, l'an de la joie, 1811, front. color. in-32, br.

642. Courtisaniana ou la Malice des femmes, recueil de contes, anecdotes, bons mots, etc., par Jean Cornard, président de la société des cocus. *A Cornouailles, chez Bois-sec, à la Haute-futaie*, 1817, in-12, br.

643. L'Art de fumer, poëme par Barthélemy. *Paris*, 1844. — Curieuse histoire d'une pipe culottée et d'un cigare de la Havane, racontée par eux-mêmes. *Paris*, 1846, 2 t. en un vol. in-12, br.

644. Code civil, manuel de la politesse, 3° édit. 1828, in-18, br.

645. Les Cent et un Robert-Macaire, composés et dessinés par Ch. Daumier, texte par Maurice Alhoy et L. Huart. *Paris*, 1839, in-4°, demi-rel.

646. Les Physiologies parisiennes, illustrées par Gavarni, Cham, Daumier, Bertall. *Paris, Aubert et Barba, s. d.* in-8°, br.

647. La Revue comique à l'usage des gens sérieux, par Lireux, illustrée par Bertall, Nadar, etc. *Paris, s. d.* in-4°, demi-rel. chag. rouge.

648. Assemblée nationale comique, par Lireux, illustrée par Cham. *Paris*, 1850, in-4°, demi-rel. chag.

649. Etudiants et Lorettes, 1847 et 1848. — Les Etudiants et les Femmes du quartier latin. — Ces Dames, physiologies parisiennes. — Ces Dames de casino, etc., etc. 4 vol. in-18, demi-rel. chag. n. r. portraits.

> Ces 4 vol. portent au dos le titre singulier de *Petit carême de Massillon* : ce sont de petits traités *peu orthodoxes*, qu'il serait injuste d'attribuer au célèbre orateur chrétien. Pour être édifié, il suffit de citer quelques autres titres des pièces de ce recueil de petits livres remplis de gaieté : *Sus aux gandins, sus aux biches*; *Mémoires de Rigolboche*, *Bouis-bouis*, *bastringues et caboulots de Paris* (pièce saisie, l'auteur condamné à trois mois de prison et 300 fr. d'amende); *les Souteneurs* (saisie, l'éditeur condamné à huit jours de prison). L.

650. Physiologies pour rire. Physiologie du célibataire, du prédestiné, des demoiselles de magasin, de la femme, du viveur, du chasseur, du tailleur et du buveur, réunies en 3 vol. in-18, demi-rel. chag. tête dor. n. r.

OUVRAGES SUR L'AMOUR, LES FEMMES, LE MARIAGE, ETC.

651. Les Arrêts d'amour, avec l'Amant rendu cordelier à l'observance d'amour, par Martial d'Auvergne, avec les commentaires juridiques et joyeux de Benoit

de Court. *Amsterdam*, 1731, in-12, v. f. tr. dor. dent. plats ornés. (*Gayler-Hirou*).

652. Le Bestiaire d'amour, par Richard de Fournival, suivi de la réponse de la dame. Publ. pour la première fois par C. Hippeau. *Paris, A. Aubry*, 1860, pet. in-8°, br. fig.

653. Le Philosophe amoureux, histoire galante, contenant une dissertation sur la vie de Pierre Abailard et celle d'Héloïse, etc. *Au Paraclet*, 1697, in-12, demi-rel. v. br.

654. Recherches sur les prérogatives des dames chez les Gaulois, sur les cours d'amour, par Rolland. *Paris*, 1787, in-12, cart. n. r.

655. Les Quinze joyes de mariage. Nouv. édit. conforme au manuscrit de la bibliothèque publique de Rouen, avec les variantes des anciennes éditions, une notice bibliographique et des notes. *Paris, Jannet*, 1853, in-18, cart. perc. n. r.

656. Henri Corneille Agrippa de Nettesheim sur la noblesse et excellence du sexe féminin, de sa prééminence sur l'autre sexe et du sacrement de mariage, trad. par M. de Gueudeville. *Leiden*, 1726, 3 vol. in-12, v. br. front. gr.

657. La Femme comme on n'en connoit point, ou la primauté de la femme sur l'homme (par de Sainte-Colombe). *Londres*, 1786. — Ensemble les Friponneries de Londres mises au jour, trad. par N.-L. Tissot. *Paris*, 1805. — Les Refus. — L'Ami des filles (par Graville). *Paris*, 1770, 3 vol. en un in-12, demi-rel. v. olive. (*Papin*).

658. La Femme jugée par les grands écrivains des deux sexes, par L.-J. Larcher. *Paris*, 1854, in-8°, demi-rel. mar. rouge, coins, tête dor. n. r. 18 portraits.

659. L'Ami des femmes (par Boudier de Villemert). *Hambourg*, 1758, in-12, demi-rel. chag. rouge, tête dor. n. r.

660. L'Assujettissement des femmes, par John Stuart Mill, trad. de l'anglais par Cazelles. *Paris*, 1869, in-12, br.

Ce volume m'a été donné par Mlle Dupont de l'Eure.   L.

661. Il ne faut pas que les femmes sachent lire, ou projet d'une loi portant défense d'apprendre à lire aux femmes, par Sylvain Maréchal. *Paris, Sandré, s. d.* in-18, br.

662. L'Apothéose du beau sexe. *Londres*, 1712, front. gr. — Pigmalion ou la statue animée. *Londres*, 1741, pet. in-12, v. m.

663. Les Caquets de l'accouchée. Nouv. édit. annotée, par Ed. Fournier, avec une introduction par M. Leroux de Lincy. *Paris. Jannet*, 1855, in-18, cart. perc. rouge, n. r.

664. La Malice des femmes, avec la farce de Martin bâton. *Rouen, Behourt, s. d.*—Ensemble : la Malice des femmes, ou les fourberies féminines, par un indiscret. *Paris, s. d.* fig. — Le Mérite des femmes, poëme, par Legouvé. *Paris,* 1858. — Le Démérite des femmes, par A. Imbert. *Paris,* 1838, en un vol. in-18, demi-rel. v. rose.

665. Alphabet de l'imperfection et de la malice des femmes. « De mil hommes j'en ai trouvé un bon, et de toutes les femmes pas une (Ecclés. VII), » —par Jacques Olivier. *Paris,* 1623, in-12, mar. rouge, fil. tr. dor. (*Thivet*).

666. L'Art de rendre les femmes fidèles. Imprimé en 1717, remis au jour et commenté avec des anecdotes tant anciennes que modernes. *Genève,* 1779, 2 part. en un vol. in-12, dos et coins de chag. r. tr. peig.

667. Code conjugal, contenant les lois, règles, exemples de l'art de se bien marier et d'être heureux en ménage, par Horace Raisson. *Paris, Roret,* in-18, br.

668. Essai satyrique et amusant sur les vieilles filles, par M. Sibille. *Paris,* 1788, 2 part. en un vol. in-12, demi-rel. v.

669-673. La Femme ; — du Prêtre, de la Femme et de la Famille ; — Réfutation par Barbier ; — la Sorcière ; — du Peuple, par Michelet. 1845-62, 5 vol. in-12, br.

674-676. Les Vierges sages, — les Vierges folles, — les Vierges martyres, par Esquiros. 1844-48, 3 vol. in-32, rel. en un, v. rose, n. r.

ROMANS SATIRIQUES, ÉROTIQUES, ETC.

677. Galanteries des rois de France, depuis le commencement de la monarchie jusqu'à présent (par Vanet). *Bruxelles*, 1694, 2 t. en un vol. pet. in-8°, v. fauve, rel. ancienne (*aux armes de Montmorency*).

678. Les Amours de Henri IV roi de France, avec ses lettres galantes à la duchesse de Beaufort et la marquise de Verneuil. *Amsterdam*, 1765, 2 part. en un vol. pet. in-12, demi-rel. v. br.

679. Histoire amoureuse des Gaules, par Bussy-Rabutin, revue et annotée par M. Paul Boiteau, suivie des romans historico-satiriques du xviie siècle, recueillis et annotés par Ch. L. Livet. *Paris, P. Jannet*, 1856, 3 vol. in-16, cart. perc.

> Cette édition, qui n'a pas subi de suppressions, n'a pas été achevée. On y trouve le fameux cantique en treize couplets contre Louis XIV.　　　　　　　　　　　　　　　　L.

680. Histoire amoureuse des Gaules, par le comte de Bussy-Rabutin, suivie de la France galante, avec notes, par Poitevin. *Paris, Delahays*, 1857, 2 vol. in-12, pap. vélin fort, br.

> Très-belle édition devenue rare. Le fameux cantique ne s'y trouve pas, à l'exception du premier couplet.　　　　L.

681. Les Amours de Zeokinizul, roi des Kofirans. Ouv. trad. de l'arabe, du voyageur Krinelbol (Crébillon fils). *Amsterdam, Michel*, 1746, in-12, bas. avec la clef manuscrite.

682. L'Asiatique tolérant, traité à l'usage de Zéokinizul, roi des Kofirans, surnommé le Chéri. Ouv. trad.

de l'arabe, du voyageur Bekrinoll (par Crébillon fils). *Londres*, 1779, in-12, bas.

Exemplaire avec la clef des noms imprimée. Rare. **L.**

683. Le Journal amoureux, divisé en six parties. — Journal amoureux d'Espagne, divisé en quatre parties, par Mme de Villedieu. *Toulouse*, *Desclassan*, 1702, in-12, bas.

Volume rare, contenant dix parties et 584 pages. Recueil rempli d'anecdotes gaillardes sur les personnages de la cour de France et de celle d'Espagne, etc.... **L.**

684. Honny soit qui mal y pense, ou Histoire des filles célèbres du xviiie siècle (par Desboulmiers). *Londres*, 1786, in-12, demi-rel. v. fauve, n. r.

Ouvrage piquant et gaillard, contenant des histoires fort gaies. Aussi ces gaillardises un peu trop décolletées firent condamner le livre au feu, par décret de la cour de Rome du 6 septembre 1762.

L.

685. Chroniques secrètes et galantes de l'Opéra, 1667-1845, par Touchard-Lafossé. *Paris*, 1846, 4 vol. in-8°, br.

686. Œuvres de Brantôme (les Dames galantes), avec une préface et des annotations, par H. Vigneau. *Paris*, *A. Delahays*, 1857, in-12, pap. hollande, demi-rel, chag. tête dor.

687. Le Cousin de Mahomet (par Fromaget). *Constantinople* (1750), pet. in-12, demi-rel. v. rose, n. r. fig.

688. La Vie du chevalier de Faublas, par Louvet de Couvray. 1793, 13 parties en 6 vol. in-18, demi-rel. v. vert.

Contient une multitude d'aventures réjouissantes et gaillardes. C'est un des premiers livres dont j'ai fait l'acquisition. Je l'ai acheté en 1814 à Nonancourt, chef-lieu du canton dans lequel je suis né, d'un libraire ambulant. C'est pour ainsi dire le premier jet de la collection assez nombreuse à laquelle je n'ai cessé d'ajouter depuis une cinquantaine d'années.

Mon exemplaire, d'édition très-commune, est fatigué comme tous les livres qui ont été beaucoup lus. Mais cette édition, une des premières, a l'avantage de n'avoir pas été expurgée, comme la plupart des éditions postérieures.

J'ai eu la curiosité de relire ce roman dans ces dernières années. Eh bien! j'avoue qu'à quarante-cinq ans de distance, j'ai éprouvé à cette lecture presque autant de plaisir qu'à l'époque de ma première jeunesse.... L.

689. Le Compère Mathieu, ou les Bigarrures de l'esprit humain (par Dulaurens). *Paris*, 1831, in-18, 4 t. en 2 vol. demi-mar. rouge, n. r. fig.

Les plaisanteries et les aventures un peu scabreuses de ce joyeux compère lui ont attiré de nombreuses condamnations en police correctionnelle.

Inutile de dire que l'abbé Dulaurens, qui plaisante sur la religion et sur ses confrères du goupillon, fut poursuivi; son livre fut condamné au feu et l'auteur à la prison perpétuelle, par sentence du 30 août 1767.

Né à Douai le 27 mars 1719, il est mort malheureux en 1797.

L.

690. L'Arétin moderne, par Dulaurens. *A Rome, aux dépens de la congrégation de l'index*, 1776, 2 part. en un vol. in-12, demi-rel. v. br. n. r.

Mis à l'index par décret du 13 août 1784. L.

691. Les Trois Faublas de ce temps-là : manuscrit trouvé dans les panneaux d'une ancienne voiture de la cour, publié par M. Sewrin. *Paris, Barba, an X* (1803), 4 t. en 2 vol. in-12, demi-rel. chag. rouge, fig. n. r. tête peig.

692. Le Congrès de Cythère, ou lettre de Léonce à Erotique son fils. Trad. de l'italien du comte Algarotti. *A Cythère et à Paris, Mérigot*, 1786, in-8°, demi-rel. chag. front. grav. par Ransonnette.

693. Erotika Biblion, 2ᵉ édit. (par Mirabeau). 3° édit. *Paris, an IX* (1801), in-18, demi-rel. v. mar. rouge, portrait de Mirabeau.

Mis à l'index par décret du 2 juillet 1804. Condamné à la destruction pour outrages aux mœurs, par arrêt de la cour royale de Paris du 19 décembre 1826. L.

694. Les Liaisons dangereuses, lettres recueillies par une société, et publiées pour l'instruction de quelques autres (par Choderlos de Laclos). *Paris, Parmentier*, 1823, 2 vol. in-12, demi-rel. mar. rouge, tête peig. n. r. grav.

Ouvrage condamné à la destruction par arrêt de la cour royale de Paris du 22 janvier 1824. L.

695. La Religieuse, par Diderot. *Paris, Gueffier*, 1796, 2 t. en un vol. in-18, dos de v. fauve, n. r. fig.

Ouvrage condamné à la destruction, 1° par jugement du tribunal correctionnel de la Seine du 20 août 1824; 2° par jugement du même tribunal en date du 24 novembre 1826.   L.

696. La Religieuse, par Diderot. *Paris*, 1852, in-18, demi-rel. mar. vert, tête dor. portr. et fig.

Édition rare ayant été frappée aussi de diverses condamnations à la destruction.   L.

697. Justine, ou les malheurs de la vertu (par le marquis de Sades). *En Hollande, chez les libraires associés*, 1791, 2 t. en un vol. in-12, mar. rouge, fil. dos orné, tr. dor. (*Thivet*).

Ouvrage très-licencieux et tristement célèbre.....   L.

698. Mémoires de Jacques Casanova de Seingalt, écrits par lui-même. *Bruxelles*, 1833, 11 vol. in-12, demi-rel. chag. tête dor. n. r.

Quelques titres sont tachés. J'ai ajouté à cette édition de Bruxelles en 10 vol. un supplément extrait du tome IV de l'édition de Paulin (*Paris*, 1843, 4 vol. in-12). Ainsi composé, cet exemplaire est bien complet, sans suppressions et conforme au manuscrit original.

Casanova de Seingalt, célèbre aventurier, né à Venise en 1725, mort en Bohême en 1803, était fils d'un acteur et d'une fille de joie.

Son portrait, peint par Jules Janin avec des couleurs infamantes, n'est point exagéré. En lisant ses mémoires, on reste confondu que cet homme si intelligent, dont l'éducation avait été soignée, ait divulgué ainsi, avec un cynisme révoltant, les turpitudes de sa vie. L.

PHILOLOGIE.

Critiques, Proverbes, Emblèmes, etc.

699. Tableau des riches inventions, couvertes du voile des feintes amoureuses qui sont représentées dans le songe de Poliphile, par Beroalde de Verville. *Paris, Guillemot*, 1600, gr. in-4°, demi-rel. chag. coins, tête dor.

La figure du Priape est intacte. Cet ouvrage est de François Columna. Beroalde n'en est que l'éditeur. A part quelques singularités assez piquantes, la lecture de cette espèce de roman mythologique m'a semblé peu intéressante et nullement récréative. L.

Bel exemplaire relié sur brochure.   L.

700. Cataractes de l'imagination, Déluge de la scribomanie, Vomissement littéraire, Hémorrhagie encyclopédique, par Epiménide l'inspiré, (Chassaignon, de Lyon). *Lyon, dans l'antre de Trophonius, au pays des visions. S. d.* 4 t. en 2 vol. in-12, demi-rel. v. n. r.

> Bel exemplaire relié sur brochure. **L.**

701. L'Homme au latin, ou la destinée des savants (par Siret, d'Évreux). *Genève*, 1769, in-8°, demi-rel. chag.

> Ouvrage satirique peu connu. Pierre-Louis Siret, grammairien, né à Evreux le 30 juillet 1745, est mort à Vitry-sur-Seine, le 25 septembre 1798. **L.**

702. Mémoires de littérature (par de Sallengre). *La Haye*, 1715, 2 vol. in-12, front. demi-rel. chag. vert, coins, tête dor.

703. Histoire de Pierre de Montmaur, par M. de Sallengre. *La Haye*, 1715, 2 vol. in-12, fig. v. gran.

704. Variétés sérieuses et amusantes (par Sablier). *Amsterdam*, 1765, 4 t. en 2 vol. in-12, demi-rel. v. fauve, n. r.

> Vendu 30 fr. v. mar. Edit. de 1769, vente Luzarche en 1868. **L.**

705. Bibliothèque étrangère d'histoire et de littérature ancienne et moderne, ou choix d'ouvrages traduits ou extraits, avec des notices, par Aignan. *Paris*, 1823, 3 vol. in-8°, demi-rel. chag. n. r.

706. Le Poëte sans fard, ou Discours satyriques sur toute sorte de sujets (par Gacon). *S. l.* 1701, in-12, demi-rel. v. fauve.

707. Le Conte du Tonneau, contenant tout ce que les arts et les sciences ont de plus sublime et de plus mystérieux, par Jonathan Swift. *Lausanne et Genève*, 1756, 3 vol. in-12, v. éc. 6 fig.

> Histoire allégorique et critique où, sous le nom de Pierre, qui a désigne le pape ; de Martin, qui représente Luther, et de Jeun, qui signifie Calvin, il déclare la guerre à la religion catholique, au luthérianisme et au calvinisme.... **L.**

708. Satiriques du xviiie siècle (recueillis par Colnet). *Paris, Colnet, an VIII* (1799), 4 vol. en 2, in-8°, demi-rel. v. fauve.

709. Le Chef-d'œuvre d'un inconnu, poëme, par le docteur Chrisostôme Mathanasius. Nouv. édit. *Londres*, 1758, 2 vol. pet. in-12, v. m.

710. L'Art de plaire dans la conversation. 2e édit. *Paris, Guignard*, 1699, in-12, v. br. front.

711. Récréations historiques, etc., par Dreux du Radier. *La Haye*, 1758, 2 vol. in-12, demi-rel. v. f. n. r.

712. Almanach littéraire, par d'Aquin de Chateau-Lyon. *Paris, veuve Duchesne*, 1789, in-12, br. Joli frontispice de Marillier.

713. Le Dictionnaire des prétieuses, par le sieur de Somaize; nouvelle édition. augmentée de divers opuscules du même auteur, relatifs aux prétieuses, et d'une clef historique et anecdotique, par Ch.-L. Livet. *Paris, P. Jannet*, 1856, 2 vol. in-16, cart. perc. rouge, n. r.

714. De la Manière d'enseigner et d'étudier les belles-lettres, par Rollin. Nouv. édit. *Paris, Estienne*, 1765, 4 vol. in-12, v. mar.

715. Opuscules de feu M. Rollin : lettres, compliments, poésies. *Paris, Estienne*, 1771, 2 vol. in-12, v. mar. Beau portrait de Rollin.

716. Œuvres diverses de Laharpe. *Paris*, 1825, 16 vol. in-8°, v. olive, portr. et grav.

717. Lycée, ou cours de littérature, par J.-F. Laharpe. *Paris*, 1821, 16 vol. in-8°, br.

718. Cours de littérature, faisant suite au Lycée de Laharpe, par J.-L. Boucharlat. *Paris, Brunot-Labbé*, 1826, 2 vol. in-8°, br.

719. Recueil de cinq pièces originales de Laharpe : — Timoléon, tragédie, 1764. — Warwick, tragédie, 1764. — Le Poëte, 1767. — Des Malheurs de la

guerre et des avantages de la paix, poésie, 1767.
— Du Fanatisme dans la langue révolutionnaire,
1797.

720-723. Portraits contemporains, par Sainte-Beuve. —
Portraits littéraires, par le même. — Portraits de
femmes, par le même. — Tableau de la poésie française, par le même. Ensemble 7 vol. in-12, br.

724. Le Livre des proverbes français, précédé de recherches historiques sur les proverbes français et
leur emploi dans la littérature du moyen âge et de
la renaissance, par Leroux de Lincy. *Paris*, *Ad.
Delahays*, 1859, 2 vol. gr. in-18, papier de Hollande, br.

725. Recherches sur les jeux d'esprit, les singularités
et les bizarreries littéraires, par A. Canel. *Évreux*,
Pierre Huet, 1867, 2 vol, in-8°, papier vergé, br.

726. Les Dialogues de Jean Loys Vivès, trad. de latin
en françois, par Gilles de Housteuille. *Lyon*, 1578,
pet. in-12, vélin.
     Piqûres de vers à quelques feuillets.

727. Emblêmes latins, de Boissard, avec l'interpréta-
tion françoise, de P. Joly, Messin. *Metz*, 1588, pet.
in-4°, demi-rel. chag. coins, tr. dor. grav. de Th.
de Bry.
     Ce volume, assez rare, ne se trouvait pas dans la nombreuse
     collection d'emblèmes du catal. de van der Hell.

728. La Philosophie des images énigmatiques, par le
P. Menestrier. *Lyon*, 1694, in-12, demi-rel. v.
coins, tête dor. n. r.

729. Le Microscome, contenant divers tableaux de la
vie humaine, représentés en figures, avec une explication en vers françois. *Amsterdam*, *Th. Pierre*, *s. d.*
in-4°, demi-rel. v. fauve, coins.

730. Les Colloques d'Erasme, ouvrage très-intéres-
sant par la diversité des sujets, par l'enjoûment et
pour l'utilité de la morale; traduction nouvelle,

par Gueudeville. *Leyde*, 1720, 6 t. en 4 vol. in-12, v. fauve, rel. anc. fig. à mi-pages.

731. Les Jours caniculaires, c'est-à-dire vingt-trois excellents discours des choses naturelles et surnaturelles; etc. ; trad. du latin de Simon Maiole, par Rosset. *Paris, R. Fouet,* 1609, 2 vol. in-4°, vélin.

732. Apologie pour Hérodote, ou Traité de la conformité des merveilles anciennes avec les modernes, par Henri Estienne. *La Haye,* 1735, 3 .vol. in-12, v. br.

> La prosopopée et le chap. 21 se trouvent en entier dans cet exemplaire.
> Henri Estienne fut condamné pour cet ouvrage a être brûlé ; mais il ne le fut qu'en effigie.   L.

EPISTOLAIRES.

733. Lettres nouvelles de feu M. Boursault, accompagnées de fables, de contes, d'épigrammes, etc., etc., avec treize lettres amoureuses d'une dame à un cavalier. *Paris,* 1738, 3 vol. in-12, mar. rouge, fil. tr. dor. rel. ancienne.

734. Lettres de Guy Patin. Nouv. édit. augmentée de lettres inédites et annotées, par Réveillé-Parise. *Paris,* 1846, 3 vol. in-8°, cart. n. r.

735. Lettres du marquis de Roselle, par Mme Elie de Beaumont. *Amsterdam,* 1779, 2 part. en un vol. in-12, demi-rel. mar. vert, tête peig. n. r.

> Anne-Louise Morin du Menil, femme du célèbre avocat Elie de Beaumont, née à Caen en 1729, mourut à Paris le 12 janvier 1783. Voir la correspondance de Voltaire, n° 4247, édit. Beuchot. L.

736. Lettres de Sophie et du chevalier de ***, pour servir de supplément aux lettres du marquis de Roselle. *Amsterdam,* 1779, 2 part. en un vol. in-12, demi-rel. mar. vert, n. r.

> De reliure uniforme avec l'ouvrage précédent.   L.

737. Lettres de messire Roger de Rabutin, comte de Bussy, avec les réponses. *Amsterdam, Zacharie Chatelain,* 1738, 6 vol. in-12, v. gr. portr.

738. Lettres de Ninon de l'Enclos au marquis de Sévigné, augmentées de sa vie et de 43 lettres. *Amsterdam,* 1752, 2 t. en un vol. pet. in-12, bas. portr.

739. Correspondance secrète entre Mlle Ninon de l'Enclos, le marquis de Villarceaux et Mme de M..... (Maintenon). *Paris,* 1798, 2 t. en un vol. in-12, cart. n. r.

740. Mémoire sur la vie de Mlle de l'Enclos, par M. B^{***}. *Amsterdam,* 1763, 3 part. en un vol. in-12, demi-rel. v. rose, tr. peig.

741. Mémoires de Ninon de l'Enclos, par Eugène de Mirecourt. *Paris,* 1857, 2 vol. gr. in-8°, avec 16 pl. br.

742. Mémoires et correspondance de la marquise de Courcelles, publiés d'après les manuscrits avec des notes, par P. Pougin. *Paris, Jannet,* 1855, in-16, cart. perc. n. r.

743. Lettres historiques et galantes, par Mme Du Noyer. Nouv. édit. augmentée. *Amsterdam,* 1760, 6 t. en 3 vol. in-12, v. m. front.

> On trouve dans ce recueil, t. V, p. 203, 14 lettres de Voltaire adressées à Mlle Dunoyer, dont il avait été l'amant en titre. Il est honteux de voir une mère spéculer sur les galanteries de sa fille, pour donner de l'intérêt à son livre en livrant à la publicité le déshonneur et les scandales de sa famille.
> Cet ouvrage fut mis à l'index par décret de la congrégation du 14 décembre 1725.   L.

744. Histoire du sieur abbé comte de Bucquoy, singulièrement son évasion du Fort-l'Evêque et de la Bastille, par Mme Du Noyer. *Paris, Pincebourde,* 1866, in-12, carré, pap. vergé, br.

> Cette curieuse histoire se trouve dans les *Lettres historiques et galantes.*   L.

745. Lettres juives (par le marquis d'Argens). *La Haye,* 1738, 6 vol. in-12, v. f. front. et vignettes.

746. Lettres cabalistiques (par le marquis d'Argens). *La Haye,* 1741, 6 vol. in-12, v. marb. portr. front. et vignettes.

> Les *Lettres juives* et les *Lettres cabalistiques* ont été mises à l'index par décrets du 28 juillet 1742 et 20 avril 1744.   L.

POLYGRAPHES, MÉLANGES.

747. OEuvres de Voltaire avec préfaces, avertissements,
notes, etc., par Beuchot. *Paris, Lefèvre,* 1829-1834,
et table par Miger, 1840, 72 vol. in-8°, br. Portrait
de Voltaire.

> Les titres des t. I, XII et LXIII sont un peu en mauvais état.
> Mais presque tous les exemplaires qui se trouvent dans le commerce
> sont horriblement piqués. Il y a des volumes qui sont comme pour-
> ris. Par une heureuse exception le mien ne l'est pas.
> En tête du tome Ier on lit l'*ex dono* autographe suivant : « offert
> à M. Reynal, médecin, comme témoignage de reconnaissance et
> d'amitié : Dupont (*de l'Eure*). »
> Edition la plus complète et la plus correcte, imprimée par Fir-
> min Didot, et tirée à 2,000 exemplaires. Les tables de Miger tirées
> à 700 manquent à beaucoup d'exemplaires.   L.

748. Collection de cent gravures de Dévéria, et autres
pour les OEuvres de Voltaire.

749. OEuvres complètes de Voltaire. *Paris, Dupont,*
1828, 72 vol. in-8° br. portrait de Voltaire et tables.

750. Le Dernier volume des OEuvres de Voltaire, par
J. Janin. *Paris,* 1862, in-8°, portr. *fac-simile,* b.

751. Lettres inédites de Voltaire, recueillies par M. de
Cayrol, et annotées par A. François. *Paris,* 1856,
2 vol. in-8°, br.

752. Mémoires anecdotiques sur Voltaire... *Paris,*
1838, 2 vol. in-8°, portrait ajouté.

> Ces mémoires, qui contiennent des documents et des révélations
> curieuses, ont été publiés par MM. Decroix et Beugnot. Vendu
> 24 fr. demi-rel. (*Lortic*), vente Bertin en 1854.   L.

753. La Jeunesse de Voltaire, par Desnoiresterres.
Paris, 1867, in-8°, br.

754. Examen des ouvrages de M. de Voltaire, consi-
déré comme poëte, comme prosateur, comme philosophe, par Linguet. *Bruxelles, Lemaire,* 1788, in-8°,
demi-rel. bas.

755. Histoire de la vie et des ouvrages de Voltaire,
par Paillet de Warcy. *Paris,* 1824, 2 vol. in-8°, br.
fig. *fac-simile.*

> Ecrite par un clérical dans un esprit de dénigrement... L.

756. Le Roi Voltaire, par A. Houssaye. *Paris*, 1858, in-8°, br.

757. Voltairimeros, ou première journée de M. de Voltaire dans l'autre monde (par l'abbé Baston). *Bruxelles (Rouen)*, 1779, 2 part. en un vol. in-12, demi-rel. Mouillé.

758. OEuvres complètes de M. le vicomte de Chateaubriand, membre de l'Académie française. *Paris, Pourrat*, 1838-1839, 36 vol. gr. in-8°, br. avec les 80 gravures à part.

759-772. OEuvres de A. de Lamartine. — Méditations, et Harmonies poétiques. *Paris*, 1832. — Jocelyn, Voyage en Orient, Raphaël, Geneviève, Confidences, Nouvelles Confidences, Histoire de César, Histoire des Constituants, Révolution de 1848, le Passé, le présent et l'avenir de la République, le Conseiller du peuple, tomes I, II, III; le Civilisateur, tomes I, II, III; Cours de littérature, tomes I, II, III; ensemble 32 vol. gr. in-8°, demi-rel. v. rose, coins, tête dor. Ces volumes de diverses éditions sont de reliure uniforme.

773. Variétés historiques et littéraires, recueil de pièces volantes rares et curieuses en prose et en vers, revues et annotées par M. Ed. Fournier. *Paris, Jannet*, 1850-63, 9 vol. in-16, cart. perc. n. r.

774. OEuvres françoises de Bonaventure des Périers, revues et annotées par M. Louis Lacour. *Paris, Jannet*, 1856, 2 vol. in-16, cart. perc. n. r.

775. Recveil de pièces galantes, en prose et en vers, de Mme la comtesse de la Svze, comme aussi de plusieurs et différents autheurs. *Paris*, 1668-1674, 2 vol. en un, pet. in-12, vélin.

776-777. Curiosités de poche, par une société de gens de lettres et d'érudits. *Paris, Paulin*, 1845-55, 10 vol. — Curiosités du vieux Paris, de l'histoire de France, de l'histoire des arts, judiciaires, théâtrales, théologiques, de l'économie politique, des sciences occultes, des croyances populaires, ruelles, salons et cabarets. *Paris, A. Delahays*, 1858-62; ensemble 21 vol. in-12, demi-rel. mar. coins, tête dor. n. r.

778-798. OEuvres de Proudhon. — Système des contradictions économiques. *Paris*, 1846, 2 vol. in-8°. — Qu'est-ce que la propriété ? Idées révolutionnaires; Confessions d'un révolutionnaire; la Révolution sociale et le coup d'Etat; de la Justice dans la révolution; la Guerre et la paix; l'Unité en Italie; les Démocrates assermentés; les Traités de 1815; du Principe fédératif; de la Propriété; les Evangiles annotés; l'Ordre dans l'humanité; de la Capacité politique; Proudhon, sa vie et ses œuvres (recueil factice); Chauvelot, Proudhon et son livre; J. Vrau, Proudhon et son Système économique; E. de Mirecourt, Lettres à M. Proudhon; Huard, de l'Injustice dans la révolution, etc.; Réfutation de P.-J. Proudhon; Idées anti-Proudhoniennes, par Juliette Lamber ; ensemble 22 vol. in-12 et 2 vol. in-8°, demi-rel. mar. rouge, coins, tête dor. n. r.

799. OEuvres complètes de N. Machiavelli, avec notice, par A. Buchon. *Paris*, 1852, 2 vol. gr. in-8°, br.

HISTOIRE

GÉOGRAPHIE, VOYAGES, HISTOIRE GÉNÉRALE,
HISTOIRE ANCIENNE.

800. Bibliothèque universelle des voyages effectués
par terre et par mer, depuis les premières découvertes jusqu'à nos jours, revus ou traduits par
Albert Montémont. *Paris*, 1833-37, 36 vol. in-8°,
br. avec 90 pl. coloriées et atlas gr. in-fol. de 38
cartes dressé par Monin.

Il manque les pl. 42, 56, 64, 69.

801. Voyages nouveaux par mer et par terre dans les
diverses parties du monde, effectués ou publiés de
1837 à 1847, analysés ou traduits par Albert Montémont. *Paris*, 1847, 5 vol. in-8°, br.

802. L'Univers pittoresque : France, Europe, Asie,
Afrique, Amérique et Océanie. *F. Didot*, 1835-72,
70 vol. in-8°, br. nombr. figures.

Ouvrage considérable par la quantité de matières qu'il contient
et orné de plus de 3,000 grav. sur acier, représentant des monuments,
des costumes, etc., de tous les peuples. Les figures qui ornent cet
immense recueil sont très-bien gravées.
Deux parties : le Dictionnaire encyclopédique de la France, par
Ph. Le Bas, et la Palestine, par S. Munk, ont été frappées par la
congrégation de l'index (décret du 5 septembre 1853).   L.

803. De l'Utilité des voyages et de l'avantage que la
recherche des antiquités procure aux savants, par
M. Baudelot de Dairval. *Paris, P. Auboin*, 1786,
2 vol. in-12, vélin, fig.

804. Histoire de la découverte et de la conquête du
Pérou, trad. de l'espagnol, d'Augustin de Zarate.
Paris, 1716, 2 vol. in-12, v. brun, fig.

805. Histoire des Sevarambes, peuples qui habitent une partie du troisième continent, appelé la terre australe (par D. Vairasse, d'Alais). *Amsterdam*, 1716, 2 vol. in-12, v. brun, fig.

> Vendu 40 fr. mar. rouge, vente Delassize.   L.

806. Naufrages et aventures de Pierre Viaud, natif de Bordeaux. *Bordeaux, La Brottière*, 1770, in-12, br.

807. Voyages de François Bernier, contenant la description des États du Grand-Mogol, etc. *Amsterdam*, 1699, 2 vol. in-12, v. brun, fig. et cartes.

808. Voyages de M. le chevalier Chardin en Perse et autres lieux de l'Orient. *Rouen, Ferrand*, 1728, 10 vol. in-12, v. fauve, grand nombr. de grav.

809. Voyages du sieur Paul Lucas au Levant, dans la Grèce et dans la Turquie. *La Haye et Amsterdam*, 1705-1720, 6 t. en 5 vol. in-12, fig. vél.

> Bel exemplaire de ces curieux voyages dont la collection complète est difficile à réunir. Paul Lucas, célèbre voyageur et antiquaire, né à Rouen le 31 août 1664, est mort à Madrid le 12 mai 1736. L.

810. Voyage au pôle sud et dans l'Océanie, par Dumont d'Urville. *Paris*, 1841, 10 vol. in-8°, br.

811. Description des principaux lieux de France, par J.-A. Dulaure. *Paris, Lejay*, 1788-89, 6 vol. in-12, v. m. n. r. cartes.

812. Voyages en France et autres pays, en prose et en vers, par Racine, la Fontaine, etc., 3ᵉ édit. *Paris, Briand*, 1818, 5 vol. in-18, bas. tr. dor. portr. et fig.

813. Voyage dans le Finistère, ou état de ce département en 1794 et 1795 (par Cambry). *Paris, an VII*, 3 vol. in-8°, cart. n. r. fig.

814. Voyage en Bretagne, illustré de vues prises sur les lieux, avec un résumé des fastes de cette province, une histoire générale des bagnes et l'iconographie des principaux types de forçats, par A. Lepelletier, de la Sarthe. *Au Mans*, 1853, gr. in-8°, br. planch.

815. Atlas universel, par Robert de Vaugondy. *Paris*, 1766, in-f°. oblong, cart. n. r.
Cet atlas est composé de 209 cartes coloriées. L.

816. Voyage d'Anténor, par Lantier, 2° édit. *Paris*, an *VI* (1797), 3 vol. in-8°, v. m.

817. Voyage du jeune Anacharsis, par Barthélemy. *Paris, Dabo*, 1826, 7 vol. in-18, br. et atlas in-4°.
Cet exemplaire a appartenu à un de mes bons amis d'enfance, M. Alphonse Renard, mort à la fleur de l'âge, d'une maladie de poitrine. Chaque volume porte sa signature, que j'ai respectée. L.

818. Voyage aux Alpes et en Italie, par Albert Montémon, 4° édit. *Paris*, 1860, in-8°, br.
Voir ci-dessus, n°s 800 et 805.

819. Carte nouvelle du duché de Brabant et partie de la Hollande, par d'Huilland. Atlas in-f° oblong, n. r. 24 cartes.

820. Voyage du chevalier de Chastellux en Amérique. *S. l.* 1785, in-8°, demi-rel. bas.

821. Voyages en Allemagne, par le baron de Rusbeck. *Paris, Buisson*, 1787, 3 vol. in-8°, bas. portr. cartes et plan de Berlin.

822. Voyages en Pologne, en Russie, Suède et Danemark, par William Coxe, trad. de l'anglais par P.-H. Maltet. *Genève*, 1787, 4 vol. in-8°; demi-rel. bas. portr. et nombreuses cartes.

823. Voyage en Egypte et en Syrie pendant les années 1783, 1784, 1785, etc., par C. Volney. 6° édit. *Paris*, 1828, 3 vol. in-18, br.
Voyages intéressants, ornés d'un portrait, de cartes et d'un *fac-simile* d'une note écrite à Sainte-Hélène par Napoléon sur la vue des Pyramides. Je me souviens avoir lu quelque part que ce voyage avait été d'une grande utilité à ce fléau du genre humain, dans sa désastreuse campagne d'Egypte. L.

824. Dix Ans de voyages, recueil de correspondances, *S. L.* (Sébastien Lecomte, de Beaumont-le-Roger). *Paris, Claye*, 1868, in-12. — Cinq mois de séjour à Paris, 1870-1871, par le même, in-12, br.
Avec *ex-dono* autographe de l'auteur à M. Lebert oncle. On trouve dans ces voyages, à part quelques détails oiseux et insignifiants, des récits piquants et pleins d'intérêt. L.

825. La Seine et ses bords, par Ch. Nodier. *Paris*, 1836, in-8°, br. 4 cartes et 46 grav.

826. Les Pèlerinages de Suisse, par Louis Veuillot. *Paris*, 1839, 2 vol. in-8° en un, demi-rel. v. bleu.

827. L'Antiquité dévoilée par ses usages, par feu Boulanger (le baron d'Holbach). *Amsterdam*, 1766, 3 vol. in-8°, demi-rel. v. n. r.

> Ouvrage mis à l'index par décret du 20 juin 1823.
> Plusieurs feuillets du tome Ier réparés.

828. Essai historique et philosophique sur les noms d'hommes, de peuples et de lieux, considérés dans leurs rapports avec la civilisation, par Eusèbe Salverte. *Paris*, 1824, 2 vol. in-8°, demi-rel. chag. rouge, tête dor.

829. Les Miettes de l'histoire, par A. Vacquerie. *Paris*, 1863, in-8°, demi-rel. chag. n. r.

830. L'Histoire des derniers Pharaons et des derniers rois de Perse, selon Hérodote, tirée des livres prophétiques et du livre d'Esther, par de Bovet. *Avignon, Séguin*, 1835, 2 vol. in-8°, br.

831. OEuvres complètes de Thucydide et de Xénophon, avec notices, par C. Buchon. *Paris, Desrez*, 1836, gr. in-8°, br.

832. Ouvrages historiques de Polybe, Hérodien et Zozime, avec notices, par C. Buchon. *Paris, Desrez*, 1830, gr. in-8°, br.

833. Commentaires de César, avec des notes historiques, critiques et militaires, par Turpin de Crissé. *Amsterdam*, 1788, 3 vol. in-8°, demi-rel. bas. avec 40 cartes et plans.

834. Histoire de la décadence et de la chute de l'empire romain, par Ed. Gibbon, avec une notice, par A. Buchon. *Paris*, 1836, 2 vol. gr. in-8°, demi-rel.

835. Histoire générale, physique et civile de l'Europe, depuis les dernières années du ve siècle jusque vers le milieu du xviiie, par le comte de Lacépède. *Paris*, 1826, 18 vol. in-8°, br.

836. Histoire des croisades, par M. Michaud. *Paris,
A. André,* 1825, 6 vol. in-8°, demi-rel. v. f. n. r.
cartes et plans.

837. Bibliothèque des croisades, par M. Michaud.
Paris, 1829, 4 vol. in-8°, demi-rel. bas.

838. Les Crimes des empereurs turcs, depuis Os-
man Ier jusqu'à Sélim IV, par Ransonnette. *Paris,
Prudhomme, an III* (1794), in-8°, bas. 5 fig.

839. Les Crimes des empereurs d'Allemagne, depuis
Lothaire jusqu'à Léopold II. *Paris,* 1793, in-8°,
demi-rel. v. fauve, 5 fig.

840. Histoire d'Angleterre, par David Hume; continuée jusqu'à nos jours par Smollett, Adolphus et
Aikin; trad. nouv. par M. Campenon. *Paris,* 1839-
1840, 13 vol. in-8°, br. fig.

841. OEuvres complètes de W. Robertson, précédées
d'une notice, par C. Buchon. *Paris, Desrez,* 1836,
2 vol. gr. in-8°, br.

842. Règne de Richard III, ou doutes historiques sur
les crimes qui lui sont imputés, par Horace Walpole,
trad. de l'anglais par Louis XVI, et imprimé sur le
mss. écrit en entier de sa main. *Paris, Le Rouge,*
1800, in-8°, demi-rel. v. n. r. front. grav.

843. Mémoires de Frédéric, baron de Trenck, trad. de
l'allemand par M. de ***. *Strasbourg,* 1789, 3 vol.
in-8°, bas. rac. fil. portr. et 9 fig. par Borel.

844. L'Italie et la maison de Savoie, présent et avenir,
par E. Rasetti. *Paris,* 1860, in-8°, br.
    Diverses brochures sur l'Italie.

845. La Pologne historique, littéraire, monumentale
et illustrée, par Léonard Chodzko. *Paris,* 1839-1841,
gr. in-8°, cart. n. r. fig.
    Cet ouvrage, magnifiquement illustré, n'est pas commun.
    M. Chodzko est mort à Poitiers le 12 mars 1871.   L.

846. Histoire ancienne, etc., par Rollin. *Paris, Estienne,*
1772, 13 vol. in-12, v. m. et atlas.

847. Histoire romaine, etc., par Rollin. *Paris, Estienne,* 1759, 16 vol. in-12, v. m.

848. Histoire romaine de Tite-Live, trad. en français. *Paris,* 1769-1772, 10 vol. in-12, v. gran.

849. Les Annales de Tacite, trad. par Guérin. *Paris,* 1742, 3 vol. in-12, v. m.

850. Histoire du Bas-Empire, par Lebeau et Ameilhon, avec les tables de Ravier. *Paris,* 1817, 29 vol. in-12, v. m.

851. Histoire moderne des Chinois, des Japonais, des Indiens, des Persans, des Turcs, des Russiens, pour faire suite à l'histoire ancienne de Rollin. Nouv. édit., par l'abbé de Marsy et Richer. *Paris, Saillant et Nyon,* 1771, 30 vol. in-12, demi-rel. bas.

852. Histoire des révolutions d'Angleterre, par le P. d'Orléans. *Paris, Maradan, an IV* (1795), 6 vol. in-8°, bas. portr.

853. Histoire des révolutions romaines, par l'abbé de Vertot. *Paris,* 1767, 3 vol. in-12, v. m.

854. Histoire des révolutions de Suède, par l'abbé de Vertot. *Paris, Babuty.* 1753. 2 vol. in-12, v. m.

855. Révolutions de Portugal, par l'abbé de Vertot. Nouv. édit. *Paris, Didot,* 1758, in-12, v. m.

HISTOIRE DES RELIGIONS.

856. Origine de tous les cultes ou religion universelle, par Dupuis, citoyen français. *Paris, an III,* 12 vol. in-8°, cart. n. r. et atlas in-4° de 22 pl.

Condamné à Rome par décret du 26 septembre 1818. L. (Voir plus haut le n° 48).

857. Histoire abrégée des différents cultes, par Dulaure. 2ᵉ édit. *Paris, Guillaumin,* 1825, 2 vol. in-8°, demi-rel. chag. n. r.

Condamné à la destruction par jugement du tribunal correctionnel du 27 octobre 1826. L.

858. Histoire des différentes religions, depuis leur origine jusqu'à nos jours, par Suleau de Lirey. *Paris*, 1845, gr. in-8°, demi-rel. chag. tête dor. n. r.

859. CÉRÉMONIES ET COUTUMES RELIGIEUSES de tous les peuples du monde, représentées en figures dessinées de la main de Bernard Picart. *Paris*, *L. Prudhomme*, 1807-1810, 12 vol. en 13 part. in-f°, cart. n. r. pl.

> Bel exemplaire. Edition non expurgée, plus complète que l'édition d'Amsterdam. Cet ouvrage fut mis à l'index par décrets des 28 juillet 1738, 13 avril 1739, et 10 mai 1757.   L.

860. Dictionnaire historique des cultes religieux établis dans le monde, depuis son origine jusqu'à présent (par La Croix, marquis de Castries). *Versailles*, 1820, 4 vol. in-8°, br. grav.

861. Recherches historiques et critiques sur les mystères du paganisme, par M. le baron de Sainte-Croix. *Paris*, *Debure*, 1817, 2 vol. in-8°, demi-rel. chag. mar. n. r.

862. Abrégé (l') des annales ecclésiastiques du cardinal Baronivs, fait par Henry de Sponde. *Paris*, 1636, 3 tom. en 2 vol. in-f°, v. f. fil.

863. Histoire ecclésiastique, par M. Fleury. *Paris*, *Emery*, 1720-1734, 36 vol. in-12, v. grau.

864. Eléments de l'histoire ecclésiastique. Nouv. édit. *Caen*, *Leroy*, 1787, 2 vol. in-12, v. m.

865. Anecdotes ecclésiastiques, contenant les intrigues des évêques de Rome, tirées de l'Histoire de Naples de Giannone, brûlée à Rome en 1726. *Amsterdam*, 1758, in-12, v. m.

866. Histoire philosophique, politique et critique du christianisme et des églises chrétiennes, par de Potter. *Paris*, 1836, 8 vol. in-8°, br.

> Ouvrage à l'index et surtout sévèrement interdit au clergé inférieur........   L.

HISTOIRE DES PAPES, DES INQUISITIONS, ETC.

867. Portrait politique des Papes, considérés comme princes temporels et comme chefs de l'Eglise, par Llorente. *Paris,* 1822. 2 tom. en un vol. demi-rel. chag. vert, n. r.

868. Les Crimes des Papes, depuis saint Pierre jusqu'à Pie VI, par L. Lavicomterie. *Paris,* 1792, in-8°, demi-rel. v. fauve, fig.

869. Histoire des Papes, crimes, meurtres, empoisonnements, parricides, adultères, incestes, depuis saint Pierre jusqu'à Grégoire XVI. — Histoire des saints, des martyrs, des pères de l'Eglise, des ordres religieux, des conciles, des cardinaux, de l'inquisition, des schismes et des grands réformateurs. — Crimes des rois, des reines et des empereurs. Edit. illustrée de nomb. fig. noires et coloriées (par Maurice Lachâtre). *Paris,* 1842-44, 10 vol. gr. in-8°, demi-rel. bas. verte.

> Les titres sont tachés. Orné de 45 fig. sur acier et de 49 fig. coloriées. Cet exemplaire m'a coûté 25 fr. en 1848.   L.

870. Advis et devis de la source de l'idolatrie et tyrannie papale, par quelle practique et finesse les papes sont en si haut degré montez, par Fr. Bonivard. *Genève,* 1856, in-8°, parch. n. r.

871. L'Antipapisme révélé, ou les rêves de l'antipapiste. *Genève,* 1767. — L'Ordre des francs-maçons trahi et leur secret révélé. *Amsterdam,* 1781, 2 vol. en un, demi-rel. v. fauve.

872. Satyres chrestiènes de la cuisine papale. *Imprimé par Conrad Badius,* 1560, in-8°, br.

> Réimpression à petit nombre, papier vergé, faite à *Genève pour G. Revilliod,* en 1857.

873. Taxes des parties casuelles de la boutique du pape, rédigées par Jean XXII et publiées par Léon X, selon lesquelles on absout, argent comptant, les assassins, les parricides, les empoisonneurs, les hé-

rétiques, les adultères, les incestueux, etc., etc., avec la fleur des cas de conscience décidés par les Jésuites et publiés par Julien de Saint-Acheul (par Garinet et Collin de Plancy). *Paris*, 1820, in-8°, demi-rel. mar. fil. n. r.

874. Errevr popvlaire de la papesse Jeanne (par Florimont de Reymont). *S. l.* 1588, pet. in-12, v. gran.

Curieux et rare. Vendu 19 fr. vélin, édit. in-8° de 1612, vente Dinaux en 1865. L.

875. Histoire de la papesse Jeanne, fidèlement tirée de la dissertation latine de M. Spanheim. *La Haye*, 1758, 2 vol. in-12, v. m. 5 planches.

J'ai ajouté à cet exemplaire une dissertation sur cette papesse Jeanne, par d'Auriac, tirée du journal *le Siècle* du 25 avril 1861. L.

876. La Vie du pape Alexandre VI et de son fils César Borgia, par Alexandre Gordon. *Amsterdam*, *Pierre Mortier*, 1732, 2 vol. in-12, v. gran. portr. gravé.

Condamné au feu par décret de la cour de Rome du 17 mai 1734. Vendu 72 fr., mar. vert, tr. dor. Giraud en 1855; 105 fr. mar. bleu (*Derome*) Labedoyère en 1837, et 455 fr. mar. rouge (*Padeloup*), vente de M. Brunet en 1858. L'exemplaire, dit le catalogue, avait appartenu à Debure.
Je ne m'explique pas ces prix fabuleux. Mon exemplaire, qui est absolument conforme comme édition, ne m'a coûté que 6 fr. Il est vrai qu'il n'a pas été habillé par Derome, ni par Padeloup, et qu'il n'a point appartenu aux célèbres bibliographes Debure et Brunet. L.

877. Mémoires pour servir à l'histoire de la vie de César Borgia (par Thomasius). *Amsterdam*, *Pierre Mortier*, 1739, 2 tom. en un vol. in-12, v. gran. portr.

878. L'Avocat du Diable, ou mémoires historiques et critiques sur la vie et sur la légende du pape Grégoire VII, avec des mémoires sur la bulle de canonisation de Vincent de Paul. *A Saint-Pourcain*, *chez Tansin pas Saint*, 1743, 3 vol. in-12, v. f. titre gravé.

Cette satire violente fut condamnée au feu par décret de la cour de Rome du 27 février 1752. L.

879. Manifeste de l'Eglise romaine dans le monde politique. *Paris*, 1845, in-4°, br.

880. Question romaine, le Pape et le pouvoir temporel, recueil de brochures contenues dans onze portefeuilles.

L'Empereur Napoléon et l'Angleterre; — la Guerre, le Pape et le Congrès; — Faut-il détrôner les Papes? — Guelfes et Gibelins; — Réponse à l'évêque d'Orléans; — le Pape-roi, les foudres du Vatican; — la Papauté temporelle; — la Prusse en 1860; — la nouvelle Carte d'Europe; — Lamoricière et Garibaldi; — le Pape et les Ultramontains; — Pape et Empereur; — N'est pas Pape qui veut; — le Voisin du Vatican; — Mgr Dupanloup et l'Italie; — le Milliard des couvents; — l'Agonie de la Papauté; — les Alarmes de l'Episcopat; — Discours du prince Napoléon, de M. Dupin, de M. de Larochejaquelein, au sénat, etc., etc.

Intéressante collection d'environ 130 brochures et articles de journaux sur la question romaine, publiée de 1858 à 1869.

881. Histoires des Inquisitions, où l'on rapporte l'origine et le progrès de ces tribunaux, la forme de leur juridiction et l'extrait du manuel des inquisiteurs (par Marsolier et Goujet). *Cologne, Pierre Marteau,* 1769, 2 vol. in-12, v. m.

Cette édition comprend les Mémoires historiques de Dupin, l'Histoire de l'inquisition de Marsolier, l'Inquisition de Goa de Villon, le Discours des auteurs qui ont traité de l'inquisition, par Goujet, et le Manuel des inquisiteurs de Morellet.

L'Histoire de l'inquisition de Marsolier fut condamnée par décret de la cour de Rome du 19 mai 1694.   L.

882. Mystères de l'Inquisition et autres sociétés secrètes, par de Féréol. *Paris,* 1845, gr. in-8°, cart. fig.

883. La Guzmanade, ou l'établissement de l'inquisition, poëme en XII chants. *Amsterdam,* 1778, in-8°, bas.

884. Histoire des inquisitions religieuses d'Italie, d'Espagne et de Portugal, par Joseph Lavallée. *Paris,* 1809, 2 vol. in-8°, bas. fig.

885. Histoire critique de l'inquisition d'Espagne, par D. Llorente, 2ᵉ édition. *Paris,* 1818, 4 vol. in-8°, demi-rel. chag. noir, n. r. portrait.

Tous les ouvrages de Llorente ont été mis à l'index par décrets des 26 août 1822 et 6 septembre 1824.

886. Procédure curieuse de l'inquisition de Portugal contre les francs-maçons, par un frère maçon sorti

de l'inquisition. *Dans la vallée de Josaphat, l'an de la fondation du temple de Salomon*, 1803, pet. in-12, v. fauve.

887. Mémoires de Gaudence de Luques, prisonnier de l'inquisition. *Amsterdam*, 1753, 2 vol. in-12, v. marb. fig.

888. Véritable origine des biens ecclésiastiques, fragments historiques et curieux contenant les différentes voies par lesquelles le clergé séculier et régulier de France s'est enrichi, par M. Rozet. *Paris,* 1791, 2 tom. en un vol. in-12, demi-rel. v. f. n. r.

889. La Politique du clergé de France, ou entretien curieux de deux catholiques romains, etc. (par Jurieu). *La Haye*, 1682, pet. in-12, vélin, tr. r.

HISTOIRE DES JÉSUITES ET AUTRES ORDRES RELIGIEUX.

890. La Vie de saint Ignace, fondateur de la Compagnie de Jésus, par le P. Bouhours. *Paris, Cramoisy*, 1679, in-4°, v. brun.

> Vendu 720 fr. mar. rouge, tr. dor. doublé de mar. (*Duseuil*), vente Brunet en 1868 : l'exemplaire avait appartenu à Lavallière. L.

891. Histoire de l'admirable dom Inigo de Guipuscoa, chevalier de la Vierge et fondateur de la monarchie de Inighistes, par Hercule Rasiel de Silva (Ch. Levier). *La Haye*, 1738, 2 vol. in-12, v. gran. fig.

> Cet ouvrage fut condamné par décret de la congrégation de l'index du 28 juillet 1759.   L.

892. Comptes rendus des constitutions et de la doctrine de la société se disant de Jésus, rendus en Parlement de Normandie, toutes les chambres assemblées, etc., etc., par M. Charles. *S. l.* 1772, in-12, demi-rel. v. f. n. r.

893. Dénonciation des crimes et attentats des soi-disant jésuites dans toutes les parties du monde, ou abrégé des stratagèmes, friponneries, conjurations, impostures, sacriléges, meurtres de rois, etc., commis par

les Ignaciens depuis 1540, époque de leur établissement, jusqu'en 1760. *S. l.* 1762, 3 part. en un vol. in-12, demi-rel. v. f. n. r.

894. Extraits des assertions dangereuses et pernicieuses en tous genres que les soi-disant jésuites ont, dans tous les temps, soutenues, enseignées et publiées dans leurs livres, etc., etc. (par Roussel, l'abbé Goujet et Minard). *Paris,* 1762, 2 vol. in-12, demi-rel. v. f. n. r.

895. Les Jésuites mis sur l'échafaud, par P. Jarrige. *Jouxte la copie. Leiden,* 1676, pet. in-12, parch.

896. La Politique des Jésuites (par P. de Monpersan). *Cologne, P. Marteau,* 1689, in-12, vélin, front. gravé. A la suite : Décadence de l'empire papal (en vers). *Amsterdam,* 1689, front. gravé.

Ouvrage mis à l'index par décret du 22 décembre 1700.

897. Les Passe-temps des Jésuites, ov entretiens des PP. Bouhours et Menestrier, jésuites, sur les défauts de leur compagnie. *A Pampelune,* 1721, 2 vol. in-12, v. brun.

898. Les Jésuites marchands, usuriers, usurpateurs, et leurs cruautés dans l'ancien et le nouveau continent. *La Haye,* 1759, in-12, v. marbré.

899. Les Jésuites criminels de lèse-majesté. *La Haye,* 1758, 2 vol. in-12, rel.

900. Le Philosophe redressé, ou critique impartiale du livre intitulé : Sur la destruction des Jésuites en France. *Au Bois-Valon,* 1765, in-12, demi-rel. v. f. n. r.

— Dans le même volume : Dialogue des morts. *A Eliséopolis,* 1762.

— Le Jésuite mal défendu, à M. l'abbé Platel.

901. Les Jésuites remis en cause, ou entretien des vivants et des morts, partisans et adversaires, à la frontière des deux mondes, par Collin de Plancy. *Paris,* 1825, in-8°, demi-rel. chag. coins, tête dor. n. r.

902. Anecdotes ecclésiastiques, jésuitiques, qui n'ont point encore paru, par feu M. Sonnes, prêtre. *Rouen,* 1760. — Ensemble : Apologie des anecdotes ecclésiastiques et jésuitiques du diocèse de Rouen, avec l'histoire des cruelles persécutions suscitées à deux bons et savants pasteurs. *Rouen,* 1761, in-12, mar. noir, jans. tr. dor.

>Libelles condamnés au feu par le Parlement de Rouen.

903. Le Vrai Recueil des sarcelles, mémoires, notes et anecdotes intéressantes sur la conduite de l'archevêque de Paris et de quelques autres prélats français. — Le Philotanus et le portefeuille du Diable, etc., etc. *Amsterdam,* 1764, 2 vol. in-12, v. f. fil.

>Poëme burlesque et satirique des jansénistes contre les jésuites. L'auteur de cet ouvrage singulier fut renfermé. L.

904. Histoire de D. Rancio d'Aletès (par Porée). *Venise, Pasquinelli,* 1786, 2 vol. in-12, v. m. fig.

>Ouvrage satirique très-mordant contre les moines portugais du xviiie siècle. L.

905. Le Courtisan prédestiné, ou le duc de Joyeuse capucin, par de Caillière. Nouv. édit. *Paris,* 1728, in-12, v. f. portr.

>Lorsque ce volume curieux m'est tombé sous la main, il était mouillé du premier au dernier feuillet. Avec beaucoup de patience, je l'ai nettoyé assez bien sans le démonter, afin de le conserver dans sa bonne et vieille reliure. L.

906. Les Couvents, par Louis Lurine et Alph. Brot; illustrés par Tony Johannot, Baron, Français et Nanteuil. *Paris,* 1846, gr. in-8°, demi-rel. v.

907. Mascarades monastiques et religieuses de toutes les nations du globe, par Giacomo Carlo Rabelli (J.-Ch. Bar). *Paris, l'an Ier* (1792), in-8°, demi-rel. v. f. coins, tr. peigne, avec 36 planches coloriées.

>Ouvrage rare et recherché, dont il n'a paru qu'un volume. On trouve, page 234, un long article sur le prieuré des Deux-Amants, près le Pont-de-l'Arche (Eure).
>Vendu 20 fr. demi-rel. mar. rouge (Thouvenin), vente Gounod; 10 fr. demi-rel. vente Dinaux en 1865 ; 50 fr. bas. vente Van der Helle en 1868. L.

908. Essai sur l'histoire naturelle de quelques espèces de moines, décrites à la manière de Linné, ouvrage traduit du latin, par Jean d'Antimoine, naturaliste du grand Lama, etc., etc. *Paris*, *an VI* (1798), in-8°, demi-rel. chag. rouge, coins, tête dor. 3 pl.

909. Le Passepartout de l'Eglise romaine, ou histoire des tromperies des prêtres et des moines en Espagne, par Ant. Gavin. *Londres*, 1726, 3 vol. in-12, demi-rel. chag. vert, coins, tête dor.

910. Histoire des tromperies des prestres et des moines, décrite dans un voyage d'Italie, par M. G. d'Emiliane. *Rotterdam*, 1710, 2 vol. pet. in-8°, cart.

911. Les Moines empruntez, par P. Joseph (par Haizé). *S. l.* 1698, in-12, v. gr.

— Le Moine marchand, ou traité contre le commerce des religieux (par Th. Raynaud). *Amsterdam*, 1761, 2 vol. in-12, v. marb. fig.

912. La Guerre séraphique, ou Histoire des périls qu'a courus la barbe des capucins par les violentes attaques des cordeliers. *La Haye*, *P. de Hondt*, 1740, in-12, dos et coins de mar. rouge, fil. n. r.
> Bel exemplaire relié sur brochure.
> Ce livre fut condamné à Rome par décret du 22 mars 1752. L.

913. Légende dorée, ou sommaire de l'histoire des frères mendiants de l'ordre de Saint-Dominique et de Saint-François, comprenant les progrès, la doctrine et les combats d'iceux, tant contre l'Eglise gallicane que contre les papes et entre eux-mêmes, depuis 400 ans (par N. Vignier). *Amsterdam*, 1734, in-12, v. brun.
> Complément de l'ouvrage précédent. L.

914. L'Alcoran des cordeliers, tant en latin qu'en français, c'est-à-dire recueil des plus notables bourdes et blasphèmes de ceux qui ont osé comparer saint François à Jésus-Christ, etc., etc. (par Badius). *Amsterdam*, 1734, 2 vol. in-12, v. brun, rel. anc. avec 18 grav. par B. Picart.

915. Port-Royal, par C.-A. Sainte-Beuve. *Paris*, 1840-1859, 5 vol. in-8°, br.

Signature sur le titre.

916. Histoire abrégée de la dernière persécution de Port-Royal, suivie de la vie édifiante des domestiques de cette sainte maison (par l'abbé Pinault). *S. l. édition royale*, 1750, 3 vol. in-12, v. brun, vignettes.

917. La Vie de Dom.-Armand-Jean le Bouthillier de Rancé, abbé et réformateur de la Trappe, par Marsolier. *Paris*, 1703, 2 vol. in-12, v. brun, portrait par Rigault.

918. Apologie de M. l'abbé de la Trappe (contre les calomnies du P. Sainte-Marthe, par Thiers). *S. l. n. d. (Grenoble, 1694)* in-12, v. gran.

919. Relation de la vie et de la mort de quelques religieux de l'abbaye de la Trappe (par Le Bouthillier de Rancé). *Paris*, 1755, 5 vol. in-12, v. marbr.

920. De Sanctorvm martyrvm crvciatibvs Antonii Gallonii Liber, cvm figvris, per Ant. Tempestam. *Parisiis*, 1660, in-4°, v. gr. 43 planch. sur bois.

HISTOIRE DES MIRACLES, HISTOIRE DES HÉRÉSIES, ETC.

921. Histoire de l'image miraculeuse de Notre-Dame de Liesse, par M. Villette. *A Laon,* 1769, in-8°, grav. demi-rel. v. f.

922. Dictionnaire critique des reliques et des images miraculeuses, par Collin de Plancy. *Paris*, 1821, 3 vol. in-8°, demi-rel. chag. coins, tête dor. n. r.

923. Recueil des miracles opérés au tombeau de M. de Paris, diacre. *Utrecht*, 1723. — Eclaircissements sur les miracles opérés par l'intercession de M. Paris, 1733. — Réflexions sur le miracle arrivé à Moisy, par l'intercession de M. de Paris. *Utrecht*, 1742. —

Vie du bienheureux François de Paris, diacre. *Utrecht*, 1743. Ensemble 6 vol. in-12, v. brun.

La Vie du diacre Paris fut mise à l'index par décret du 22 août 1733.   L.

924. La Vérité des miracles opérés par l'intercession de M. de Paris et autres appellans, démontrée, avec des observations sur les phénomènes des convulsions, par M. Carré de Montgeron. *Cologne,* 1745-47, 3 vol. in-4°, v. brun, fil. nombr. pl.

Ce bel exemplaire se trouve complété par 2 vol. de pièces diverses sur les prétendus miracles du diacre Paris, et dont la table manuscrite est jointe à chacun des vol. 4 et 5.

925. Le Saint déniché, ou la banqueroute des marchands de miracles, comédie (par le P. Bougeant). *Bruxelles , s. d.* in-12, v. m.

926. Histoire des flagellans, où l'on fait voir le bon et le mauvais usage des flagellations parmi les chrétiens, par l'abbé Boileau. *Amsterdam*, 1701.

927. Critique de l'histoire des flagellans, par J.-B. Thiers. *Paris*, 1708, 2 vol. in-12, v. m.

928. Histoire des anabaptistes, contenant leurs doctrines et les diverses opinions qui les divisent en plusieurs sectes, etc. (par le P. Catrou). *Amsterdam*, 1700, in-12, v. br. fig.

929. Histoire du calvinisme, par Maimbourg. *Paris, Sébastien Mabre-Cramoisy,* 1682, pet. in-12, à la sphère, vélin, tr. marbr.

Joli exemplaire relié sur brochure.
Vendu 40 fr. mar. vert, n. r. n° 2196, vente Labedoyère. L.

930. Histoire du calvinisme et celle du papisme, mises en parallèle, ou apologie pour les réformateurs, pour la réformation et pour les réformés, contre un libelle intitulé Histoire du calvinisme (par Jurieu). *Rotterdam*, 1683, 4 vol. pet. in-12, vélin, tr. marbr. frontispice.

Reliure uniforme avec le n° précédent.

931. Histoire des camisards, où l'on voit par quelles fausses maximes de politique et de religion la France a risqué sa ruine sous Louis XIV (par Cavelier). *Londres*, 1744, 2 vol. in-12, demi-rel. v. f. n. r.

932. Mémoires de Luther, écrits par lui-même, trad. et mis en ordre par J. Michelet. *Paris*, 1854, 2 vol. in-8°, br.

---

933. Histoire des sociétés secrètes, politiques et religieuses : l'inquisition, les jésuites, les francs-juges, les templiers, les francs-maçons, le conseil des Dix, les carbonari et les étrangleurs ; suivie d'un précis historique sur le compagnonnage, par P. Zaccone. *Paris*, 1847, 5 vol. gr. in-8°, demi-rel. v. nombr. grav.

    Tome I mouillé dans la marge.

934. Les plus secrets mystères des hauts grades de la maçonnerie dévoilés, ou le vrai Rose-Croix, traduit de l'anglais. *Jérusalem*, 1766, in-8°, demi-rel. v. f. avec pl. — Ensemble : le Voile levé, ou le secret de la révolution révélé à l'aide de la franc-maçonnerie (par l'abbé Lefranc). *Paris*, 1792.

    J'ai ajouté à ce volume le diplôme d'un franc-maçon, in-f° vélin, daté du 1er janvier 1814, celui de M. Chardin, de la loge la Marie-Louise...   **L.**

935. L'Ordre des francs-maçons trahi et le secret des mopses révélé (par l'abbé Pérau). *Amsterdam*, 1763, in-12, br. fig.

— Les Francs-maçons écrasés (par l'abbé Larudan). *Amsterdam*, 1778, in-12, br. fig.

936. La Lyre maçonne, ou recueil de chansons des francs-maçons, par les frères de Vignoles et Dubois. *La Haye*, 1775, in-8°, v. br. fil. tr. dor. musique notée.

HISTOIRE DE FRANCE, ORIGINE, MŒURS, ETC.

937. Les Illvstrations de Gavle et singvlaritez de Troye, par maistre Jean Lemaire de Belges. *Lyon, Jean de Tovrnes,* 1549, rel. in-f°, goth.

Edition la plus complète, mais l'exemplaire est incomplet de la *Couronne* magaritique. L.

938. Histoire de l'Estat et répvbliqve des drvides, evbages, bardes, anciens François, gouverneurs des pays de la Gaule, depuis le déluge vniversel jusques à la venue de Jésus-Christ, etc., etc., par Noël Tallepied, de Pontoise. *Paris, Jean Parant,* 1585, in-8°, mar. rouge du Levant, tr. dor. dent. fil.

Rare. Très-bel exemplaire.

939. Les Monuments de la monarchie françoise, par Dom Bernard de Montfaucon. *Paris, Gandouin,* 1729, 5 vol. in-f°, v. br.

Tome I seulement, contenant l'histoire et les monuments de la Normandie. En tête se trouve un beau portrait de Louis XV, gravé par Mathey. L.

940. Monuments celtiques, ou recherches sur le culte des pierres, par Cambry. *Paris, an XIII* (1805), in-8°, demi-rel. bas. 6 pl.

Rare.

941. Dictionnaire historique des mœurs, des usages et des coutumes des Français (par Lachesnaye des Bois). *Paris,* 1767, 3 vol. pet. in-8°, bas.

942. Tableau des mœurs françaises au temps de la chevalerie, tiré du roman de sire Raoul et de la belle Ermeline (par le comte de Vaudreuil). *Paris,* 1825, 4 vol. in-8°, demi-rel. bas.

Manque le titre du 2ᵉ vol.

943. Histoire de la vie privée des François, par Le Grand d'Aussy. *Paris, Pierres,* 1782, 3 vol. in-8°, v. m.

Edition recherchée et rare. L.

944. Histoire de la vie privée des François, depuis l'origine de la nation jusqu'à nos jours, par Legrand

d'Aussy, avec des notes, corrections et additions, par J.-B.-B. de Roquefort. *Paris*, 1815, 3 vol. in-8°, demi-rel. chag. vert, tête dor. n. r.

945. Vie publique et privée des Français, à la ville, à la cour et dans les provinces, depuis la mort de Louis XV jusqu'au règne de Charles X, pour faire suite à Legrand d'Aussy, par une société de gens de lettres. *Paris,* 1826, 2 vol. in-8°, demi-rel. chag. vert, tête dor. n. r.

946. Mœurs et vie privée des Français dans les premiers siècles de la monarchie, par Emile de la Bédollière. *Paris,* 1855, 3 vol. gr. in-8°, demi-rel. chag. lav. n. r.

947. Dictionnaire féodal, ou recherches et anecdotes sur les dîmes et les droits féodaux, les fiefs et les bénéfices, etc., par Collin de Plancy. *Paris,* 1819, 2 vol. in-8°, demi-rel. chag. coins, tête dor. n. r.

948. Histoire du gouvernement féodal, par A. Barginet. *Paris*, 1825, in-12, demi-rel. v. n. r.

949. Mémoires d'un vilain du xive siècle, traduits d'un manuscrit de 1369, par Collin de Plancy. *Paris,* 1820, 2 vol. in-12, demi-rel. chag. coins, tête dor.

950. Des Sépultures nationales, et particulièrement de celles des rois de France, par Legrand d'Aussy; suivi des funérailles des rois, reines, princes et princesses de la monarchie française, depuis son origine jusqu'à y compris celles de Louis XVIII, par M. de Roquefort. *Paris,* 1824, in-8°, demi-rel. chag. vert, tête dor. n. r. fig.

951. Le Tombeau de Childéric Ier, roi des Francs, restitué à l'aide de l'archéologie et des découvertes récentes, par M. l'abbé Cochet. *Rouen, Lebrument,* 1859, gr. in-8°, br. nombr. fig.

952. Histoire de l'origine de la royauté et du premier établissement de la grandeur royale, par Pelisseri. *Paris,* 1684, in-8°, demi-rel. bas. fig.

953. Mémoires historiques et anecdotes sur les reines et régentes de France, par Dreux du Radier. *Paris,* 1827, 6 vol. in-8°, cart.

954. La Gaule poétique, par M. de Marchangy, 4ᵉ édit. *Paris,* 1824-25, 6 vol. in-8°, demi-rel. v. vert.

955. Tristan le voyageur, ou la France au XIVᵉ siècle, par M. de Marchangy, 2ᵉ édit. *Paris,* 1825, 6 vol. in-8°, demi-rel. bas.

956. Etat militaire de la France, années 1760-61-63-65-69-72-82. 7 vol. pet. in-12, rel. et br.

957. Abrégé chronologique de l'histoire de France, par le sieur de Mézeray, avec la suite, par de Limiers. *Amsterdam,* 1717-40, 4 vol. in-4°, fig. v. m.
   La reliure du tome IV n'est pas pareille.

958. Abrégé de l'histoire de France, par Mézeray. *Bruxelles,* 1700, 6 vol. in-12. — Histoire de France sous Louis XIV, pour faire suite à Mézeray. *Amsterdam,* 1735, 2 vol. — Histoire de France avant Clovis, par Mézeray. *Bruxelles,* 1710, 1 vol. in-12, fig.

959. Histoire de France avant Clovis, par Laureau. *Paris,* 1789, in-4°, v. marb. front. gravé et 7 pl.

960. Histoire de France avant Clovis, par Laureau. *Paris,* 1789, 2 vol. in-12, v. m.

961. Histoire de France jusqu'à Louis XIV, par Velly, Villaret et Garnier. *Paris,* 1775-1786, avec 3 vol. de tables, par Rondonneau. 83 vol. in-12, v. m.

962. Histoire de France commencée par Velly. — Seconde partie, depuis Henri IV jusqu'à la mort de Louis XVI, par Fantin-Desodoards. *Paris, l'auteur,* 1808-1809, 26 vol. in-12, v. f. portr.
   Provenant de la bibliothèque de l'abbé de Lamennais. Le 26ᵉ vol. manque souvent : il fut mis au pilon sous Charles X. L.

963. Histoire de France, abrégée, critique et philosophique, à l'usage des gens du monde, par Pigault-Lebrun. *Paris,* 1823-28, 8 vol. in-8°, br.

964. Histoire de France, par l'abbé de Montgaillard. 7ᵉ édition. *Paris*, 1839, 13 vol. in-8°, fig. et portr.

— Réfutation, publiée par Laurent. *Paris*, 1843, in-8°, br.

965. Histoire de France, depuis les temps les plus reculés jusqu'en 1789, par Henri Martin, 4ᵉ édit. *Paris*, 1855-60, 17 vol. in-8°, demi-rel. v. f. tête dor. n. r.
    Bel exemplaire.

966. Histoire maritime de France, contenant l'histoire des provinces et villes maritimes, des combats de mer, etc., par Léon Guérin. *Paris*, 1851, 6 vol. gr. in-8°, demi-rel. v. f. nombr. grav.

967. La France maritime, par A. Graham. *Paris*, 1842, 4 vol. gr. in-8°, cart. fig.

968. Fastes des gardes nationales de France, par Alboize et Elie. *Paris*, 1850, 2 vol. gr. in-8°, br. grav.

969. Cours d'antiquités monumentales, professé à Caen, en 1830, par M. de Caumont. *Caen*, 1830-41, 6 vol. in-8°, br. et atlas in-4°.

970. Lettres sur l'histoire de France, par Augustin Thierry. *Paris*, 1827, in-8°, v. fil.

HISTOIRE DE FRANCE SOUS DIVERS RÈGNES JUSQU'A HENRI IV.

971. Récits des temps mérovingiens, précédés de considérations sur l'histoire de France, par Aug. Thierry. *Paris*, 1842, 2 vol. in-8°, demi-rel. chag. noir.

972. Histoire d'Eléonore de Guyenne (par Larrey). *Londres*, 1788, in-8°, rel. grav.

973. Discours merveilleux de la vie, actions et déportemens de Catherine de Médicis, royne mère.

Selon la copie imprimée à Paris, 1649, pet. in-8°, demi-rel. mar. brun.

974. Le Cabinet dv roy de France dans leqvel il y a trois perles précieuses d'inestimable valeur par le moyen desquels Sa Majesté s'en va le premier monarque du monde, et ses sujets du tout soulagez (par Nicolas Barnaud). *S. l.* 1581, in-8°, vélin.

> Quelques feuillets déchirés dans la marge. Diatribe protestante contre le clergé.

975. Essai sur les grands événements par les petites causes, par Richer. *Amsterdam,* 1758, in-12, br.

> Richer, auteur d'un grand nombre d'ouvrages historiques et curieux, né à Avranches en 1720, est mort à Paris en 1798. L.

976. Histoire des ducs de Bourgogne de la maison de Valois, 1364-1477, par de Barante. *Paris,* 1839, 12 vol. in-8°, demi-rel. mar. violet, grav.

977. Chronique de la Pucelle, ou Chronique de Cousinot, suivie de la Chronique normande de P. Cochon, relative aux règnes de Charles VI et de Charles VII, restituées à leurs auteurs et publiées pour la première fois intégralement à partir de l'an 1403, d'après les mss. avec notices et développements, par Vallet de Viriville. *Paris, Delahays,* 1859, gr. in-18, vélin double, br.

978. Histoire de Jeanne d'Arc, vierge, héroïne et martyre d'État, par M. l'abbé Lenglet-Dufresnoy. *Paris,* 1753, 2 vol. in-12, v. marb.

979. Histoire abrégée de la vie et des exploits de Jeanne d'Arc, surnommée la Pucelle d'Orléans, par M. Jollois. *Paris,* 1821, in-f°, demi-rel. v. rouge, n. r. avec 12 pl.

980. Histoire de Jeanne d'Arc, surnommée la Pucelle d'Orléans, par Lebrun des Charmettes. *Paris,* 1817, 4 vol. in-8°, demi-rel. v. vert.

981. Procès de condamnation et de réhabilitation de Jeanne d'Arc, dite la Pucelle, publié avec notes de

J. Quicherat. *Paris,* 1841, 5 vol. gr. in-8°, chag. plein, tr. dor.

> Prix de la Société de l'histoire de France.

982. Aperçus nouveaux sur Jeanne d'Arc, par Quicherat. *Paris,* 1850. — Un monument à Jeanne d'Arc et appel aux Rouennais. *Rouen,* 1845. — Faut-il écrire Jeanne Darc ou Jeanne d'Arc? par S. Bouquet, 3 br.

983. Essai critique sur l'histoire de Charles VII, d'Agnès Sorel et de Jeanne d'Arc, par Delort. *Paris,* 1824, in-8°, br. portr.

984. Jeanne d'Arc, ou Coup d'œil sur les révolutions de France au temps de Charles VI et de Charles VII, par M. Berriat-Saint-Prix. *Paris,* 1817, in-8°, br. portr.

985. Examen critique de l'histoire de Jeanne d'Arc, suivi de la relation de la fête célébrée à Domremi en 1820, par de Haldat. *Nancy,* 1850, in-8°, br. portr. et 3 pl.

986. Jeanne d'Arc, poëme en 12 chants, par Mme la comtesse de Choiseul. 2e édit. *Paris,* 1829, in-8°, br.

987. Histoire de Loys XI, roy de France, et des choses mémorables aduenues sous son règne, depuis l'an 1460 jusques à 1483, avtrement dicte la Chronique scandaleuse, escrite par un greffier de l'hostel de ville de Paris (par Jean de Troyes). *Imprimé sur le vrai original,* 1620, in-4°, v. gran. portrait de Louis XI.

> Rare, surtout avec le portrait.   L.

988. Mémoires de messire Philippe de Comines, seigneur d'Argenton. Édit. nouv. publ. par Godefroy. *Bruxelles,* 1723, 5 vol. pet. in-8°, fig. demi-rel. chag. coins.

989. Mémoires de Condé, ou Recueil pour servir à l'histoire de France sous le règne de François II et sous une partie du règne de Charles IX, etc. *Londres*

et Paris, 1743, 6 vol. in-4°, v. marb. front. nombr. portr. et plans de batailles.

990. Du Massacre de la Saint-Barthélemi, par Gabriel Brizard. *Paris*, 1792, 2 part. en un vol. in-8°, bas.

991. Satyre Menippée de la vertv dv catholicon d'Espagne, de la tenue des estats de Paris durant la Ligue, *suivant la copie imprimée en 1594*, plus le regret funèbre d'vn bourgeois de Paris sur la mort de son asne ligueur. *S. l.* 1632, pet. in-12, demi-rel. bas. 2 portr. et 2 pl.

992. Satyre Ménippée de la vertu du catholicon d'Espagne et de la tenue des estats de Paris, les regrets sur la mort de l'asne ligueur d'une damoiselle qui mourut durant le siége de Paris. *Ratisbonne, Mathias Kerver*, 1664, *à la Sphère*, vol. in-12, v. fauve, tr. dor.

993. Satyre Ménippée de la vertu du catholicon d'Espagne et de la tenue des états de Paris. *Ratisbonne, Mathias Kerver*, 1726, 3 vol. in-8°, v. marb. front. et grav.

Bon exemplaire.

994. Histoire des derniers trovbles de France soubs les règnes des rois très chrétiens Henri III et Henri IIII (par P. Mathieu). *Imprimé l'an de grâce 1599*, 3 part. en un vol. in-8°, v. tr. dor. fil., anc. reliure.

995. Mémoires pour servir à l'histoire de France, contenant ce qui s'est passé de plus remarquable dans le royaume depuis 1515 jusqu'en 1611, avec les portraits des rois et reines, princes, princesses et autres personnes illustres (par Pierre de l'Estoile). *Cologne*, 1719, 2 vol. in-8°, v. gran. portr.

Première édition sans retranchements.

996. Journal de Henri III, roy de France et de Pologne, ou mémoires pour servir à l'histoire de France, par M. Pierre de l'Estoile. *La Haye, P.*

Gosse, 1744, 5 vol. in-8°, v. gran. tr. rouge, portr. et fig.

Bon exemplaire. Ouvrage mis à l'index par décret du 11 septembre 1750. **L.**

997. Journal du règne de Henri IV, roi de France et de Navarre, par M. Pierre de l'Estoile, avec des remarques historiques et politiques du chevalier C. B. A. (le père Bouges). *La Haye, Vaillant,* 1741, 4 vol. in-8°, v. gran. tr. rouge, fig.

Bon exemplaire de reliure uniforme avec le n° ci-dessus.

998. Histoire du roy Henry le Grand, composée par Hardouin de Peréfixe. *Amsterdam, Louis et Daniel Elzévir,* 1661, pet. in-12, v. f. tr. dor. fil. dent. portrait.

Bel exemplaire.

999. Procès du très meschant et détestable parricide Fr. Ravaillac (publié par P. Deschamps). *Paris, Aubry,* 1858, pet. in-8°, perc. n. r.

1000. Mémoires de Marguerite de Valois, reine de France et de Navarre (publiés par Godefroy). *La Haye, A. Moetjens,* 1715, pet. in-8°, demi-rel. v. coins, tr. peign., portrait de Marguerite.

Ex libris gravé aux armes du président de Sauvion.

1001. Mémoires de la reine Marguerite, suivis des anecdotes tirées de la bouche de M. Du Vair, notes par M. L. Lalanne. *Paris, Jannet,* 1857, in-16, cart. perc. n. r.

1002. Mémoires d'Etat, par de Villeroy. *Amsterdam,* 1735, 7 vol. pet. in-12, v. brun.

RÈGNES DE LOUIS XIII, LOUIS XIV ET LOUIS XV.

1003. La Conjuration de Conchine (par M^{el} Thevenin). *Paris, P. Rocolet,* 1618, pet. in-8°, vélin.

1004. Histoire de la Mère et du Fils, c'est-à-dire de Marie de Médicis, femme du grand Henry et mère de

Louis XIII, par François-Eudes de Mézeray. *Amsterdam,* 1730, 2 vol. in-12, v. gran.

1005. Histoire des diables de Loudun, ou de la possession des religieuses ursulines, et de la condamnation et du supplice d'Urbain Grandier (par Aubin). *Amsterdam,* 1752. — Examen et discussion critique de l'Histoire des diables de Loudun, par de la Ménardaye. *Liége,* 1749, 2 vol. in-12, rel.

1006. Histoire du cardinal de Richelieu, et Mémoires pour servir à l'histoire du cardinal de Richelieu, par Aubery. *A la Sphère, Cologne, P. du Marteau,* 1666-67, 7 vol. pet. in-12, v. brun.

Edition elzévirienne. Un vol. est mouillé.

1007. Testament politique d'Armand du Plessis, cardinal duc de Richelieu. *Amsterdam,* 1708, 2 part. en un vol. in-12, v. brun.

1008. Le Véritable P. Joseph, capucin, nommé au cardinalat, contenant l'histoire anecdotique du cardinal de Richelieu (par l'abbé Richard). *Saint-Jean-de-Maurienne,* 1750, 2 vol. in-12. v. m.

1009. Mémoires de Henri de Campion, seigneur du Feuguerei, etc., contenant des faits inconnus sur partie des règnes de Louis XIII et de Louis XIV. *Paris,* 1807, in-8°, demi-rel. chag. n. r.

1010. Mémoires de Henri de Campion, nouv. édit., suivis d'un choix des lettres d'Alexandre de Campion, avec des notes, par M. C. Moreau. *Paris, Jannet,* 1857, in-16, cart. perc. n. r.

1011. Mémoires de M. de la Porte, premier valet de chambre de Louis XIV, contenant plusieurs particularités des règnes de Louis XIII et de Louis XIV. *Genève,* 1756, in-12, v. marb.

1012. Les Aventures du baron de Fœneste, par Théod.-Agrippa d'Aubigné, nouv. édit. revue et annotée, par M. Prosper Merimée. *Paris, Jannet,* 1855, in-18, cart. perc. n. r.

1013. Mémoires de Mme de Motteville, pour servir à l'histoire d'Anne d'Autriche. *Paris,* 1822, 11 vol. in-18, demi-rel. v. brun.

1014. Mémoires de Mlle de Montpensier, fille de Gaston d'Orléans. *Maestricht,* 1776, 8 vol. in-12, demi-rel. v. f. n. r.

1015. Les Courriers de la Fronde, en vers burlesques, par Saint-Julien; manusc. annotés par M. C. Moreau. *Paris, Jannet,* 1857, 2 vol. in-18, cart. perc. n. r.

1016. Histoire du P. Lachaize, jésuite et confesseur du roy Louis XIV, où l'on verra les intrigues secrètes qu'il a eues à la cour de France et dans toutes les cours de l'Europe, etc. *Cologne, Marteau,* 1696, pet. in-12, v. brun, portr.

1017. Recueil de pièces originales sur l'histoire de France. 1 vol. in-4°, v. éc. fil. dent. tête dor.

1° La Régence, ou l'Autorité des reines régentes. *Paris,* 1650. 2° Le Sceptre de France en quenouille. 1653. 3° Le grand Ressort des guerres civiles en France. 1652. 4° La Tutelle des rois mineurs en France. 1652. 5° Le Roy mineur, ou panégyrique sur la personne et l'éducation de Louis XIV Dieudonné, roy de France et de Navarre (attribué à Fr. de Bretaigne). 1651. 6° L'Image d'un bon roy qui aime ses sujets et qui se fait aimer d'eux par ses vertus royales. 1652.

1018. Mémoires de M. d'Artagnan, contenant quantité de choses particulières et secrètes qui se sont passées sous le règne de Louis le Grand. *Cologne, Marteau,* 1700, 3 vol. in-12, demi-rel. v. rouge.

Le titre du tome III est raccommodé.

1019. Mémoires secrets de M. le comte de Bussy Rabutin, contenant sa vie publique et privée, ses aventures galantes, etc. *Amsterdam, Gosse junior,* 1769, 2 vol. in-12, demi-rel. v. f. n. r.

1020. Mémoires et journal inédits du marquis d'Argenson, ministre des affaires étrangères sous Louis XV, publiés et annotés par M. le marquis d'Argenson. *Paris, Jannet,* 1857-1858, 5 vol. in-16, cart. perc. n. r.

1021. Mémoires complets et authentiques du duc de Saint-Simon. *Paris*, 1853, 40 tom. en 20 vol. in-12, br.

1022. Les Historiettes de Tallemant des Réaux : mémoires pour servir à l'histoire du xviie siècle, 2e édit. annotée par M. Monmerqué. *Paris*, 1840, 10 tom. en en 5 vol. in-12, demi-rel. chag. n. r. portr.

1023. Chroniques pittoresques et critiques de l'OEil-de-bœuf, par la comtesse douairière de B***, publiées par G. Touchard-Lafosse. *Paris*, 1845, 4 vol. in-12, demi-rel. chag. rouge, n. r.

Titres tachés.

1024. Mémoires secrets sur le règne de Louis XIV, la Régence et le règne de Louis XV, par Duclos. *Paris*, 1818, 2 vol. in-8°, bas.

1025. Mémoires secrets et correspondance inédite du cardinal Dubois, recueillis par de Sevelinges. *Paris*, 1815, 2 vol. in-8°, br. portr.

1026. Histoire de France sous le règne de Louis XIV, par Larrey. *Rotterdam*, 1721, 9 vol. in-12, v. f. (*aux armes*).

1027. Mémoires de Montrésor. *Cologne, Sambyx*, 1723, 2 vol. pet. in-12, v. f.

1028. Mémoires de M. E. D. C. (de Rochefort). *La Haye*, 1692, in-12, demi-rel. v. fauve.

1029. Mémoires de M. de Bordeaux. *Amsterdam*, 1758, 4 vol. in-12, v. m.

1030. Mémoires de Mme la marquise Dufresne, par Courtilz-Sandras. *Amsterdam*, 1753, 2 part. en un vol. in-12, demi-rel. v. f. n. r. fig.

Ces mémoires sont assez piquants. Vendu 20 fr., m. r. (*Duru*) en 1865.   L.

1031. Chronique de la Régence et du règne de Louis XV, ou journal de Barbier. *Paris*, 1857, 8 vol. in-12, br.

1032. Correspondance de Madame, duchesse d'Orléans, née princesse Palatine. *Paris*, 1855, 2 vol. in-12, br.

1033. Mémoires de la régence du duc d'Orléans, durant la minorité de Louis XV (par de Poussens). *Amsterdam, Chatelain*, 1729, 3 vol. in-12, v. brun, portr. et 3 gr. planch. grav.

1034. Vie privée de Louis XV (par d'Angerville). *Londres*, 1784. — Les Fastes de Louis XV (par Bouffonidor). *Villefranche*, 1783. Ensemble 6 vol. in-12, portr. rel.

1035. Journal des inspecteurs de M. de Sartines (par Larchey). *Paris et Bruxelles*, 1863, in-12, demi-rel. chag. coins, tête dor.

> Ce livre est la chronique scandaleuse du règne de Louis XV.
> Prohibé un moment en France, je l'ai fait venir de Bruxelles. L.

1036. Le Parc aux Cerfs, ou l'origine de l'affreux déficit, par un zélé patriote. *Paris, sur les débris de la Bastille*, 1790, in-8°, dos et coins de v. rose, fil. tête dor. fig. Celle de Peixiotte, p. 125, s'y trouve.

1037. Le Parc aux Cerfs, ou histoire secrète des jeunes demoiselles qui y ont été renfermées, publié par M. de Faverolle; nouv. édit. rev. corr. et aug. par M. D... P... *Paris*, 1832, 4 tom. en 2 vol. in-12, mar. tête dor. n. r. avec 4 grav.

> Joli exemplaire.

1038. Les Siéges et campagnes du maréchal de Saxe dans les Pays-Bas. *Amsterdam*, 1751, in-12, v. m. 5 plans et portrait.

1039. Collection de pièces sur la vie de la comtesse Dubarri, réunies en 2 vol. in-12, demi-rel. mar. rouge, tr. peig.

> Le 1er volume contient : Anecdotes sur la comtesse du Barri, par Th. de Morande. *Londres*, 1773, portr. photogr. ajouté. — Précis historique de la vie de Mme la comtesse du Barry. *Paris*, 1775.
> 2e volume : Gazette de Cythère, ou histoire secrète de Mme la comtesse du Barry. *Londres*, 1775, portr. — Le Gazettier cuirassé, ou anecdotes scandaleuses de la cour de France, par Th. de Morande. *A 100 lieues de la Bastille*, 1777, grav. A la suite: remarques sur la Bastille avec le plan. — Lettres originales de Mme la comtesse du Barry, avec celles des princes, seigneurs, etc., etc., par de Mairobert. *Londres*, 1779.

1040. Le Gazettier cuirassé, ou anecdotes scandaleuses, etc., 1772, in-12, v. mar. front. gravé.

> Ouvrage satirique peu commun. Cet exemplaire provient de la bibliothèque de M. Dupont (de l'Eure). Il m'a été donné par son fils, notre excellent ami, M. Charles Dupont, capitaine du génie. L.

1041. Le Diable dans un bénitier, et la métamorphose du gazetier cuirassé en mouche, etc., etc. (par le marquis de Pelleport). *Paris, imp. roy. s. d. (Londres)* in-8°, cart. n. r. beau frontisp.

1042. Le Colporteur, histoire morale et critique, par M. D. Chevrier. *Londres, l'an de la vérité, s. d.*
— Paris véridique, anecdotique, moral et critique, avec la clef, par Chevrier. *La Haye,* 1767, in-12, demi-rel. v. f. n. r.

1043. Le Crocodile, ou la guerre du bien et du mal, arrivée sous le règne de Louis XV, poëme épico-magique, en 102 chants, œuvre posthume d'un amateur de choses cachées (par de Saint-Martin). *Paris, an VII* (1799), in-8°, demi-rel. v. f. n. r.

> Titre raccommodé. Espèce de roman mystique en prose et en vers, plein de récriminations contre les compagnies savantes et contre les savants : au demeurant livre fort ennuyeux. L.

1044. Recueil de pièces en un vol. in-12, v. mar.

> 1° Observations sur les mémoires de Sully, par Goujet. — 2° Mémoires pour servir à l'histoire de la fête des fous, par du Tillot, 1751. — 3° Le prince Fra-Paolo à la noblesse de Venise, 1751. — 4° Lettre sur le testament du cardinal de Richelieu, par Foncemagne, 1750.

1045. Mémoires de M. le duc de Lauzun (A. L. Gontaut de Biron). *Paris,* 1822, in-8°, cart.

> Notes mss.

1046. Mémoires du duc de Lauzun, 1747-1783, publiés entièrement conformes au manuscrit, avec une étude sur la vie de l'auteur; seconde édit. sans suppressions, augmentée d'une préface et de notes nouvelles, par Louis Lacour. *Paris, Poulet-Malassis,* 1858, gr. in-12, demi-rel. chag. rouge, coins, fil. tête dor. n. r.

> Bel exemplaire.
> L'auteur, l'éditeur et l'imprimeur, ont été condamnés pour cette édition, ainsi que le constate le jugement que j'ai ajouté en tête du

volume : Lacour, à 3 mois de prison et 100 fr. d'amende ; Poulet-Malassis, Debroise, imprimeurs, chacun à un mois de prison et 500 fr. d'amende, pour outrages à la morale publique.

La destruction des exemplaires saisis a été ordonnée. L.

1047. L'Espion anglois, ou correspondance secrète entre milord All'eye et milord All'ear (par Pidansat de Mairobert). *Londres*, 1784, 10 vol. in-12, demi-rel. v. f. n. r.

1048. Souvenirs de la marquise de Créquy, de 1710 à 1802. *Paris, Garnier, s. d.* 10 tom. en 5 vol. in-12, demi-rel. chag. rouge, n. r. portr.

1049. Lettres inédites de la marquise de Créqui à Senac de Meilhan, mises en ordre par Ed. Fournier, avec introduction par Sainte-Beuve. *Paris, Potier,* 1856, in-12, br.

Exemplaire sur papier vélin fort.

1050. L'Ombre de la marquise de Créquy aux lecteurs des souvenirs publiés sous le nom de cette dame, avec un *fac-simile* de son écriture. *Paris, Roret,* 1835, in-12, br.

1051. Sacre et couronnement de Louis XVI, roi de France et de Navarre, dans l'église de Reims, le 22 juin 1775 ; précédé de recherches sur le sacre des rois de France (par l'abbé Pichon). *Paris, Vente,* 1775, gr. in-8°, demi-rel. v. f. n. r.

49 belles gravures en bonnes épreuves. Vendu 30 fr. v. mar. tr. dor., vente Van der Helle en 1868. L.

1052. Procès des trois rois : Louis XVI de France, Bourbon, Charles III d'Espagne, Bourbon, et George III, de Hanovre, fabricant de boutons, plaidé au tribunal des puissances étrangères, par Bouffonidor (Sylvain Maréchal). *Londres,* 1780, in-8°, fig. demi-rel. chag. tr. peig. n. r.

Avec la grande planche qui manque quelquefois. L.

1053. De l'administration des finances de la France, par M. Necker. *S. l.* 1784, 3 vol. in-8°, pap. fort, v. écaille, fil.

Exemplaire grand papier.

1054. La Fin du xvIIIᵉ siècle, ou anecdotes curieuses et intéressantes, tirées de manuscrits originaux ou de pièces officielles pour servir de matériaux à l'histoire de la République française, etc.; nouvelle édit. très-soignée. *Paris, Manory, an XIV* (1805-6), in-8°, demi-rel. v. f. n. r.

RÉVOLUTION FRANÇAISE

HISTOIRE GÉNÉRALE, ETC.

1055. Mémoires pour servir à l'histoire des événements de la fin du xvIIIᵉ siècle, depuis 1760 jusqu'en 1810, par un contemporain impartial, par l'abbé Georgel. *Paris, Eymery,* 1813-1818, 6 vol. in-8°, cart. avec la grande gravure représentant le fameux collier de diamants.

1056. Précis historique de la révolution française, par Rabaut et Lacretelle. *Paris,* 1813-1815, 6 vol. in-18, n. r.

1057. Mémorial ou journal historique impartial et anecdotique de la révolution de France, par P.-C. Lecomte. *Paris, an IX* (1801), 3 vol. pet. in-12, br. front. grav.

1058. Histoire de la révolution de 1789 et de l'établissement d'une constitution en France (par Lombard de Langres). *Paris, Clavelin,* 1791, 7 vol. in-8°, demi-rel. bas. fig.

1059. Histoire philosophique de la révolution de France, par Fantin Désodoards. *Paris, Maradan, an V* (1797), 4 vol. in-8°, v. rac. tr. dor.

Condition médiocre.

1060. Histoire de France depuis la révolution de 1789, écrite d'après les mémoires et manuscrits contemporains, par le citoyen Toulongeon. *Paris, Treuttel et Wurtz, an IX* (1801), 7 vol. in-8°, v. rac. cartes et plans.

1061-62. HISTOIRE GÉNÉRALE et impartiale des erreurs, des fautes et des crimes commis pendant la révolution française à dater du 24 août 1787, contenant les noms, âges, lieux de naissance de tous ceux qui ont été guillotinés, fusillés, mitraillés ou noyés pendant la révolution, par L. Prudhomme. *Paris*, 1797.

— Dictionnaire des individus envoyés à la mort judiciairement et contre-révolutionnairement pendant la révolution, particulièrement sous le régime de la Convention nationale, par L. Prudhomme. *Paris*, 1796. Ensemble 6 vol. in-8°, demi-rel. mar. noir, tête dor. fig. et tableaux.

1063. Esquisses historiques des principaux événements de la révolution française, par Dulaure. *Paris, Baudouin*, 1825, 5 vol. in-8°, en 33 livr. et table, nomb. grav. br.

1064. Histoire de la révolution française, par A. Thiers. 4ᵉ édition. *Paris*, 1834, 10 vol. in-8°, cart. n. r. fig. sur chine.

Signature sur les titres qui sont un peu tachés.

1065. Histoire de la révolution française de 1789 à 1830, précédée d'une introduction contenant le précis de l'histoire des Français depuis leur origine jusqu'aux états généraux, par Cabet. *Paris, Pagnerre*, 1839, 4 vol. in-8°, br.

1066. Histoire parlementaire de la révolution française, ou Journal des assemblées nationales depuis 1789 jusqu'en 1815, par Buchez et Roux. *Paris,* 1834-1838, 40 vol. in-8°, demi-rel. mar. vert, n. r.

Immense et curieux répertoire. C'est l'histoire la plus complète que nous ayons de l'époque révolutionnaire.　　　L.

1067. HISTOIRE NUMISMATIQUE de la révolution française, ou Description raisonnée des médailles, monnaies et autres monuments relatifs aux affaires de France (par M. Henin). *Paris, Merlin,* 1826, in-4°, dos et coins de mar. rouge du Levant, fil.

Très-bel exemplaire, 75 pl. auquel j'ai ajouté une pl. fac-simile d'assignats.　　　L.

1068. Galerie historique de la révolution française et histoire de Napoléon, premier consul et empereur, par Albert Maurin. *Paris, s. d.* 5 vol. gr. in-8°, demi-rel. bas. nombr. portr.

1069. Histoire-Musée de la République française depuis l'assemblée des notables jusqu'à l'Empire, par Augustin Challamel. *Paris,* 1842, 2 vol. gr. in-8°, demi-rel. v. rose.

Orné d'une grande quantité de caricatures et de *fac-simile* de lettres et billets autographes des personnages célèbres de la révolution.　　　L.

1070. Les Français sous la révolution, par MM. A. Chalamel et Wilhelm Tenint, avec 40 scènes et types coloriés. *Paris, s. d.* gr. in-8°, demi-rel. mar. rouge.

1071. Les Corsaires français sous la République et l'Empire, par M. Napoléon Gallois. *Le Mans, Julien et Lanier,* 1847, 2 vol. in-8°, br.

1072. De la Naissance et de la chute des anciennes républiques, trad. de l'anglais, par le citoyen Cantwel. *Paris, Maradan,* 1793, in-8°, br.

1073. Essai historique sur les révolutions anciennes et modernes dans leurs rapports avec la révolution française, dédié à tous les partis. *Londres,* 1814, in-8°, br.

1074. De la Révolution française, par M. Necker, avec additions de l'auteur. *Paris, an V* (1797), 4 vol. in-8°, demi-rel. chag. vert, n. r. portrait.

1075. Des Révolutions de France et de Genève, par Divernois. *Londres, Elmsly*, 1795, in-8°, demi-rel. chag.

1076. Lettres de Ch. Villette sur les principaux événements de la Révolution. *Paris, Clousier*, 1792, in-8°, demi-rel. bas.

1077. Réflexions sur la révolution de France et sur les procédés de certaines sociétés à Londres relatifs à cet événement, par Ed. Burke. *Paris, Laurent, et Londres, s. d.* in-8°, demi-rel. v. f. — A la suite : Lettre de M. Burke à son traducteur, 8 pages. — Lettres au très-honorable Ed. Burke au sujet de ses Réflexions sur les révolutions de France, par Joseph Priestley. *Paris, Garneray*, 1791.

Dans cet ouvrage, Burke se montre très-hostile à la révolution.
L.

1078. Droits de l'homme, ou réponse à l'attaque de M. Burke sur la révolution française, par Th. Paine. *Paris*, 1793, in-8°, br.

1079. Les Droits du peuple sur l'Assemblée nationale. par L. Lavicomterie. *Paris, Porquet*, 1791, in-8°, demi-rel. bas. Belle gravure ajoutée représentant la séance du jeu de paume.

1080. L'Espion de la révolution française, par M. C***. *Paris, Huet, an V* (1797), 2 t. en un vol. in-8°, bas.

1081. Le Spectateur français pendant le gouvernement révolutionnaire, par le citoyen de la Croix. *Paris, an III* (1794), in-8°, br.

1082. Les véritables auteurs de la révolution de France de 1789 (par M. Sourdat). *Neufchâtel et Paris*, 1797, in-8°, br.

1083. De l'Influence de la philosophie sur les forfaits de la révolution, par un officier de cavalerie. *Paris, an VI*, in-8°, cart.

1084. Le Fléau des tyrans et des septembriseurs, ou Réflexions sur la révolution française, ouvrage dans lequel on traite de la souveraineté du peuple, de l'esclavage, de la liberté, de la république, des francs-maçons, etc., etc., par un vrai patriote (Danican). *Lausanne*, 1797, fig.

Ensemble : la Vérité tout entière sur les vrais acteurs de la journée du 2 septembre 1792. *S. d.* — Les Souvenirs d'un jeune prisonnier ou Mémoires sur la prison de la Force, etc. 1792, un vol. in-8°, demi-rel. mar. noir, tr. peig. n. r.

J'ai ajouté à ce volume une gravure représentant les massacres de septembre.

Danican était un royaliste très-ardent. L.

1085. Mémoires sur la liberté de la presse, 1 vol. in-8°, demi-rel. v. fauve, tr. peig.

1° Sur la Liberté de la presse, par Mirabeau.

2° Du Couëdic à Lechapelier, sur la liberté de la presse.

3° Mémoire aux états généraux sur la nécessité de rendre la presse libre, par Brissot-Warville. 1789.

4° Réflexion sur la liberté individuelle et sur celle de la presse, par l'abbé Pétiot (Barbier).

5° Requête des libraires contre les ennemis de la liberté de la presse. *S. l. n. d.*

6° et 7° Pour et contre la liberté de la presse. 1789.

8° Liberté indéfinie de la presse, par Lanthenas, docteur médecin, 1791.

9° Usage patriotique de la liberté de la presse. 1789.

10° Liberté de la presse, 1789.

11° Mémoire sur la liberté de la presse. *S. l. n. d.*

Une note, par une main du temps, qui se trouve sur le dernier feuillet, indique ce recueil comme précieux. L.

1086. Le Catéchisme du genre humain, dénoncé par le ci-devant évêque de Clermont à la séance du 5 novembre 1789 de l'Assemblée nationale, etc., etc. (par P. Boissel). *Paris*, 1792, in-8°, demi-rel. chag. tête dor. n. r.

Ensemble : 1° Catéchisme du tiers état à l'usage de toutes les provinces, 32 feuilles. 1788.

2° Le petit Catéchisme français. *S. l. n d.*

3° Catéchisme de la République française, ou confidences curieuses entre un citoyen de faubourg Saint-Antoine, et un faux émigrant, par Prévolst. *S. l. n. d.*

4° Catéchisme d'un curé intrus, et suite de l'intrus,

5° Commandement de la patrie, ou morale d'un vrai républicain, pour servir de texte aux instructeurs des écoles nationales, par le citoyen Lacour.

1087. La Civilité républicaine à l'usage des écoles primaires, par le citoyen Gerlot, auteur du Catéchisme républicain. *Amiens, Caron Berquier, troisième année républicaine* (1794), in-12,. demi-rel. chag. tête peig.

Exemplaire fatigué, 2 pages réparées.

1088. La Boussole nationale, ou aventures historicorustiques de Jaco, surnommé Henri quatrième laboureur, descendant du frère de lait de notre bon roi Henri IV, recueillies par un vrai patriote (par M. Pochet). *De l'imprimerie de la Liberté sur la place de la Bastille*, 1790, 3 t. en un fort vol. in-8°, demi-rel. bas. titre grav. et 4 fig.

Ce roman est rare. Un autographe de l'auteur, signé A.-L. Pochet, placé sur le premier feuillet de garde, constate qu'il a dédié son livre au citoyen Bailly, maire de Paris, et qu'il l'a présenté à l'Assemblée constituante ; que son président, Bureau de Pusy, en fit dans le procès-verbal mention honorable. L.

1089. Songe systéma-physi-comico-moral de M. Jérôme, mis au jour par sa tante Barbe-Catherine-Charlotte Amidon. *A l'hôtel de la Tolérance et de la Liberté*, 1790,. pet. in-12, demi-rel. v. f. coins, tête dor.

1090. Le Glaive vengeur de la République française, une et indivisible, ou galerie révolutionnaire contenant les noms, prénoms, les lieux de naissance, l'état, les ci-devant qualités, l'âge, les crimes et les dernières paroles de tous les grands conspirateurs, traîtres à la patrie dont la tête est tombée sous le glaive national par arrêt du 10 mars 1793 (« A peine jugés, « ils ne sont déjà plus. »), par un ami de la révolution, des mœurs et de la justice (Tissot). *Paris, Galetti, an II* (1793).

Figure de la guillotine. Pamphlet très-rare.
Ensemble : l'Agonie de tous les tyrans, ou les moyens de fabriquer la foudre qui va les exterminer, par le citoyen Dulac. *Paris, Galletti, an II*, (1793).
Les Verroux révolutionnaires, poëme héroï-comique en 12 chants et en vers, dédiée au 9 thermidor, par Romain Duperier. *Bordeaux*, s. d. (vers 1794), port. trois pièces en un vol. in-8°, demi-rel. mar. rouge, coins, fil. tr. dor. n. r. (*Thivet*).
Très-beau volume, composé de pièces aussi curieuses que rares.

La première a été vendue seule 18 fr. 50, dos de mar. rouge (*Capé*), à la vente Gilet en 1865, et la planche représentant la guillotine manquait à cet exemplaire. **L.**

1091. Tableau général du maximum de la République française. *Paris, Belin, an II* (1793), 3 vol. in-8°, demi-rel. bas.

Collection bien complète en 20 parties.

1092. Tableau social dédié à l'humanité, à ses amis, à ses défenseurs, par Gérard. *Bar-le-Duc*, 1791, 3 t. en un vol. in-12, demi-rel. v. fauve.

1093. Du Culte public. *Paris, Le Clerc*, 1796, 2 vol. in-8°, demi-rel. chag. n. r.

1094. Dictionnaire géographique et méthodique de la République française en CXX départements, par une société de géographes, 4ᵉ éd. *Paris, Prudhomme, an VII*, 2 vol. in-8°, bas. gran. avec une carte coloriée pour chaque département, et une grande carte coloriée des 13 départements de la Belgique.

1095. Nouveau Dictionnaire français à l'usage des municipalités, des milices nationales et de tous les patriotes, dédié à l'Assemblée dite nationale, par un aristocrate. *En France, d'une imprimerie aristocratique*, 1790, 186 p. Très-rare.

Ensemble : Supplément au nouveau Dictionnaire françois. *De l'imprimerie du sieur Mottier* (Lafayette) *et se trouve chez Mᵐᵉ Bailly, rue Trousse-Vache*, 1790, 32 pag.
Petit Dictionnaire des grands hommes et des grandes choses qui ont rapport à la révolution, par un aristocrate. 1790, 192 pag.
Petit Dictionnaire des grands hommes de la révolution, par un citoyen actif ci-devant rien (par Rivarol). *Paris*, 1790, 72 pag.
Signalement et condition des factieux régicides. 1791, 27 pag.
5 pièces en un vol. in-8° demi-rel. mar. vert d'eau, tête dor. n. r.
Recueil curieux.

1096. Manuel pour la concordance des calendriers républicain et grégorien, ou recueil complet de tous les annuaires depuis la première année républicaine, 3ᵉ édit. *Paris, A. Renouard*, 1807, in-12, demi-rel. v. fauve, n. r.

1097. De l'Etat de la France présent et à venir, par de Calonne, ministre d'État. *Londres et Paris*, 1790, in-8°, br.

1098. Essais historiques sur les causes et les effets de la révolution de France, par Beaulieu. *Paris, Maradan*, 1801, 6 vol. in-8°, bas.

1099. La France républicaine, ou le miroir de la révolution française, poëme en 10 chants, par François Pagès. *Paris*, 1793, in-8°, demi-rel. chag. n. r.

1100 à 1122. HISTOIRE RÉVOLUTIONNAIRE, recueil de pièces contenues dans vingt-quatre cartons in-4° et in-8°, savoir :

1. — 1789. Lettre à un ami sur la suppression de la charge de bibliothécaire du roi ; aux bons Français de tous les ordres ; Révolution de Paris, ou Clef de la révolution de 1789 ; Hommage aux libérateurs de la France ; les Oubliettes retrouvées dans les souterrains de la Bastille, etc., 37 pièces in-8°, br.

2. — 1789. Guide des citoyens pour la contribution patriotique ; Idées sur les subsistances et moyens contre les accaparements ; Question du divorce ; Résurrection du malheureux assommé sur le quai de la Ferraille, ou Miracle du grand général la Fayette ; Ouvrez les yeux, etc., 17 pièces, in-8°, br.

3. — 1789-90. Marseille sauvée ; Abondance des grains dans Paris ; Point de banqueroute, plus d'emprunts ; les Plaintes des Savoyards ; la Vérité sur les soldats de Château-Vieux, etc., 26 pièces in-8°, br.

4. — 1789-90. Motion du duc d'Orléans sur le soulagement du peuple ; la bonne Nouvelle ; le Tocsin sur la permanence de la garde nationale ; Traité de la loi du divorce, par L. P. d'Orléans, (*Rare.*) etc., 24 pièces in-8°, br.

5. — 1790-93. Livre rouge (1re livraison imprimée en rouge) ; des Moyens de remédier à la rareté du numéraire, manifeste du duc de Brunswick ; Influence de la liberté sur la santé, la morale et le bonheur ; Observations de Necker sur l'avant-propos du Livre rouge, etc., 30 pièces in-8°, br.

6. — 1794. La Liberté crucifiée ; Laïs, artiste du Théâtre-Français, à ses concitoyens ; Réponse pour les officiers de santé de l'Hospice national ; Lettre à un ami sur la Révolution française, etc., 9 pièces in-8°, br.

7. — 1793-96. Histoire du 18 fructidor, par C. Jourdan ; des Assassinats et des vols politiques, par Raynal ; des effets de la Terreur, par B. Constant ; Discours de Monvel à la fête de la Raison, etc., 16 pièces in-8°, br.

8. — Journaux divers : Nouvelles de Versailles ; le Dénonciateur national ; l'Écouteur aux Portes ; le Courrier nocturne ; la diminution des vivres ; Nouvelles extraordinaires de divers endroits, etc., 105 numéros, in-8°.

9. — Journaux divers : les Evangélistes du jour; On me l'a dit, ou le dernier Aristocrate; le Nouvelliste patriote; le Creuset; Affiches d'Angers; le Censeur des journaux; le Journal du soir, Courrier de Strasbourg, etc., 63 numéros.

10. — Journaux divers : Journal du matin; le Bonhomme Richard; la Feuille du bon citoyen; la Sentinelle; le Postillon de Calais; Lettre aux mécontents et pleureurs; Journal du soir, environ 80 numéros en feuilles.

11. — Affaires du clergé, 1789-91; Projet de règlement pour le clergé; Location des chaises dans les églises; Plan de l'abolition de la taxe des chaises, 1789; Motion sur le mariage des prêtres ; Instruction de l'évêque de Langres aux curés qui n'ont pas prêté serment; Lettre du pape Pie VI sur le serment civique des prêtres, et sur les élections des faux évêques, contresignée *F. de Narbonne*, évêque d'Evreux, etc., 10 pièces in-8°, br.

12. — Affaires du clergé, 1791-99; Avis aux électeurs sur les élections des nouveaux pasteurs, par l'abbé Barruel; Bref du pape Pie VI sur le serment et sur l'emploi des biens du clergé; le Pape traité comme il le mérite, réponse à la bulle de Pie VI; Prophéties pour les huit derniers mois de 1792, etc., 19 pièces in-8°, br.

13. — Facéties et pamphlets : les quand, les mais, les si, les car; le Manifeste des 36 heures 44 minutes, ou le Maréchal de Broglie; la Chemise levée, ou Visite dans plusieurs maisons religieuses ; Pierre chez son curé; Maladie de la duchesse de Polignac qui a infesté la cour, Versailles et Paris; Lettre d'un savetier à un autre; la Botte de foin, ou la Mort de Foulon; Sauvez-nous ou sauvez-vous, etc., 36 pièces in-8°, br.

14. — Facéties et pamplets, 1789-94 : la Prise des Annonciades; Bulletin des couches de M. Target; le Pot aux roses découvert; Ménagerie nationale, avec les noms des bêtes curieuses qu'elle renferme; les Mouches cantharides; Ça ira-t-il, ou ça n'ira-t-il pas? le Masque de verre, etc., 34 pièces in-8°, br.

15. — Facéties et pamplets, 1792-98 : Gare nos têtes; On ne s'entend plus; Gare le mors aux dents; la Confession des jacobins; Bibliothèque choisie des jacobins, catalogue des ouvrages publiés par cette société, par J. Nomophile; Journaux du père Duchesne, etc.; nombreux pamplets sur les jacobins, 76 pièces.

16. — Théâtre et poésies, 1784-91 : le Club des Dames; le Partage de la Pologne en sept dialogues ; la Cour plénière, héroï-tragicomédie; la Ligue des fanatiques et des tyrans, tragédie nationale; le Procès de Socrate, comédie; Charles IX, ou l'École des rois, etc., 10 pièces in-8°, br.

17. — Théâtre et poésies, 1793 : la Plaque retournée, comédie; l'Alarmiste, impromptu républicain; la Veuve du républicain, ou la Calomnie; la parfaite Egalité, ou les tu et toi, comédie; le Souper des jacobins, comédie, etc., 12 pièces in-8°, br.

18. — Théâtre et poésies, 1794-1804 : Odes républicaines, par Lebrun; les Victimes cloîtrées, drame; la Journée de Saint-Cloud, ou le 18 brumaire, vaudeville; Hymnes et chansons civiques; Fête du 10 août à Rouen,, etc., 30 pièces in-8°, br.

19. — Almanachs et calendriers : Etrennes à la vérité; Almanach des aristocrates; Almanach du peuple ; Concordances des

calendriers républicain et grégorien; le Calendrier républicain,
5 pièces in-8°, br.

20. — Convention nationale; Rapports et discours, 1790-93;
Jugement de Louis XVI; Opinion de divers représentants sur le
jugement, etc., 90 pièces in-8°, br.

21. — Convention nationale, 1793-95; Rapports de Barrère
sur divers sujets; Rapports de Collot-d'Herbois, de Couthon, de
Grégoire, de Saint-Just contre Fabre d'Eglantine, Danton, Camille
Desmoulins; Rapports et discours au conseil des Cinq-Cents; Premier mémoire contre le maréchal Soult, par Théodore Choumara,
capitaine du génie, demande d'indemnité pour l'invention de ses
fourneaux économiques pour la cuisson des aliments pour la
troupe (M. Choumara, né à Nonancourt [Eure], est mort en février 1870.), etc., 37 pièces in-8°, br.

22. — Procès fameux, 1772-95; Défense de Louis XVI, par De-
sèze; Discours de Marat sur la défense de Louis XVI; Appels nominaux aux séances des 15 et 19 janvier 1793; la Passion et la
mort de Louis XVI, roi des juifs et des chrétiens; Défense de Ch.
Dufriche-Valazé; Crimes de Fouquier-Tinville; son procès, etc.,
16 pièces in-4° et in-8°.

23. — Famille royale; Traits de bienfaisance de notre bon roi
Louis XVI; Proclamation du roi sur les couleurs nationales; Vie
politique et privée de L. J. de Condé; Louis XIV à Saint-Cloud, au
chevet de Louis XVI; Hommages et Vœux de la nation, présentés
au roi et à la reine; Mémoires particuliers sur la captivité de la
famille royale à la tour du Temple, etc., 24 pièces in-8°, br.

24. — Evénements de Paris et de Versailles, 22 numéros avec
fig.; Tarif pour les secours accordés aux familles des militaires
au service de la République; Compte rendu par M. le maire (Pé-
tion), et procès-verbaux dressés par les officiers municipaux sur les
événements du 20 juin 1792; Proclamation du roi concernant le
maire et le procureur de la commune de Paris, relative à l'arrêté
du 6 juin 1792, etc., 20 pièces.

LOUIS XVI, MARIE-ANTOINETTE, ETC.

1123. Histoire de la révolution de France pendant les
dernières années du règne de Louis XVI, par Ber-
trand de Molleville. *Paris*, *Giguet*, 1801 à 1803,
14 vol. in-8°, v. fauve.

Ouvrage du royalisme le plus violent. L.

1124. Mémoires particuliers pour servir à l'histoire de
la fin du règne de Louis XVI, par Bert. Molleville.
Paris, *Michaud*, 1816, 2 vol. in-8°, demi-rel. v. f.

1125. Histoire du dernier règne de la monarchie française, la chute des Bourbons et leur procès. *Ham-*

bourg et Paris, Lerouge, 1798, 2 vol. in-8°, v. rac.
fil. avec portr. et grav. dont une représentant
Louis XVI sur la guillotine.

1126. Mémoires historiques et politiques du règne de
Louis XVI, depuis son mariage jusqu'à sa mort, par
J.-L. Soulavie. *Paris, Treuttel et Würtz, an X*(1801),
6 vol. in-8°, v. rac. 2 grandes pl. de portr. et tabl.
Notes et mouillures au 3e vol.

1127. Les Illustres victimes vengées de leurs contemporains et réfutations des paradoxes de M. Soulavie
(par de Montigny). *Paris, Perlet*, 1802, in-8°, demi-
rel. bas.

1128. Justification de M. de Favras, prouvée par les
faits et par la procédure (par Mahy de Cormeré).
Paris, Potier de Lille, 1791, 2 t. en un vol. in-8°,
bas. marb. vert.
Avec la signature autographe de l'auteur sur le titre des 2 vol.

1129. Etat nominatif des pensions sur le trésor royal,
imprimé par ordre de l'Assemblée nationale. *Paris,
imprimerie nationale*, 1789-1790, 4 vol. in-8°, cart.
Très-rare et très-important recueil. Selon le libraire, M. France,
il faut un supplément de 3 volumes.   L.

1130. Le Livre rouge, dépenses secrètes de la cour, ap-
porté par des députés de Versailles le 28 février
1793, l'an II° de la République, déposé aux archives
et imprimé par ordre de la Convention nationale.
Paris, imprimerie nationale, 1793, in-8°, demi-rel.
mar. rouge, tête dor. n. r.
Les trois registres sont réunis en un vol.

1131. Inventaire des diamants de la couronne, fait en
conformité des décrets de l'Assemblée nationale
constituante des 26, 27 mai, 22 juin 1791, par ses
commissaires Bion, Christin et Delattre. *Paris, imp.
nat.* 1791, in-8°, 2 part. en un vol. v. gran.

1132. Armoire de fer. Inventaire des papiers trouvés
dans le cabinet du roi, qui prouvent jusqu'à l'évi-

dence les trahisons du pouvoir exécutif. *Paris, Imprimerie nationale*, 1792-1793, 5 vol. in-8°, demi-rel.

1133. Histoire impartiale du procès de Louis XVI, ou recueil complet et authentique de tous les rapports faits à la Convention nationale, concernant le procès du ci-devant roi, des différentes opinions des représentants du peuple, enfin toutes les pièces de ce grand procès, jusqu'au jugement définitif, par L.-F. Jauffret. *Paris, Perlet*, 1793, 8 part. en 4 vol. in-8°, demi-rel. mar. rouge, n. r.

> Lorsque j'achetai ce recueil sur les quais de Paris en 1828, il me coûta 2 sous le volume broché. **L.**

1134. Le Pour et le Contre, recueil complet des opinions prononcées à l'Assemblée conventionnelle dans le procès de Louis XVI. *Paris, Buisson, l'an Ier de la République*, 7 vol. in-8°, demi-rel. bas.

1135. Journal de ce qui s'est passé à la tour du Temple pendant la captivité de Louis XVI, par M. Cléry (rédigé par la comtesse de Schomberg). *Londres*, 1798, gr. in-8°, demi-rel. v. f. t. peig. n. r.

1136. Journal de ce qui s'est passé à la tour du Temple pendant la captivité de Louis XVI, par Cléry, valet de chambre du roi. Nouv. éd. *Paris, Patris*, 1814, in-12, demi-rel. chag. noir, n. r. et *fac-simile*.

1137. Anecdotes du règne de Louis XVI, contenant tout ce qui concerne ce monarque et la reine, les vertus et les vices des personnages qui ont le plus contribué aux événements, etc., etc. (par Nougaret). *Paris*, 1791, 6 vol. in-12, demi-rel. bas.

1138. Histoire du départ du roi. *Paris*, 1791, in-8°, demi-rel. v. bleu.

> Bel exemplaire de cet ouvrage, attribué à Billaud-Varennes. **L.**

1139. Éloge historique et funèbre de Louis XVIe du nom, roi de France et de Navarre, par M. Montjoie. *S. l.* 1797, in-8°, demi-rel. chag. n. r. portr.

1139 *bis*. Éloge historique et funèbre de Louis XVIe du nom, roi de France et de Navarre, par Montjoie. *Neuf-*

châtel, 1796, portr. Ensemble : Liste comparative des cinq appels nominaux faits dans les séances des 15, 16, 17, 18 et 19 janvier 1793, sur le procès et le jugement de Louis XVI. *Paris, Lavigne*, 1793, en 1 vol. in-8°, demi-rel. bas.

1140. Louis XVI et ses vertus aux prises avec la perversité de son siècle, par l'abbé Proyart. Nouv. éd. *Paris*, 1808, 4 vol. in-8°, bas. rac. fil.

> Cet ouvrage fut saisi par la police de l'empire, et presque toute l'édition fut mise au pilon.   L.

1141. Histoire du collier de la reine. *Paris, Caillau*, 1786, 3 vol. in-4°, demi-rel. chag. rouge, coins, tête dor.

> Collection très-curieuse de 24 pièces relatives à cette fameuse affaire, avec 6 port. et la grav. coloriée du fameux collier de diamants.

1142. Mémoires justificatifs de la comtesse de Valois de la Motte, écrits par elle-même. *Imprimé à Londres*, 1789, 2 part. — Mémoire pour le comte de Cagliostro, 1796 ; — Mémoire de ce qui s'est passé depuis l'arrivée de Mme de la Motte à Paris, l'achat du fameux collier, etc. ; les quatre mémoires réunis en un vol. in-8°, demi-rel. v. f. n. r.

> Le second mémoire, avec la gravure, est très-rare. Le mémoire pour Cagliostro est taché par le coin.

1143. Vie de Jeanne de Saint-Remy de Valois, ci-devant comtesse de la Motte, contenant un récit détaillé et exact des événements extraordinaires auxquels cette dame a eu part depuis sa naissance et qui ont contribué à l'élever à la dignité de confidente de la reine de France, écrite par elle-même. *Paris, l'an Ier* (1792), 2 vol. in-8°, demi-rel. v. ant. n. r.

1144. Mémoires inédits du comte de Lamotte-Valois, sur sa vie et son époque, 1754-1830, publiés d'après les mss. autographes, avec un historique préliminaire, des pièces justificatives et des notes, par Louis Lacour. *Paris, P. Malassis*, 1858, in-8°, demi-rel. v. f. tête peig. n. r.

1145. Tragédies : 1° La Mort de Louis XVI, tragédie, par Barthes. *Paris*, 1793, portr. de Louis XVI et de Marie-Antoinette. — 2° Le Martyre de Marie-Antoinette, reine de France, tragédie. — 3° La Mort de Marie-Antoinette, reine de France, tragédie en vers. *Paris, Boncompte*, 1797, portr. 108 p. — 4° Elisabeth de France, tragédie en vers, front. *Paris, Robert*, 1797. — 5° Charlotte Corday, ou la Judith moderne, tragédie en vers. *Caen*, 1797, portr. — 6° Les Nuits de la Conciergerie, rêveries mélancoliques et poésies d'un proscrit, par l'abbé Mercier. *Paris, v° Girouard, l'an III* (1795), fig. 6 pièces en un vol. in-18, mar. rouge, à longs grains, tête dor. fil. n. r.

> Très-joli volume composé de pièces rares, surtout Charlotte Corday. L.

1146. Vie de Marie-Antoinette d'Autriche, femme du dernier tyran des Français. *Paris, Maison Egalité*, 1793, 3 vol. portr. et grav. Ensemble : Correspondance de la reine avec d'illustres personnages, 1790; Mémoires de Mme la duchesse de Polignac, par la comtesse Diane de Polignac. *Paris, an V* (1795), en un vol. in-18, mar. rouge, fil. tête dor. n. r.

> Volume composé de pièces rares, surtout les trois premiers vol. de la vie de Marie-Antoinette. Pamphlets très-violents contre la reine. L.

1147. L'Autrichienne en goguette, ou l'orgie royale. *S. l.* 1789, in-8°, démi-rel. mar. rouge, coins, tête dor. n. r.

> Dernier feuillet raccommodé. Ce pamphlet très-violent et très-licencieux contre la reine est d'une excessive rareté. C'est un des plus orduriers de l'époque révolutionnaire; il est attribué à Mayeur de Saint-Paul. Coté 100 fr. cartonné, catalogue de la librairie A. Fontaine, 1872. L.

1148. Essais historiques sur la vie de Marie-Antoinette d'Autriche, reine de France, pour servir à l'histoire de cette princesse. *Londres*, 1789. A la suite : Têtes à prix (pièce très-rare); — l'Ombre de Mardi-Gras; — *O Filii* national, et autres pièces satiriques et

curieuses, réunies en 2 vol. in-18, demi-rel. chag.
rouge, coins, tête dor. fig. et portr.

Ce recueil de pamphlets très-violents contre la reine et les princes
contient encore : Confession générale des princes du sang, auteurs
de la cabale aristocratique; confession de deux catins (la princesse
de M.. et la marquise de F). — Acte de repentir de M. de Juigné,
archevêque de Paris. *Paris*, 1789, fig. 59 p. — Confession générale
du comte d'Artois, 1789, 14 p. — Pénitence du comte d'Artois,
1789, 16 p. — Réception du comte d'Artois chez l'électeur de Cologne, 1789, 40 p. — Vie privée du comte d'Artois, 1791, 88 p. —
Vie privée du prince de Condé, 1791, 80 p. — Vie de L.-P. Joseph
d'Orléans. *Londres*, 1789, 72 p. — La faction d'Orléans, etc.

1149. Procès de Marie-Antoinette, dite Lorraine-d'Autriche, veuve de Louis Capet, condamnée à la peine
de mort par le tribunal révolutionnaire, le 25ᵉ jour
du 1ᵉʳ mois de la 2ᵉ année républicaine, et exécutée
le même jour, 16 octobre 1793. *Paris, Caillot et
Courcier, IIᵉ année républicaine.* Ensemble : Procès
des conspirateurs Hébert, Ronsin, Vincent et complices, condamnés à la peine de mort par le tribunal
révolutionnaire, le 4 germinal, l'an IIᵉ de la répub.
et exécutés le même jour ; — suivi du Précis de la vie
du P. Duchêne. *Paris, Caillot, l'an II;* — les Crimes
de Marat et des autres égorgeurs, ou ma résurrection, par Maton (de la Varenne). *Paris, André, an III*
(1795), 3 pièces en un vol. in-18, mar. rouge, tr. dor.
fil. n. r. fig.

Joli volume composé de pièces rares. Ces trois recueils nᵒˢ 1146,
1148 et 1149, sont de reliure uniforme.

1150. Procès de Louis XVI, de Marie-Antoinette, de
Marie-Elisabeth et de Philippe d'Orléans, recueil de
pièces authentiques. *Paris, Eymery,* 1821, in-8°,
cart. toile, portr. et *fac-simile.*

1151. Éloge historique de Madame Elisabeth de France,
par Ant. Ferrand. *Paris, Desenne,* 1814. Ensemble :
Mémoires de M. l'abbé Edgeworth de Firmont, dernier confesseur de Louis XVI. *Paris, Gide,* 1815,
1 vol. in-8°, v. rac. fil.

1152. Les Martyrs de la foi pendant la Révolution

française, par l'abbé Aimé Guillon. *Paris*, 1821, 4 vol. in-8°, demi-rel. mar. violet, n. r.

Ouvrage devenu rare, vendu 43 fr. br. n° 1542, vente du marquis Le Ver en 1866.　　　　　　　　　　　　　**L.**

1153. Le Martyrologe, ou l'histoire des martyrs de la révolution. *Coblentz*, 1792, in-8°, cart. 3 grav.

1154. Des Monstres ravagent tout (par le comte d'Entragues). *Paris*, *s. d.* (1790) 104 pag. — Dénonciation aux Français catholiques des moyens employés par l'Assemblée nationale pour détruire la religion catholique, 4ᵉ édit. suivie d'une lettre de M. le comte d'Entragues au cardinal de Loménie, terminée par : Point d'accommodement, lettre du cardinal de Loménie au souverain pontife, 8 p. *Paris*, *s. d.* (1791) en un vol. in-8°, demi-rel. v. tr. peig.

Pièces contre-révolutionnaires très-violentes contre l'Assemblée nationale et les hommes politiques de l'époque.　　　**L.**

1155. Du Fanatisme dans la langue révolutionnaire, ou de la persécution suscitée par les barbares du xviiiᵉ siècle contre la religion chrétienne et ses ministres, par J.-F. Laharpe. *Paris*, *Migneret*, *an V* (1797), in-12, demi-rel. chag. tr. rouge.

1156. Histoire de la conjuration de Louis-Philippe-Joseph d'Orléans (par Montjoye). *Paris*, 1796, 3 vol. in-8°, demi-rel. chag. vert, n. r. portr.

1157. Histoire de la conjuration de Louis-Philippe d'Orléans (par Montjoye). *Paris*, 1800. — Correspondance de Louis-Philippe-Joseph avec Louis XVI, la reine, etc. *Paris*, *Marchand*, 1801, 8 t. en 4 vol. in-18, demi-rel. chag. rouge, tête peig. portr.

1158. L'Ecole des factieux, des peuples et des rois, ou supplément à l'histoire des conjurations de L.-P.-Joseph d'Orléans et de Robespierre. *Paris*, 1800, 2 vol. in-12, br.

1159. Correspondance de Louis-Philippe-Joseph d'Orléans avec Louis XVI, la reine, Montmorin, Liancourt, Lafayette, etc., etc. (publiée par Roussel, avocat). *Paris*, *Marchant*, 1800, 4 vol. in-8°, demi-rel. bas.

1160. Louis-Philippe-Joseph Egalité, scènes contemporaines, par de Lamothe-Langon. *Paris*, *Dentu*, 1833, 2 vol. in-8°, demi-rel. v. f. n. r.

1161. Appel à l'opinion publique du rapport de M. Chabroud ; Examen du mémoire du duc d'Orléans ; A moi, Philippe (d'Orléans), un mot; Faits et gestes de l'honorable Ch. Chabroud. — Rapports des représentants du peuple, Camus, Bancel, Quinette, Lamarque, envoyés avec le général Beurnonville à l'armée du Nord, et autres pièces sur l'affaire des 5 et 6 octobre 1789, contenues en 2 vol. in-8°, cart.

1162. Le Palais-Royal, ou mémoires secrets de la duchesse d'Orléans, mère de Philippe, par M. D. F***. *Hambourg*, *an XIV* (1806), 2 t. en un vol. in-12, dos et coins de chag. rouge, tête dor. n. r.

1163. Procès du prince de Lambesc. *Paris*, 1790. — 1° Testament du traître et assassin. — 2° Testament du traître et assassin le prince Lambesc, suivi du *Credo* des traîtres, ou la profession de foi de ce prince criminel et des autres aristocrates, et leur *mea culpa*. *Paris*, *l'an de la liberté* 1789, en un vol. in-8°, demi-rel. chag. rouge. — 3° Histoire entière et véritable du procès de Charles Stuart, roi d'Angleterre. *Paris*, *Chaudrillé*, réimprimé sur l'édition de 1650, in-8°. Grav. représentant l'exécution de Charles Ier.

1164. Procédure criminelle instruite au Châtelet de Paris sur la dénonciation des faits arrivés à Versailles dans la journée du 6 octobre 1789. *Paris*, *Baudouin*, 1790, 6 grav. — Les forfaits du 6 octobre, ou examen approfondi du rapport de la procédure du Châtelet, par Chabroud. 1790. — Mémoire à consulter et consultation pour Louis-Philippe-Joseph d'Orléans, etc., et autres pièces sur la même affaire des journées des 5 et 6 octobre 1789. 21 pièces réunies en 4 vol. in-8°, demi-rel. bas.

1165. Mémoires historiques de Marie-Thérèse-Louise de Carignan, princesse de Lamballe, publiés par Mme Guénard. *Paris*, 1801, 4 vol. in-12, cart.

1166. Crimes des cabinets, ou tableau des plans et des actes d'hostilité formés par diverses puissances pour anéantir la liberté de la France, traduit de l'anglais de Goldsmith. *Hambourg*, 1801, in-8°, demi-rel. chag. n. r.

1167. Les Crimes constitutionnels de la France, ou la désolation française décrétée par l'Assemblée dite nationale constituante, aux années 1789-90 et 91, acceptée par l'esclave Louis XVI le 14 septembre 1791. *Paris, Lepetit et Guillemard*, 1792, in-8°, demi-rel. v. fauve, front. grav. représentant une scène de massacres.

1168. Les Crimes des rois de France depuis Clovis jusqu'à Louis XVI, par L. Lavicomterie. *Paris*, 1792, in-8°, demi-rel. v. f. 5 fig.

1169. Les Crimes des reines de France, depuis le commencement de la monarchie jusqu'à la mort de Marie-Antoinette, avec les pièces justificatives de son procès, par L. Prudhomme. *Paris, an II* (1793), in-8°, demi-rel. v. f. 5 grav.

1170. Crimes et forfaits de la noblesse et du clergé, depuis le commencement de la monarchie jusqu'à nos jours. *Paris, s. d.*

Curieuse fig.

Ensemble : 1° Tu l'as voulu, Georges Dandin, ou apostrophes aux trois classes ennemies de l'Etat, par M. L. C. D. S. l. 1790.

2° Le Pape traité comme il le mérite, ou réponse à la bulle de Pie VI. *S. l. n. d.*

3° De l'Aristocratie française, ou l'origine des droits féodaux. *S. l. n. d.*

4° Thomas Rousseau, membre et archiviste de la Société des Jacobins de Paris, à ses frères et amis membres des sociétés populaires, etc., etc., salut et fraternité. *Paris, s. d.*

5° Conspirations des rois, des ministres, des nobles et des prêtres, ou les Dix articles secrets des cabinets de l'Europe. *S. l. n. d.*

6° Du Peuple et des rois, par Lavicomterie. *Paris*, 1833, avec une grav. col.

En un vol in-8°, demi-rel. v. rose, coins, tête dor.

1171. La Chasteté du clergé dévoilée, ou procès-verbaux des séances du clergé chez les filles de Paris, trouvés à la Bastille. *A Rome, de l'imprimerie de la Propagande, et à Paris,* 1790, 2 vol. in-8°, demi-rel. bas.

Les pièces originales de ce recueil, devenu rare, furent déposées en 1790 aux archives du district des Cordeliers et soumises à l'examen du public.

1172. Conduite scandaleuse du clergé depuis les premiers siècles de l'Eglise jusqu'à nos jours. *Paris,* 1793, in-8°, bas. rac.

1173. Amours et intrigues des prêtres français depuis le XIIIᵉ siècle jusqu'à nos jours, ou désordres, malheurs et crimes qui sont le fruit du célibat des prêtres. *Paris,* 1830, in-18, demi-rel. chag. tête dor.

1174. Nouvelle assemblée notable des cocus du royaume, en présence des favoris de leurs épouses. *Paris, an Iᵉʳ de la Liberté* (1790), in-8°, demi-rel. chag. orange, coins, fil. tête dor. n. r. 63 pages avec une grav.

1175. Histoire de l'esprit révolutionnaire des nobles en France, sous les 68 rois de la monarchie (par Giraud). *Paris, Baudouin,* 1818, 2 vol. in-8°, demi-rel. bas.

Titre raccommodé.

1176. Histoire critique de la noblesse depuis le commencement de la monarchie jusqu'à nos jours, par J.-A. Dulaure. *Paris, Guillot,* 1790, in-8°, demi-rel. chag. n. r.

1177. Liste des noms des ci-devant nobles, nobles de race, robins, financiers, intrigants et de tous les aspirants à la noblesse, ou escrocs d'icelle avec des notes sur leur famille (par Dulaure). *Paris, Garneray, l'an IIᵉ de la Liberté* (1793), 3 portr. in-8°, demi-rel. mar. rouge, n. r. (*rare*). — A la suite : Vrai miroir de la noblesse. — Regardez-y, bourgeois ; histoire et origine de la noblesse. *S. l. n. d.*

1178. Vie privée des ecclésiastiques, prélats et autres fonctionnaires publics qui n'ont point prêté serment sur la constitution civile du clergé, pour faire suite à la liste des nobles, par Dulaure. *Paris, l'an second de la Liberté* (1791), in-8°, dos et coins de mar. rouge, tête dor. fil. n. r.

La 2e pièce a été remontée.

— A la suite : Supplément aux crimes des anciens comités de gouvernement, par Dulaure. *Paris, an III.*

Pièce très-rare.

ASSEMBLÉE NATIONALE, CONSTITUANTE, LÉGISLATIVE, ETC.

1179. Histoire de la Révolution de France, depuis la présentation au Parlement de l'impôt territorial et de celui du timbre, jusqu'à la conversion des états généraux en Assemblée nationale, par Montjoye. *Paris, Perronneau,* 1797, 2 vol. in-8°, demi-rel. v. f. tête dor. n. r. fig.

1180. Sur les Fonctions des états généraux et des autres assemblées nationales (par Condorcet). *S. l.* 1789, 2 vol. in-8°, v. marb.

1181. La Galerie des états généraux (par le marquis de Luchet, Mirabeau, Choderlos de la Clos). 2 vol. avec la clef manuscrite, 1789. — A la suite : La Galerie des dames françaises, pour faire suite à la Galerie des états généraux, avec la clef, 1790. 3 part. en un vol. in-8°, demi-rel. chag.

1182. Histoire du gouvernement français, depuis l'assemblée des notables jusqu'à la fin de décembre de la même année, etc. *Londres,* 1789, in-8°, demi-rel. bas.

1183. Mémoires historiques, critiques et politiques de la révolution de France, avec toutes les opérations de l'Assemblée nationale, par Hugon de Basseville. *Paris, l'auteur*, 1790, 4 vol. in-8°, br. fig.

1184. Mémoires du marquis de Ferrières, avec une notice sur sa vie, des notes historiques, par Berville et Barrière ; 2° édit. *Paris, Baudoin,* 1822, 3 vol. in-8°, cart. n. r.

1185. Almanach des députés à l'Assemblée nationale. *S. l.* 1790.—Ensemble : Manuel des assemblées primaires et électorales de France, avec des notes sur les factions d'Espagne, d'Orléans, etc.; etc. *Hambourg, s. d.* 1 vol. in-12, demi-rel. mar. n. r.

1186. Les Contemporains de 1789 et 1790, ou les opinions débattues pendant la première législature, avec les principaux événements de la Révolution (par de Luchet). *Paris, Lejay,* 1790, 3 vol. in-8°, demi-rel. v. f. tr. peig.

1187. Les Grands hommes du jour. *S. l.* 1790-91, 3 part. en un vol. in-8°, demi-rel. v. f. tr. peig.
Collection complète avec la clef.

1188. Le Véritable portrait de nos législateurs, ou galerie des tableaux exposés à la vue du public, depuis le 5 mai 1789 jusqu'au 1er octobre 1791. — Supplément à la Galerie de l'Assemblée nationale, 1789.— Ménagerie nationale, avec l'inventaire et les noms des animaux et bêtes curieuses qu'elle renferme, dénoncés à l'Assemblée. 3 pièces en un vol. in-8°, demi-rel. chag. n. r.
Cette dernière pièce est très-rare; elle a été remontée.

1189. Procès-verbal des séances et délibérations de l'assemblée générale des électeurs de Paris, réunis à l'hôtel de ville, le 14 juillet 1789, rédigé depuis le 26 avril jusqu'au 21 mai 1789 par M. Bailly, et depuis le 22 mai jusqu'au 30 juillet par Duveyrier. *Paris, Baudoin,* 1790, 3 vol. in-8°, demi-rel. v. f. portr.
Rare.

1190. Testament d'un électeur de Paris, par Beffroy de Reigny (dit le Cousin Jacques). *Paris, Maradan, l'an IV,* in-8°, bas. portr. de l'auteur.

1191. Histoire des premiers électeurs de Paris en 1789, extraite de leur procès-verbal, par Duveyrier fils. *Paris,* 1828, in-8°, br.

1192. La Constitution française, décrétée par l'Assemblée nationale constituante, aux années 1789, 1790 et 1791, acceptée par le roi le 14 septembre 1791. *Paris, Didot jeune,* 1791, in-32, mar. rouge, fil. tr. dor.

1193. Mémoires de Henri Masers de Latude, ancien ingénieur, prisonnier pendant trente-cinq années à la Bastille, à Vincennes, à Charenton et à Bicêtre. *Paris,* 1792, 2 part. en un vol. in-8°, demi-rel. mar. rouge, tr. peig. — A la suite : Mémoire adressé à la marquise de Pompadour, par M. Daury (Latude), 1789.

1194. Lettres de M. de Pellissery, prisonnier onze ans et deux mois à la Bastille et treize mois à Charenton, que les sieurs Lenoir, Necker, Delaunay, de Crosne faisaient passer pour fou. *Paris, Provost,* 1791, in-8°, br.

1195. Mémoires sur la Bastille, par M. Linguet. *Londres,* 1783, in-8°, demi-rel. mar. violet, tête dor. n. r. fig.

A la suite : La Journée parisienne, ou le triomphe de la France, 8 p. — Les Prisonniers délivrés, 1789, 8 p. — La Bastille au diable, 1790, 58 p.

1196. De l'Insurrection parisienne et de la prise de la Bastille, par Dusaulx. *Paris, Debure,* 1790, in-8°, br.

1197. Histoire critique de la Bastille, ou introduction à l'ouvrage qui a pour titre : Remarques historiques sur la Bastille. *Paris, l'an Ier de la Liberté.*
— Remarques historiques sur la Bastille, sa démolition et la révolution de Paris, en juillet 1789. *Londres,*

1789, en un vol. in-8°, demi-rel. mar. rouge, tête dor. n. r.

Plan de la Bastille.

1198. Mémoires historiques et authentiques sur la Bastille, dans une suite de près de 300 emprisonnements, détaillés et constatés par des pièces, notes, etc., trouvés dans cette forteresse, depuis 1475 jusqu'à nos jours. *Londres*, 1789, 3 vol. in-8°, bas.

1199. Histoire de la Bastille, depuis sa fondation, en 1394, jusqu'à sa destruction, en 1789, par MM. Arnould et Alboize du Pujol. *Paris*, 1844, 8 vol. gr. in-8°, demi-rel. v. gravures.

1200. Le Château des Tuileries, ou récit de ce qui s'est passé dans l'intérieur de ce palais, depuis sa construction jusqu'au 18 brumaire an VIII. *Paris, Lerouge*, 1802, 2 vol. in-8°, demi-rel. v. n. r.

1201. La Police de Paris dévoilée, par Pierre Manuel, l'un des administrateurs de 1789. *Paris, Garneray, an II* (1793), 2 vol. in-8°, bas. fig. et tableaux.

1202. Mémoires tirés des archives de la police de Paris, depuis Louis XIV jusqu'à nos jours, par J. Peuchet. *Paris*, 1838, 6 vol. in-8°, demi-rel. bas.

Le tome IV est mouillé.

1203. Histoire des Jacobins en France, ou examen des principes anarchiques et désorganisateurs de la révolution de France (par Leriche). *Hambourg, Hoffman*, 1795, 2 vol. in-12, bas.

1204. Procès instruit par la cour de justice criminelle spéciale du département de la Seine contre Georges Pichegru et autres, prévenus de conspiration contre le premier consul. *Paris, Patris*, 1804, 8 vol. in-8°, v. écaille, fil. avec 34 portr. par Dumoutier. — Recueil des interrogatoires subis par le général Moreau. *An XII.* — Alliance des Jacobins de France avec le ministère anglais, suivi des stratagèmes de Fr. Drake, etc., etc. *Paris, an VII*, in-8°, demi-rel. v.

1205. La Jacobinéide, poëme héroï-comi-civique (par Marchant). *Paris*, 1792, in-8°, cart. 12 fig.

Discours de M. Péthion à la Commune, et réponse de la Commune à M. Péthion. — La Jacobiniade, ou le délire de l'agonie des Jacobins, poëme héroï-comique en 4 chants. *Paris, s. d.*

1206. La Jacobinéide, poëme héroï-comi-civique (par Marchant). *Paris, au bureau des sabbats jacobites*, 1792, in-8°, demi-rel. chag. vert, coins, tête dor. front. grav. 12 fig. Ensemble : Discours de M. Péthion à la commune, et Réponse de la commune à M. Péthion. *Paris*, 1791.

1207. Mémoires pour servir à l'histoire du Jacobinisme, par l'abbé Barruel. *Hambourg, Fauche*, 1803, 5 vol. in-8°, demi-rel. v. olive.

1208. Camille Desmoulins; Opuscules de l'an Ier de la Liberté; la France libre ; la Lanterne aux Parisiens, et cinq autres pièces, réunies en un vol. *Paris, Garneray, an Ier*, in-8°, demi-rel. chag. coins, tête dor.

1209. Camille Desmoulins et Roch Marcandier. La presse révolutionnaire, par Ed. Fleury. *Paris, France*, 1851, 2 vol. in-12, demi-rel. mar. violet, n. r.

1210. Portefeuille contenant 17 pièces sur Mirabeau, dont : Précis de la vie et confession générale du comte de Mirabeau; Rendez-nous nos neuf francs, par l'abbé ***. L'abbé, j'ai rendu vos neuf francs moins trente sols. Epitaphes de Mirabeau; Riquetti l'aîné; Mirabeau aux Champs-Elysées; Mirabeau aux enfers; Journal de la maladie et de la mort de Mirabeau, par Cabanis, etc., etc.

1211. Premier mémoire à consulter pour M. le comte de Mirabeau, contre M. le marquis de Monnier. *S. l.* 1782, in-8°, cart. — Mirabeau jugé par ses amis et ennemis. *Paris, Couret*, 1791, in-12, demi-rel. chag. n. r.

1212. Recueil de pièces de Mirabeau le jeune (dit Mirabeau Tonneau), savoir : les Déjeuners, ou la Vérité à bon marché; les Dîners, ou la Vérité en riant; la

Tasse de café sans sucre ; la Moutarde après dîner ; le Coucher, ou la Vérité toute nue ; le Rêve de la vérité voilée ; Encore quatre repas ; les Œufs de Pâques ; la Lanterne magique nationale, n°s 1, 2, 3, avec une pl. ; Voyage national de Mirabeau cadet (1790), 25 pièces réunies en un vol. in-8°, demi-rel. chag. tr. peig.

Toutes ces pièces sont très-rares.

1213. Histoire de France pendant trois mois, ou relation exacte et impartiale des événements qui ont eu lieu à Paris, à Versailles et dans les provinces, depuis le 15 mai jusqu'au 15 août 1789, par le cousin Jacques (Beffroy de Reigny). *Paris, Belin*, 1789, in-8°, demi-rel. mar. Lavallière, n. r.

1214. Lettres et mandements de Charrier de la Roche, député de Lyon, évêque de Rouen, sur les affaires présentes de l'Église de France. *Paris, Le Clerc*, 1790-91, 5 pièces en un vol. in-8°, demi-rel. bas.

1215. Confédération nationale, ou recueil exact et circonstancié de tout ce qui s'est passé à Paris le 14 juillet 1790, à la fédération. *Paris, Garneray, l'an second de la liberté*, in-8°, demi-rel. bas. avec 5 grav.

1216. La Journée du 10 août 1792, avec des réflexions tant sur les événements qui l'ont précédée et suivie, que sur la révolution générale, par M. Reynaud. *Paris, Crapart*, 1795, 2 t. en un vol. in-8°, demi-rel. v. f. n. r.

Avec une table ms. des noms cités.

1217. Dernier tableau de Paris, ou récit historique de la révolution du 10 août 1792, par J. Peltier. *Londres, chez l'auteur et chez Elmsly*, 1794, 2 vol. in-8°, v. gran. fil. tr. dor. portr. et plans.

1218. Histoire particulière des événements qui ont eu lieu en France pendant les mois de juin, juillet, août et septembre 1792, par Maton de la Varenne. *Paris, Périsse,* 1806, in-8°, br.

CONVENTION NATIONALE, ETC.

1219. Histoire de la Convention nationale, d'après elle-même, précédée d'un tableau de la France monarchique avant la révolution, par Léonard Gallois. *Paris*, *Krabbe*, 1837-48, 8 vol. in-8° br.

1220. Mémorial révolutionnaire de la Convention, ou histoire des révolutions de France depuis le 20 septembre 1792 jusqu'au 26 octobre 1795 (vieux style), par Vasselin. *Paris, Baillio et Colas, an V* (1797), 4 vol. in-12, demi-rel. v. rose, tête dor.

1221. Vie politique de tous les députés à la Convention nationale, pendant et après la révolution, ouvrage dans lequel on trouve la preuve que dans le procès de Louis XVI la peine de mort avait été rejetée à une majorité de 6 voix. *Paris, Michel*, 1814, in-8°, cart. n. r. — A la suite : Dictionnaire des immobiles, par un homme qui jusqu'à présent n'a rien juré et n'ose jurer de rien (par Beuchot).

> Exemplaire aux trois couleurs, rouge, bleu et blanc, avec une lettre d'envoi autographe de l'auteur.

1222. De l'Homme, ou des principes et des lois, de l'influence de l'âme sur le corps et du corps sur l'âme, par J.-P. Marat, docteur en médecine. *Amsterdam, Marc-Michel Rey*, 1775, 3 t. en 2 vol. in-12, bas. fil.

1223. Découvertes de M. Marat (docteur en médecine et médecin des gardes du corps de Mgr le comte d'Artois) sur la lumière, constatées par une suite d'expériences nouvelles. *Londres et Paris, Jombert*, 1780, gr. in-8°, demi-rel. chag. rouge, tête dor.

> Vendu 24 fr. br. vente Luzarche en 1869.   L.

1224. Recherches physiques sur le feu, par M. Marat, docteur en médecine, etc., etc. *Paris, Jombert*, 1780, in-8°, cart.

> Vendu 7 fr. 50 demi-rel. vente Luzarche.   L.

1225. Recherches physiques sur l'électricité, par Marat, docteur en médecine et médecin des gardes du corps de Mgr le comte d'Artois. *Paris, Clouzier*, 1782, in-8°, bas. 4 fig.

Vendu 14 fr. Luzarche. L.

1226. Pamphlets révolutionnaires, par Marat, l'ami du peuple. 9 pièces in-8°, demi-rel. mar. rouge, tr. peig. portrait.

1° Offrandes à ma patrie, ou discours au tiers état. *Au Temple de la liberté,* 1789. Supplément de l'Offrande à ma patrie, 1789.

2° Observations impartiales sur la lettre du roi pour la convocation des états généraux. *S. l. n. d.*

3° La Constitution ou projet de déclaration des droits de l'homme et du citoyen, suivi d'un plan de constitution juste, sage et libre. *Paris,* 1789.

4° Plan de la législation criminelle, ouvrage dans lequel on traite des délits et des peines, de la forme des preuves et des présomptions durant l'instruction de la procédure, etc., etc. *Paris,* 1790. Rare.

5° Le Moniteur patriote, 8 pag. Ce journal, attribué à Marat, a eu 40 numéros.

6° Relation authentique de ce qui s'est passé à Nancy, et observations de l'Ami du peuple, par Marat. 1790.

7° Appel à la nation, par Marat. *S. l. n. d.*

8° Discours de Marat, l'ami du peuple, sur la défense de Louis XVI, la conduite à tenir par la Convention dans le jugement du tyran du trône.

1227. Les Chaînes de l'esclavage, ouvrage destiné à développer les noirs attentats des princes contre les peuples, les ressorts secrets, les ruses, les menées, les artifices, les coups d'État qu'ils employent pour détruire la liberté, etc., etc., par J.-P. Marat, l'ami du peuple. *Paris, imprimerie de Marat, l'an Ier* (1792), in-8°, demi-rel. mar. rouge, n. r. portr. de Marat ajouté.

Titre mouillé. Edition originale. Cet exemplaire m'a été donné par Mlle Dupont (de l'Eure) : il provient du cabinet de son noble père. L.

1228. Un Roman de cœur, par Marat, l'ami du peuple, publié pour la première fois en son entier, d'après le manuscrit autographe, et précédé d'une notice littéraire, par le bibliophile Jacob. *Paris, L. Chlendowski,* 1848, in-8°, demi-rel. mar. rouge, n. r.

1229. Marat, l'ami du peuple , par Alfred Bougeart. *Paris*, 1865, 2 vol. gr. in-8°, br.

Condamné par le tribunal correctionnel, savoir : l'auteur, à quatre mois de prison et 150 fr. d'amende ; le libraire, à un mois et 1,000 fr. d'amende. **L.**

1230. Marat, sa mort, ses véritables funérailles, d'après des documents empruntés aux archives de la préfecture de police, par P. Fassy. *Paris*, 1867, gr. in-8°, br. 52 pag.

1231. Dossier du procès de Charlotte Corday devant le tribunal révolutionnaire, extrait des archives impériales et publié par Ch. Vatel. *Paris, Poulet-Malassis*, 1861, in-8°, br. portr. et *fac-simile*.

1232. Notes sur l'authenticité du portrait de Charlotte Corday, par Hauer ; — Notes et renseignements sur le *fac-simile* de la lettre de Charlotte Corday à Barbaroux, in-8°, br.

1233. Charlotte Corday, essai historique offrant enfin des détails authentiques sur la personne et l'attentat de cette héroïne, par M. Louis Dubois. *Paris*, 1838, portr. — Ensemble : Charlotte Corday et Mme Roland, par Mme Louise Colet. *Paris,* 1842 , 1 vol. in-8°, demi-rel. mar. vert, tr. dor. n. r. portr.

1234. Histoire des Girondins, par A. de Lamartine. *Paris*, 1847, 8 vol. gr. in-8°, demi-rel. v. rose.

1235. Mémoires sur la révolution française, par Buzot, député de l'Eure à la Convention nationale, précédés d'un précis de sa vie et de recherches historiques sur les Girondins, par Guadet. *Paris, Béchet*, 1823, in-8°, demi-rel. mar. rouge, tête dor. n. r.

J'ai ajouté à cet exemplaire le portrait de Buzot, par Bonneville, et le catalogue des lettres autographes de Buzot et de Mme Roland, vendues en 1864.

Quatre de ces lettres autographes furent vendues 1,200 fr. à l'éditeur H. Plon. **L.**

1236. Histoire parlementaire et vie intime de Vergniaud, chef des Girondins, par Touchard-Lafosse. *Paris,* 1847, in-12, br.

1237. Danton, documents authentiques pour servir à la révolution française, par Alfred Bougeart. *Paris, Jung-Treuttel,* 1861, in-8°, br.

1238. Mémoires de Brissot sur ses contemporains et la révolution française, publiés par de Montrol. *Paris, Ladvocat,* 1830, 4 vol. in-8°, br. fig.

1239. Procès des Girondins, rapports et pièces diverses. *Paris,* 1793-1794, in-8°, demi-rel. mar. noir, coins, fil. tête dor. n. r.

> En tête du vol. se trouve le détail des sept pièces qu'il contient.

1240. Histoire des Montagnards, par Alphonse Esquiros. *Paris, Lecou,* 1847, 2 vol. in-8°, br.

1241. Anecdotes curieuses et peu connues sur différents personnages qui ont joué un rôle dans la révolution. *Genève et Paris, Michel,* 1793, in-8°, demi-rel. bas.

> Pamphlet satirique très-violent contre les Montagnards.

1242. Procès des Montagnards, rapports et pièces diverses, 1793-1794. *Paris, s. d.* in-8°, demi-rel. mar. noir, coins, fil. tête dor. n. r.

> En tête du volume se trouve le détail des douze pièces qu'il contient.

1243. Eloge historique de Jean-Sylvain Bailly, au nom de la république des lettres (par Mérard de Saint-Just). *Londres,* 1794, in-18, demi-rel. v. brun, n. r. portr. pap. vélin, tiré à 25 exempl.

1244. Appel à l'impartiale postérité par la citoyenne Roland; Recueil des écrits qu'elle a rédigés pendant sa détention aux prisons de l'Abbaye. *Paris, l'an III* (1794), 3 part. en un vol. cart.

1245. OEuvres de Mme J.-Ph. Roland, femme de l'ex-ministre de l'intérieur, contenant les mémoires et notices historiques qu'elle a composés dans sa prison, en 1793, sur sa vie privée; — son procès et sa condamnation par le tribunal révolutionnaire; — ses ouvrages philosophiques et sa correspondance,

etc., etc. ; précédés d'un discours par M. de Cham-
pagneux. *Paris, Bidault, an VIII* (1799), 3 vol.
in-8°, demi-rel. bas. portr.

1246. Lettres autographes de Mme Roland adressées à
Bancal des Issarts, publiées par Mme Henriette Ban-
cal des Issarts, précédées d'une introduction par
Sainte-Beuve. *Paris, Renduel*, 1838, in-8°, br.

1247. Lettres inédites de Mlle Philipon (Mme Roland),
adressées aux demoiselles Cannet, de 1772 à 1780,
publiées par A. Breuil. *Paris, Coquebert*, 1841,
2 vol. in-8°, br.

1248. Etude et Mémoires de Mme Roland, par C.-A.
Dauban. *Paris, Plon*, 1864, 2 vol. in-8°, br. portr.
et *fac-simile*.

1249. La République universelle, par Anacharsis
Clootz. — Bases constitutionnelles de la République
du genre humain, par le même. 1793, in-8°, demi-
rel. bas. beau portrait de Clootz.

1250. OEuvres de Maximilien Robespierre, avec une
notice historique, des notes et des commentaires par
Laponneraye, précédées de considérations générales
par Armand Carrel. *Paris*, 1840, 3 vol. in-8°, demi-
rel. bas. verte, portr.

1251. Histoire de la conjuration de Maximilien Robespierre, par Montjoie. *Paris*, 1801. Ensemble : les
Crimes de Robespierre et de ses principaux complices,
leur supplice ; la mort de Marat, son apothéose; le
procès et le supplice de Charlotte Corday. *Paris, des
Essarts, an V (*1797), port. de Couthon, de Marat
et de Charlotte Corday, ensemble 5 vol. in-18 en un,
demi-rel. chag. rouge, n. r.

1252. Histoire de la conjuration de Maximilien Robespierre, par Montjoye. *Paris, Maret, an IV (1796)*,
in-8°, demi-rel. chag. n. r.

1253. Papiers inédits trouvés chez Robespierre, Saint-

Just, Payan, etc., supprimés ou omis par Courtois.
Paris, Beaudoin, 1828, 3 vol. in-8°, demi-rel. bas.

Avec un grand nombre de *fac-simile* et les signatures des principaux personnages de la révolution.

1254. Rapports et discours de Maximilien Robespierre,
24 pièces réunies en un vol. in-8°, demi-rel. chag.
rouge, n. r.

La réunion de ces pièces a été difficile ; plusieurs ont été remontées.

1255. Lettres de Maximilien Robespierre, membre de la
Convention nationale, à ses commettants ; paraissant
tous les vendredis par liv. de 48 p. in-8°. 1re série,
12 liv. ; 2e série, 10 liv., finissant le 15 mars 1793 ;
ensemble 22 liv. 2 vol. in-8°, demi-rel. chag. coins.

Bien complet et rare.

1256. Mémoires authentiques de Maximilien Robespierre
(par Moreau Rosier). *Paris, Moreau Rosier*, 1830,
2 vol. in-8°, demi-rel. chag. rouge, tête dor.

1257. La Mort de Robespierre, drame en 3 actes et en
vers, publié le 9 thermidor an IX (par Sérieys).
Paris, Manory, (1801), in-8° demi-rel. chag. rouge,
tr. carmin.

1258. Mémoires de Charlotte Robespierre sur ses deux
frères, précédés d'une introduction, par Laponneraye.
2e édit. *Paris*, 1835, in-8°, demi-rel. chag. rouge,
tête dor.

1259. Mémoires d'un détenu, pour servir à l'histoire de
la tyrannie de Robespierre (par Riouffe). *Louviers,
F. Chaidron, l'an IIIe de la République* (1794), in-12,
demi-rel. mar. rouge, tête dor. fil. n. r.

Exemplaire tiré sur grand papier vergé. C'est le premier livre
imprimé à Louviers ; à ce titre, il a pour les bibliophiles de l'Eure
un intérêt particulier.

En tête du volume on a ajouté une circulaire de format in-4°,
émanée du comité de l'instruction publique, signée Garat, Ginguéné
et Noël, adressée aux administrateurs des départements, pour
recommander la lecture de cet ouvrage aux citoyens.

Ce volume m'a été donné par notre ami M. Cirette, maire de
Marbeuf. Il provient de son grand-père qui avait été administrateur
de sa commune sous le gouvernement révolutionnaire.

Le baron Honoré Riouffe est né à Rouen en 1764. L.

1260. La Vie et les crimes de Robespierre, surnommé le Tyran depuis sa naissance jusqu'à sa mort, par M. Le Blond de Neuvéglise. *Augsbourg,* 1795, in-12, demi-rel. chag. tête dor.

Cet ouvrage très-violent contre Robespierre est attribué à l'abbé Proyart. Rare.   L.

1261. Les Crimes des sept membres des anciens comités de salut public et de sûreté générale, ou dénonciation contre Billaud-Varenne, Barère, Collot-d'Herbois, Vadier, Voulland, Amar et David, par Laurent Lecointre. *Paris, Maret, an III.* — Ensemble : le Cri des familles, ou discussion d'une motion du représentant Lecointre relative à la révision des jugements des tribunaux révolutionnaires. *Paris, an III.* — Onze pièces réunies en 2 vol. in-8°, demi-rel. mar. noir, tête peig. n. r.

1262. Rapports et mémoires de Couturier, député à la Convention nationale.

— Rapports des domaines et d'aliénation.

— Le Médecin de la disette et du crédit public, etc., 17 pièces réunies en un vol. in-8°, demi-rel. v. fauve.

1263. Correspondance d'un habitant de Paris avec ses amis de Suisse et d'Angleterre, sur les événements de 1789-90 et 91. *Paris, Desenne,* 1791, in-8°, bas.

1264. Lettres écrites de Barcelone à un zélateur de la liberté, qui voyage en Allemagne, par Ch..., citoyen français. *Paris, Buisson,* 1792, in-8°, bas.

1265. Le Commissionnaire de la ligue d'outre-Rhin, ou le messager nocturne, contenant l'histoire de l'émigration française, les aventures galantes et politiques arrivées aux chevaliers français et à leurs dames dans les pays étrangers, etc., etc. (par le général Doppet). *Paris, Buisson,* 1792, in-8°, demi-rel. mar. vert, n. r.

Ouvrage rempli d'anecdotes scandaleuses sur les émigrés à l'étranger.   L.

1266. Correspondance originale des émigrés, ou les émigrés peints par eux-mêmes. Cette correspondance, déposée aux archives nationales, est celle prise par l'avant-garde du général Kellermann à Longwy et à Verdun dans le portefeuille de M. Ostome. *Paris, Buisson,* 1793, 2 part. en un vol. in-8°, demi-rel. mar. rouge, tête dor. n. r.

1267. Défense des émigrés français, par Lally-Tolendal. *Paris et Londres,* 1797. — Des émigrés français, ou réponse à M. Lally-Tolendal, par Leuliette. *Paris,* 1797, 2 vol. in-8°, demi-rel. v. fauve, n. r.

1268. Annuaire du républicain, ou légende physico-économique, avec l'explication des trois cent soixante-douze noms imposés aux mois et aux jours, etc., etc., par Eleuthérophile Millin. *Paris, François Drouhin, an II* (1793), in-12, v. rose, n. r.

1269. Almanach historique de la révolution française, pour 1792, par Rabaut. *Paris, Onfroy,* in-18, cart. n. r. grav. de Moreau.

1270. Almanach national de France, l'an IIᵉ de la République française une et indivisible. *Paris, Testu,* 1793, in-8°, demi-rel. v. rose, coins, tr. peig.

> Bel exemplaire.
> Cet almanach n'est pas commun ; il est curieux par son calendrier. On y trouve, p. 182, la mention suivante : « Napoléon Buonaparte, 8ᵉ chef de bataillon du 3ᵉ d'artillerie et le 5ᵉ de son arme. »
>
> L.

1271. Almanach américain et africain. *Paris,* 1786, in-12, br.

1272. Almanach littéraire, par d'Aquin de Château-Lyon. 1789, in-12, front. — Almanach des mécontents, armés pour le roi dans plusieurs villes de France. *S. l.* 1800, in-18, br. portr.

1273. Almanach parisien, en faveur des étrangers, pour 1790. In-16, v. m. 8 fig.

1274. Le Nostradamus moderne, almanach national et patriotique (par Bodard). *Liége,* 1790, in-18, br.

1275. Almanach des muses. 1793, v. m. tr. dor. titre gravé.

1276. Almanach des prisons. — Tableau des prisons de Paris sous le règne de Robespierre (par Coissin). *Paris, Michel, an III*, fig. 3 vol. in-18, br.

1277. Almanach historique et révolutionnaire, ou précis de la révolution, jusqu'à la chute du tyran Robespierre, par le comte André. *Paris, an III*, in-18, br. fig.

1278. Almanach des gens de bien, par Montjoye. 1795-1797, 2 vol. in-18, fig. curieuse.

1278 *bis*. Almanach des républicains, pour servir à l'instruction publique, par Sylvain Maréchal. *Paris*, 1798, in-18, br. (*rare*).

1279. Almanach des honnêtes gens, par Salles. *Paris*, 1793, 1797, 2 vol. in-18, br. fig.

1280. Répertoire ou almanach historique de la révolution française, par Lefort. 1798, in-12, br.

1281. Almanach des aristocrates, ou chronologie épigrammatique des apôtres de l'Assemblée nationale. *A Rome, l'an III de la Barnavocratie*, in-18, v. vert, tr. dor. avec deux jolies fig.

> Cet almanach rare et curieux rapporte le pillage des châteaux, abbayes, etc. Son calendrier est des plus singuliers. Les noms des saints sont remplacés par ceux des personnages les plus fameux de l'époque, tels que : saint Gorsas le reptile; — Sainte Guillotine, vierge; — saint Barère, apôtre; — saint Damiens-Robespierre; — saint Duport-Salé; — saint Marat-le-Dogue, etc., etc. L.

1282. Introduction aux décades républicaines, par Ant. Sérieys. *Paris, an III*, in-18, br. (*très-rare*).

1283. Consolation de ma captivité, ou correspondance de Roucher, mort victime de la tyrannie décemvirale le 7 thermidor an II. *Paris, H. Agasse*, 1797, 2 vol. in-8°, bas. rouge, portr.

1284. Rapports sur les moyens de rassembler les annales du civisme, par le citoyen Grégoire. Suivi d'un re-

cueil des actions héroïques des républicains français,
par L. Bourdon et Thibeaudeau. *Paris*, 1793, 5 nᵒˢ de
25 à 30 pag. comp. en un vol. demi-rel. mar. rouge,
tête dor. ·

1285. Rapport fait, au nom des comités de salut public,
sur les événements du 9 thermidor an II, par B.
Courtois. *Paris, imprimerie nationale, an IV.* — Ensemble : Projet de procès-verbal des séances des 9,
10 et 11 thermidor, par Ch. Duval. 1 vol. in-8°,
demi-rel. bas.

1286. Réponse de Dubois-Crancé aux inculpations de
ses collègues Couthon et Maignet. *Paris, an II* (1793),
3 part. en un vol. in-8°, demi-rel. chag. tête peig.
    Titre raccommodé.

1287. Lettres sur les événements qui se sont passés en ·
France depuis le 31 mai 1793 jusqu'au 10 thermi-
dor, par H. Mario Williams; traduit de l'anglais.
Paris, *s. d.* in-12, demi-rel. chag. n. r.

1288. Causes secrètes de la révolution du 9 thermidor,
par P. Villate. *Paris, an III*, 3 part. en un vol. in-8°,
demi-rel. v. f. n. r.
    La 3ᵉ partie intitulée : les Mystères de la Mère de Dieu dévoilés,
est très-rare. Les parties 1, 2, ont été remontées.

1289. Histoire du terrorisme dans le département de
la Vienne, par A.-C. Thibaudeau, représentant du
peuple. *Paris, Maret*, 1793.—Ensemble : 1° Réponse
de Philippeaux à tous les défenseurs officieux des
bourreaux de nos frères de la Vendée. *Paris, imp.
des femmes*, 1794. — 2° Mémoire historique sur la
réaction royale et sur les massacres du Midi, par
Fréron. *Paris, an IV* (1795). — 3° Grande leçon
donnée à Fréron. *S. l. n. d.* 1 vol. in-8°, demi-rel.
v. rose, tête peig. n. r.

1290. Les Secrets de Joseph Lebon et de ses complices,
lettre à la Convention nationale et à l'opinion publique, par B.-J. Guffroy. *Paris, Guffroy, l'an III*,
gr. in-8°, demi-rel. chag. tête peig.
    Le catalogue de la vente Chedeau contient, n° 1333, un exem-

plaire de cet ouvrage, lequel, par ordre, ne fut pas mis aux enchères.

Ce recueil, écrit dans un style très-violent, contient de précieux détails sur les crimes commis en Picardie pendant l'époque révolutionnaire. Mon exemplaire contient les pièces justificatives qui manquent souvent. **L.**

1291. Joseph Lebon dans sa vie privée et dans sa carrière politique, par son fils Emile Lebon ; notice historique, d'après des documents retrouvés en 1838 aux archives de l'empire. *Paris, Dentu*, 1861, in-8°, demi-rel. mar. rouge, tête peig.

1292. Histoire de Joseph Lebon et des tribunaux révolutionnaires d'Arras et de Cambrai, par A.-J. Paris ; 2ᵉ édit. revue et augmentée. *Arras, Rousseau-Leroy*, 1864, 2 vol. in-8°, br.

1293. Quelques notices pour l'histoire, et le récit de mes périls depuis le 31 mai 1793, par J.-B. Louvet. *Paris, J.-B. Louvet, l'an III.*—Du même, ensemble : A la Convention nationale et à mes commettants, sur la conspiration du 10 mars et la faction d'Orléans. — A Maximilien Robespierre et à ses royalistes. *Paris*, 1792, 55 pages. —Accusation contre Maximilien Robespierre. *Paris*, 1792. — Lettres de J.-J. Dussault à J.-B. Louvet. *Paris, an III* (1795), en un vol. in-8°, demi-rel. bas.

Recueil intéressant.

1294. Les Préjugés détruits, par J.-M. Lequinio, membre de la Convention nationale et citoyen du globe. *Paris*, 1793, 2 vol. in-8°, demi-rel. mar. vert, n. r. — Ensemble : 1° Adresse populaire aux habitants des campagnes, par Lequinio. *Caen, Leroy*, 1791. — 2° De la Religion en politique, par J.-M. Coupé (de l'Oise). *Paris, imp. nat.*, an IV (1795). — 3° Guerre de la Vendée et des chouans. *Paris, Pougin, s. d.*

1295. Mémoires historiques sur la réaction royale et sur les massacres du Midi, par le citoyen Fréron, avec les pièces justificatives. *Paris, Beaudoin*, 1824, in-8°, cart. n. r.

1296. Rapports des représentants du peuple, sur les troubles et les massacres du Midi, à la Convention : 1° Rapport de Cavroy, *an IV*, 88 pages. —2° Rapport de Durand Maillane, *an IV*, 35 pages.—3° Mission du citoyen Fréron, *an IV*, 299 pages. — 4° Réponse de Durand Maillane au marquis de Fréron sur le Midi, *an IV*, 48 pages. — 5° Isnard à Fréron, *an IV* (1794). 1 vol. in-8°, demi-rel. bas.

1297. Mémoires pour servir à l'histoire de la ville de Lyon pendant la révolution, par l'abbé Aimé Guillon. *Paris, Baudoin,* 1824, 2 vol. in-8°, br. cart.
Brochure en mauvais état.

1298. Histoire du siége de Lyon, des événements qui l'ont précédé et des désastres qui l'ont suivi, depuis 1789 jusqu'en 1796 (par l'abbé Guillon). *Paris, Leclerc, et Lyon, vᵉ Rusand,* 1797, 2 tom. en un vol. in-8°, demi-rel. v. avec un gr. plan de Lyon.

1299. Tableau des prisons de Lyon, pour servir à l'histoire de la tyrannie de 1792 et 1793, par Delandine. *Lyon,* 1797, fig.—Dans le même volume : Les Crimes des Jacobins à Lyon, depuis 1789 jusqu'au 9 thermidor an II, par le citoyen Maurille. *Lyon,* 1801, en un vol. demi-rel. mar. noir, n. r. fig.

HISTOIRE DU DIRECTOIRE, ETC.

JUSQU'AU 18 BRUMAIRE.

1300. Histoire du Directoire exécutif de la République française, depuis son installation jusqu'au 18 brumaire (par Henry). *Paris, Buisson, an IX* (1801), 2 vol. in-8°, v. gran.

1301. Histoire de la société française pendant la révolution et pendant le Directoire, par Ed. et Jules de Goncourt. *Paris, Denu,* 1854-55, 2 vol. gr. in-8°, demi-rel. v. n. r.

1302. Les Brigands démasqués, ou mémoires pour servir à l'histoire du temps présent. — Bataille du 15 vendémiaire, entre les sections de Paris et la Convention.—Portraits des principaux conjurés, tels que Legendre, Louvet, Tallien, Chénier, etc., par A. Bonjean. *Londres*, 1796, in-8°, demi-rel. chag. n. r.

1303. Essai sur les journées des 13 et 14 vendémiaire, par P.-F. Réal. *Paris, Guyot et Louvet, l'an IV.* — A la suite : Exhortation à la concorde, envoyée aux états généraux sous le nom du roi. *S. l.* 1789, 72 pages.—Notice sur le 13 vendémiaire, ou les Parisiens vengés, par Danican. *S. l.* 1796, en un vol. in-8°, demi-rel. v. f. n. r.

1304. Souvenirs de la journée du 1er prairial an III, contenant deux écrits de Goujon, son hymne en musique, sa défense et celle de Romme et de Bourbotte, etc., publiés par F.-P. Tissot. *Paris, Daunier, an VIII*, in-12, demi-rel. v. f. tête peig. n. r. musique.

1305. Mémoires sur la révolution, ou Exposé de ma conduite dans les affaires et dans les fonctions publiques, par D.-J. Garat. *Paris, an III* (1794).

1306. La Clef des cabinets des souverains, par les citoyens Garat et autres. 15 numéros divers.

1307. L'Acquéreur des domaines nationaux, ou Journal de la foi punique (par J.-J. Smitz), du 5 thermidor an V (1797) au 6 vendémiaire an VI (1797), prospectus et 11 numéros.

> Ce journal n'est pas cité dans la Biographie des journaux de Deschiens, et ne se trouve pas non plus dans le Catalogue de M. de Labédoyère.

1308. Du Système de dépopulation, ou la Vie et les crimes de Carrier, son procès et celui du comité révolutionnaire de Nantes, par Gracchus Babeuf. *Paris, Franklin, an III* (1794), in-8°, cart. portr.

1309. La Loire vengée, ou Recueil historique des crimes de Carrier et du comité révolutionnaire de Nantes. *Paris, Meurant, an III*, 2 vol. in-8°, demi-rel. mar. coins, fil. tête dor. n. r.

> Rare et recherché.

1310. Procès et condamnation de Carrier. *Paris*, 1794, demi-rel. mar. rouge, coins, fil. tête dor. n. r. portr. par Bonneville.

Ce volume renferme seize pièces ayant rapport au procès de Carrier.

1311. De la pensée du gouvernement républicain, par Barère. *Imprimé en France, an V* (1795). — À la suite : 9 rapports à la Convention sur différents sujets. 1793, in-8°, demi-rel. chag. n. r.

1312. Mémoires du général Dumouriez, écrits par lui-même. *Londres*, 1794, 2 part. en un vol. in-8°, demi-rel. v. fauve, n. r.

1313. Lettres du général Dumouriez au traducteur de l'histoire de sa vie. *Hambourg*, 1795, in-12, demi-rel. chag. n. r.

1314. Compte rendu, par André Dumont, à ses commettants. *Paris, Bridel; Amiens, Darras, an V* (1796), in-8°, br.

Signature autographe de l'auteur sur le dernier feuillet.

1315. Conspiration pour l'Egalité, dite de Babeuf, suivie du procès auquel elle donna lieu, et des pièces justificatives, par Ph. Buonarroti. *Bruxelles*, 1828, 2 t. en un vol. in-8°, demi-rel. mar. rouge.

1316. Procès instruit par la haute cour de justice contre Drouet, Babeuf et autres, recueillis par des sténographes. *Paris et Vendôme, an V* (1796), 8 part. en 6 vol. in-8°, demi-rel. mar. rouge.

Recueil de pièces diverses réunies en 6 volumes.

1317. Les Souvenirs de l'histoire, ou Diurnal de la révolution de France, pour l'an de grâce 1797, contenant pour chaque jour un précis des principaux événements de l'année 1793. *Paris, Bridel*, 1797, 2 vol. in-12, bas.

1318. Conspiration du 12 pluviôse an V (1797), collection de 6 pièces relatives à cette affaire, réunies en un vol. in-8°, demi-rel. v. fauve, n. r.

1319. Correspondance trouvée le 2 floréal an V, à Of-
fembourg, dans les fourgons du général Klinglin.
Paris, imprimerie de la République, an VI (1797),
2 forts vol. in-8°, demi-rel. v. fauve.

— Ensemble : Papiers saisis à Bareuth et à Mende,
département de la Lozère. *Paris, imprimerie de la
République,* an X.

—Pièces trouvées à Venise dans le portefeuille de d'An-
traigues, *an* V.

— Déclaration de Duverne du Presle, *an* V.

1320. Vie de Lazare Hoche, général des armées de la
République française, par A. Rousselin. *Paris, Buisson, an VI* (1797), in-8°, demi-rel. v. fauve, n. r.
fig. et plans.

1321. Histoire des prisons de Paris et des départements, contenant des mémoires rares et précieux,
le tout pour servir à l'histoire de la Révolution française, notamment à la tyrannie de Robespierre et de
ses complices; ouvrage dédié à tous ceux qui ont été
détenus comme suspects, par P.-J.-B. Nougaret.
Paris, 1797, 4 vol. in-12, demi-rel. mar. noir, n. r.
fig.

1322. Dix-huit fructidor (an V), ses causes et ses effets
(par Gallais). *Hambourg,* 1799, 2 part. en un vol.
in-8°, demi-rel. v. fauve.

1323. Réponse de Carnot, citoyen français, l'un des
fondateurs de la république, au rapport fait sur la
conspiration du 18 fructidor, par C. Bailleul. *8 floréal an VI,* in-12, demi-rel. v. f. n. r.

1324. Les Chemises rouges, ou Mémoires pour servir
à l'histoire des anarchistes (par Bonnemain). *Paris,
Deray et Maret, an VII* (1798), fig. 2 t. en un vol.
in-12, demi-rel. v. rose, n. r.

1325. Mémoires de l'adjudant général Ramel, l'un des
déportés de la Guyane. *Hambourg,* 1799.

— Ensemble : Anecdotes secrètes sur le 18 fructidor et nouveaux mémoires des déportés à la Guyane, faisant suite au Journal de Ramel. *Paris, Giguet, an VII,* in-12, demi-rel. mar. n. r.

1326. Mémoires du général J.-C. Freytag, ancien commandant de Sinnamary dans la Guyane française, contenant des détails sur les déportés du 18 fructidor, avec des notices historiques, par M. C. de B. *Paris, Nepveu,* 1824, 2 vol. in-8°, br.

1327. Déportation et naufrage de J.-J. Aymé, ex-législateur, suivi du tableau de vie et de mort des déportés, à son départ de la Guyane. *Paris, Maradan, s. d.*

— A la suite : Liste des déportés en exécution de la loi du 19 fructidor an V. In-8°, demi-rel. chag. n. r.

1328. Revolutions Almanach von 1800. *Gottingen, Dieterich,* in-12, v. rac. fil. avec 24 portr. ou grav.

1329. Procès instruit par le tribunal criminel du département de la Seine contre Saint-Réjant, Carbon, Damerville, Ceracchi et autres prévenus de conspiration contre le premier consul Bonaparte. *Paris, imprimerie de la République, an IX,* 3 vol. in-8°, demi-rel. bas.

1330. Procès instruit par la cour de justice criminelle de la Seine contre Georges Pichegru et autres prévenus de conspiration contre le premier consul ; Recueil des interrogatoires de Moreau. *Paris, Patris,* 1804, 9 vol. in-8°, v. écaille, portr.

1331. Recueil de mémoires, rapports relatifs au coup d'État du 18 brumaire an VIII ; procès-verbaux des séances du conseil des Anciens et des Cinq-Cents, etc. ; Essai sur les causes qui amenèrent, en Angleterre, en 1649, l'établissement de la république, par Boulay de la Meurthe, et autres pièces réunies en un vol. in-8°, demi-rel. v.

1332. Le Dix-huit brumaire, ou Tableau des événements qui ont amené cette journée (par Lombard de Langres). *Paris, an VIII* (1799). — Histoire du dix-huit brumaire, par L. Gallois. *Paris*, 1824, 2 vol. in-8°, br.

1333. Aneries révolutionnaires, ou balourdisiana, bêtisiana, etc. *An X,* fig. — Révolutioniana, etc. *An X,* in-18, br.

1334. Révolutioniana, ou anecdotes, éprigrammes relatives à la révolution. *Paris, Maradan, an X* (1802), in-18, br. curieux front.

JOURNAUX DE LA RÉVOLUTION.

1335. Histoire des journaux et des journalistes de la révolution française de 1789 à 1796, par L. Gallois. *Paris*, 1845, 2 vol. gr. in-8°, cart. n. r. portr.

1336. Collection de matériaux pour l'histoire de la révolution de France; bibliographie des journaux, par Deschiens. *Paris, Barrois*, 1829, in-8°, demi-rel. mar. vert, n. r.

1337. Description historique et bibliographique de la collection de feu M. le comte H. de la Bédoyère sur la révolution française, l'Empire et la Restauration, rédigée par France. *Paris, France,* 1862, gr. in-8°, br.

Cette importante collection a été achetée par la Bibliothèque nationale. L.

1338. L'Accusateur public, par Richer-Serisy. *An VI et VII*, 34 numéros, 2 vol. in-8°, demi-rel. v. fauve, n. r. — A la suite : Mémoire à consulter pour Richer-Serisy, 8 pages; — Richer-Serisy au Directoire. *Rouen, an VI*, 48 pages; — Eloge de Richer-Serisy. *Paris*, 1817.

Il manque le n° 35 et dernier qui, ayant été saisi dans le temps par la police, est presque introuvable. Ces deux volumes contiennent aussi : Richer-Serisy aux auteurs et aux acteurs de la révolution, à ses partisans et à Bonaparte, son continuateur. 38 p.

Richer, né à Serisy en Normandie, était royaliste; sous le gouvernement de Bonaparte, qui n'était pas tolérant, il fut obligé de passer en Angleterre, où il est mort en 1803.　　　L.

1339. Les Actes des apôtres commencés le jour des Morts et finis le jour de la Purification. *A Paris, l'an de la Liberté 0,* par Pelletier, Champcenetz, Lauraguais, Rivarol, Bergasse et autres ; commencent en 1789, finissent au mois d'octobre 1791, 311 numéros, 10 vol. in-8°, br.

Manque à cet exemplaire, t. V, et nos 135, 136, 137, gravure raccommodée ; t. X, faux titre, le titre, la gravure, la version et l'épilogue, nos 299 à 311 et dernier, et les *petits paquets.*
Journal royaliste très-ardent.　　　L.

1340. L'Ami des patriotes, ou le Défenseur de la révolution, par Duquesnay et Regnault de Saint-Jean-d'Angely, de janvier 1791 au 4 août 1792 ; 1re série, 48 numéros de 16 pages ; 2e série, 16 numéros ; t. I à IV in-8°, cart.

Il manque 28 numéros qui font suite à ceux ci-dessus. M. Deschiens, dans sa Bibliographie des journaux, indique 44 nos pour la 2e série. M. Deschiens ajoute que l'on trouve ce recueil difficilement. Les trois derniers volumes sont à peine connus, ce qui a fait dire qu'il n'y avait que trois volumes et 56 pages du 4e. Or, le 4e volume de mon exemplaire a 449 pages : je serais donc relativement au grand complet, moins 28 nos.　　　L.

1341. L'Ami du peuple, ou le Publiciste parisien, journal politique, libre et impartial, par une société de patriotes, rédigé par Marat. Commencé le 12 juillet 1789 jusqu'au 21 septembre 1792 ; 685 numéros de 8 pages in-8°. — Pour faire suite : Journal de la République française, du 25 septembre 1792 au 14 juillet 1793, 242 numéros de 8 pages in-8°. — Ensemble : 16 vol. in-8°, demi-rel. mar. rouge, n. r.

Manquent nos 620, 621, 622, 623, 624, 626, 677, 679. Il y a quelques numéros doubles : les nos 349, 355 et 633. Mon n° 106 du 30 janvier 1790 est faux. Le vrai 106 de Marat porte la date du 18 mai 1790.
J'ai rempli ces lacunes par des talons, pour recevoir ces numéros manquants, lorsqu'il sera possible de les découvrir. J'engage le bibliophile qui possédera cet exemplaire après moi à y apporter tous ses soins.
Un exemplaire complet du journal de Marat, l'un des plus importants de la révolution, a été coté 650 fr. demi-rel. n° 4655, catal. Bachelin.
Mon 16e vol. se termine par une pièce en vers de 6 pages, intitulée : « Aux mânes de Marat. 1799. »　　　L.

1342. Le Consolateur, ou Journal des honnêtes gens, par le cousin Jacques (Beffroy de Reigny) ; du 3 janvier au 7 août 1792 ; 52 numéros de 16 pages. *Paris, Froullé*, 2 vol. petit in-8°, br.

> Manquent les 11 derniers numéros; il faut 63 numéros à cette collection.   L.

1343. Le Défenseur de la Constitution, par Maximilien Robespierre ; de mai au 10 août 1792, 12 numéros de 64 pages in-8°, fort vol. demi-rel. chag. coins.

> Bien complet et rare.

1344. Le Défenseur de la Liberté, ou Histoire de la révolution de 1789 (par P. Mothey). *Paris, Bigot*, 1789-90, 2 vol. in-8°, bas. fig. et portr.; 49 numéros de 16 pages.

> Bien complet. M. Deschiens n'indique que 48 numéros.   L.

1345. L'Invariable, journal politique et littéraire, par Royou ; du 15 juin au 3 septembre 1797, 81 numéros (complet), in-4°, cart. n. r.
— A la suite : le Point du jour, 2 numéros ; — le Narrateur, du 11 septembre au 2 octobre 1797 ; 21 numéros.

1346. Je m'en fous, ou Pensées de Jean-Bart sur les affaires du temps. In-8°, 1790-91, 181 numéros en 2 cart.

> Ce journal, dont l'auteur n'est pas connu, est rédigé dans le style du *Père Duchéne* d'Hébert.
> Manquent nᵒˢ 71, 72, 108, 110, 115, 116, 117, 118, 123, 125, 126, 128, 130, 131, 133, 140, 141, 142, 148, 156, 157, 158, 164, 166, 168, 170 à 178, 181.   L.

1347. Journal de l'Opposition, par P.-F. Réal. *Paris, an III* (1794), in-8°, demi-rel. chag. vert, tr. peig.

> Complet en 7 numéros de 54 à 64 pages.

1348. Journal d'Etat et du citoyen, par Mˡˡᵉ de Keralio, de l'académie d'Arras et de la société patriotique bretonne ; du 13 août au 12 novembre 1789 ; 20 numéros, in-8°, demi-rel. v. antiq. n. r.

> Non cité par Deschiens. Complet.

1349. Journal des amis de la Constitution (par Choderlos de Laclos) ; du 1ᵉʳ novembre 1790 au 20 sep-

tembre 1791 ; 37 numéros de 48 pages, 3 vol. in-8°,
v. f.

Il manque les quatre derniers numéros.

1350. Journal politique national des états généraux et
de la révolution de 1789, par l'abbé Sabatier, et
tiré des annales manuscrites de M. le comte de Rivarol. *S. l.* 1790, 44 numéros en un vol. in-8°,
demi-rel. v. fauve antiq. tête peig. n. r.

Journal royaliste. M. Deschiens n'indique que 42 numéros en
2 séries. L.

1351. Journal en vaudeville des débats et des décrets
de l'Assemblée nationale ; 12 numéros complets. *Paris,* 1790, demi-rel. mar. rouge, n. r.

1352. Journal de Perlet ; 3ᵉ série, du 22 septembre
1792 au 24 août 1793, numéros 1 à 700, cart. en
12 vol. in-8°.

1353. Petit journal du Palais-Royal, ou affiches, annoncés et avis divers. *Au Palais-Royal,* 1789 ; 6 numéros de 24 pages, in-8°, demi-rel. chag. violet,
coins, tr. peig.

Complet et rare. Journal très-satirique et même un peu ordurier. L.

1354. Lettres de Junius à la minorité de l'Assemblée.
S. l. 1790, 14 numéros en un vol. in-8°, demi-rel.
v. fauve, n. r.

La bibliographie de Deschiens n'indique que 8 lettres (au lieu
de 14).

1355. Le Père Duchesne d'Hébert, ou notice historique
et bibliographique sur ce journal publié pendant les
années 1790, 91, 92, 93 et 94, précédée de la vie
d'Hébert, par Ch. Brunet. *Paris, France,* 1859, in-12,
demi-rel. mar. rouge, tête dor. n. r.

1356. Lettres bougrement patriotiques du père Duchesne, par Lemaire. 1790, in-8° ; 400 numéros de
8 pages formant 8 vol. bas. racine. Le premier vol.
commence par la lettre bougrement patriotique à
tous les soldats. — A la fin : l'Ami des soldats,

2 numéros. — Les Vitres cassées, par le véritable père Duchesne. *Paris,* 1791, 24 pages.

Manquent à cet exemplaire les nᵒˢ 344 et 350 qui se trouvent manuscrits.

1357. La Trompette du père Duchesne, par Lemaire. 1792 et 1793 ; 147 numéros, en 2 vol. in-8°, v. rac.

Manquent nᵒˢ 77, 78, 98 à 114, soit en tout 19 numéros.

1358. Révolutions de Paris, par Prudhomme, Tournon et Loustalot, commençant le 12 juillet 1789, finissant le 10 ventôse an II ; 225 numéros, formant 17 vol. in-8°, demi-rel. bas.

Complet avec titres et gravures. Ce journal renferme de précieux documents pour l'histoire de la révolution.

1359. Révolutions de France et de Brabant, par Camille Desmoulins, de 1789 à 1791 ; 104 numéros de 45 pages, avec grav. *Paris, Garneray, an Iᵉʳ,* 6 vol. in-8°, v. f.

Exemplaire en médiocre état ayant appartenu à M. de Genoude, et incomplet des nᵒˢ 79, 80, 81, 82, 84, 86 à 104, et des gravures nᵒˢ 6, 9, 10, 17, 19, 21, 42, 43.

1360. Le Vieux cordelier, par Camille Desmoulins, en un vol. in-8°, 7 numéros, 172 pages (complet), dos et coins de mar. rouge, fil. tête dor.

Coté 18 et 20 fr.

1361. Le Vieux cordelier, journal politique, rédigé en l'an II, par Camille Desmoulins. — Causes secrètes de la journée du 9 au 10 thermidor, par Vilate, — et Précis historique inédit des événements de la soirée du 9 thermidor, par Méda. *Paris, Beaudoin,* 1825, in-8°, demi-rel. chag. rouge, n. r.

1362. Révolution française, table alphabétique du *Moniteur,* de 1787 jusqu'à l'an VIII (1799); tom. 3, nom des villes; tom. 4, titres des matières. *Paris, an X,* 2 vol. in-4°, cart. n. r.

1363. Révolution française, ou analyse complète et impartiale du *Moniteur. Paris, Girardin, an IX* (1801), 7 vol. in-4°, cart. n. r. front. et 66 beaux portr. grav. par Duplessis-Bertaux.

Rare avec les portraits.

1364. Les Sabbats jacobites (par Marchant). *Au Palais-Royal*, 1791-92, 3 vol. in-8°, demi-rel. bas. fig.

Recueil satirique fort rare; il est bien complet en 75 numéros.

1365. Aux Voleurs, aux Voleurs. *De l'imprimerie de Jean-Bart, s. l. n. d.* in-8°, demi-rel. mar. rouge, n. r.

Petit journal satirique très-rare, dans le genre du père Duchesne. Cet exemplaire est composé de 24 numéros.
Le Catalogue Labédoyère l'indique *complet* en 15 numéros. Deschiens en indique 25 et Leber 26. Mon exemplaire serait donc incomplet de deux numéros. Cependant cette série est bien complète : voir le dernier numéro.   L.

1366. Collection d'assignats originaux de la République française, de 200 livres à 5 livres et de 50 sols à 10 sols. — Ensemble 38 pièces montées sur 16 feuilles in-4°.

CONSULAT ET EMPIRE.

1367. Histoire du consulat et de l'empire, faisant suite à l'Histoire de la révolution française, par M. A. Thiers. *Paris*, 1845-62, 21 vol. in-8°, br. y compris la table analytique et atlas in-f°.

Notes au crayon sur la marge des trois premiers volumes et signatures sur quelques titres.

1368. Vignettes et portraits pour le consulat et l'empire, dessins par Raffet. *Paris, Furne,* 1845. — Vignettes et portraits pour l'Histoire du consulat et de l'empire de M. Thiers; 75 pl. gravées sur acier, dessinées par MM. Karl Girardet, etc. *Paris, Lheureux,* 1857-61.

Disposées pour être reliées en 2 vol. in-4°.

1369. Histoire de Napoléon, par M. de Norvins. *Paris, Dupont,* 1828, 4 vol. in-8°, demi-rel. v. portr. fig. et cartes.

Edition originale, condition médiocre.

1370. Histoire de Napoléon, racontée aux enfants, grands et petits, par Louis Lurine. *Paris, Kugelmann*, 1844, pet. in-8°; br. nomb. grav.

Epuisé.

1371. Histoire de Napoléon et de la grande armée en 1812, par le comte de Ségur. *Paris, Beaudoin*, 1825, 2 vol. in-18, demi-rel. mar.

1372. Napoléon et la grande armée en Russie, ou examen critique de l'ouvrage de M. le comte de Ségur, par le général Gourgaud. *Paris, Bossange,* 1825, in-8°, br.

1373. La Vie militaire sous l'empire, ou mœurs de la garnison, du bivouac et de la caserne, par E. Blaze. *Paris*, 1837, 2 vol. in-8°, demi-rel. v. f. tête dor. n. r.

1374. La Colonne de la grande armée d'Austerlitz, ou de la victoire, par Amb. Tardieu. *Paris*, 1822, in-4°, demi-rel. bas. avec 36 pl. grav.

1375. Canova et Napoléon, par l'abbé Adolphe Debouclon. *Paris, Douniol,* in-18, br.

Hommage à M. Lebert, signé de l'auteur.

1376. Victoires, conquêtes, désastres, revers et guerres civiles des Français, depuis les temps les plus reculés jusqu'à la bataille de Navarin, par une société de militaires. *Paris*, 1816-1830, 34 vol. in-8°, demi-rel. mar. rouge, n. r. et atlas in-f°, oblong.

1377. Le Moniteur secret, ou tableau de la cour de Napoléon, de son caractère et de celui de ses agents, par Martainville. *Londres et Paris*, 1814, 2 tom. en un vol. in-8°, demi-rel. bas.

Espèce de journal formant 61 numéros, dont la pagination se suit pour chaque volume.

1378. Histoire secrète du cabinet de Napoléon Buonaparte et de la cour de Saint-Cloud, par Lewis Goldsmith. *Londres*, 1814. — Histoire des deux chambres de Buonaparte en 1815. — Instructions sur les opérations de l'assemblée extraordinaire du champ de mai, avec une caricature coloriée. *Paris*, 1815, 3 vol. in-8°, cart.

1379. Petites vérités au grand jour sur les acteurs, les actrices, les peintres, les journalistes, l'Institut, le portique républicain, Bonaparte, etc. *S. l. an VIII*, in-12, demi-rel. mar. n. r. — A la suite : Histoire secrète du cabinet de Napoléon Buonaparte. *Paris*, 1814.

1380. Mémoires secrets sur Napoléon Buonaparte, par M. le baron de B***. *Paris*, 1817, 2 vol. in-12, br.

1381. Mémoires secrets sur la vie privée, politique et littéraire de Lucien Buonaparte. *Paris*, 1816, 2 tom. en un vol. in-12, demi-rel. mar.

1382. Amours secrètes de Napoléon Buonaparte et de ses quatre frères, par le baron de B***. *Paris, G. Mathiot*, 1817, 6 vol. in-12, cart. r. 6 fig.

    Exemplaire fatigué, feuillet ms.; t. Ier, pag. 197-98, timbre de cabinet de lecture.

1383. Mémoires anecdotiques sur l'intérieur du palais de Napoléon, sur celui de Marie-Louise, etc., par de Bausset. *Paris*, 1829, 4 vol. in-8°, br. portr.

1384. Mémoires de Bourrienne, ministre d'État, sur Napoléon, le Directoire, le Consulat, l'Empire et la Restauration. *Paris*, 1829.
— Bourrienne et ses erreurs volontaires et involontaires, etc. *Paris*, 1830 ; ensemble, 12 vol. in-8°, demi-chag. n. r.

1385. Mémoires de Constant, premier valet de chambre de l'empereur Napoléon Ier. *Paris*, 1830, 6 vol. in-8°, demi-rel. mar. vert, n. r.

1386. Mémoires du maréchal Marmont, duc de Raguse. *Paris*, 1857, 9 vol. in-8°. — Réfutation de ces mémoires, par Laurent de l'Ardèche. *Paris*, 1857, 2 vol. in-8°; ensemble, 11 vol. demi-rel. chag. rouge, n. r.

1387. Recueil de pièces officielles destinées à détromper les Français sur les événements qui se sont passés depuis quelques années, par Frédéric Schoell. *Paris,* 1814, 4 vol. in-8°, bas.

1388. L'Europe tourmentée par la révolution de France, ébranlée par dix-huit années de promenades meurtrières de Napoléon Buonaparte (par L. Prudhomme). *Paris, Pélicier,* 1815, 2 vol. in-12, demi-rel. v. n. r. fig.

1389. Mémorial de Sainte-Hélène, journal où se trouve consigné jour par jour ce qu'a dit et fait Napoléon durant dix-huit mois ; plus, Napoléon en exil, complément du Mémorial, par Las-Cases. *Paris, Bossange,* 1824, 10 vol. in-8°, br.

1390. Mémoires du docteur Antommarchi sur les derniers moments de Napoléon. *Paris, Barrois,* 1825, 2 vol. in-8°, br.

1391. Récits de la captivité de l'empereur Napoléon à Sainte-Hélène, par le général Montholon, compagnon de sa captivité et son exécuteur testamentaire. *Paris, Paulin,* 1847, 2 vol. in-8°, br.

RESTAURATION, RÉVOLUTION DE 1830 ET RÈGNE DE LOUIS-PHILIPPE.

1392. Histoire de la chute des Bourbons, 1815, 1830, 1848, par Albert Maurin. *Paris,* 1849-1852, 6 vol. gr. in-8°, br. portr.

1393. Histoire des deux restaurations jusqu'à l'avénement de Louis-Philippe, par Ach. Vaulabelle. *Paris, Perrotin,* 1857, 8 vol. in-8°, br.

1394. Le Moniteur des Cent-Jours (14 avril au 21 juin 1815). *Paris,* 1825, 2 vol. in-f°, cart.

1395. Mémoire adressé au roi en juillet 1814, par

M. Carnot. *Bruxelles*, 1814, in-8°, demi-rel. chag. rouge, n. r.

Ce mémoire du républicain Carnot a eu beaucoup de retentissement. — Avec trois autres écrits de Carnot.

1396. Almanach royal pour les années 1814 et 1815, présenté à Sa Majesté, par Testu. *Paris, Testu*, 1815, 1 vol. in-8°, bas.

1397. Dictionnaire des girouettes, ou nos contemporains peints par eux-mêmes., par une société de girouettes (le comte Proisy-d'Eppes et de Vergy). *Paris*, 1815, in-8°, demi-rel. v. front. caricature.

1398. Dictionnaire des braves et des non-girouettes, nomenclature curieuse et impartiale des Français royalistes, patriotes, républicains ou bonapartistes, qui jusqu'à la fin sont restés fidèles à leur parti, par une société de non-girouettes. *Paris*, 1818, in-8°, demi-rel. v. front.

1399. Biographie spéciale des pairs et des députés du royaume, session de 1818-1819. *Paris, Beaucé*, 1819.

Dans cette biographie, due à la plume d'un royaliste très-ardent, les députés de l'opposition, dont faisait partie Dupont (de l'Eure), sont généralement très-maltraités.   L.

1400. Biographie composant la représentation nationale pendant les sessions de 1820 et 1822. *Paris, Plancher*, 1822, 2 vol. in-8°, br.

1401. Amours secrètes des Bourbons, depuis le mariage de Marie-Antoinette jusqu'à la chute de Charles X. *Paris, J. Lefebvre*, 1830, 2 t. en un vol. in-12, demi-rel. chag. tête dor.

1402. Précis historique sur l'horrible assassinat commis à l'Opéra le 13 février 1820, par Louvel, sur la personne de S. A. R. Mgr le duc de Berry. *Paris, Delarue*, 1820. — Vie du duc de Berry, *Paris, Delarue, s. d.* — Histoire du duc de Berry et Procès de Louvel, *Paris, Chassaignon*, 1820, réunis en un vol. in-18, demi-rel. chag. n. r. fig.

1403. Anecdotes du xixᵉ siècle, ou collection inédite d'historiettes et d'anecdotes récentes, de traits
et notes peu connus, d'aventures singulières, etc.,
par Collin de Plancy. *Paris*, 1821, 2 vol. in-8°, demi-
rel. chag. coins, tête dor. n. r.

1404. Histoire de la révolution de 1830 et des nouvelles barricades, par Rossignol et J. Phonon. *Paris*,
1830, in-8°, demi-rel. bas.

1404 *bis*. Souvenirs historiques sur la révolution de
1830, par Bérard. *Paris*, 1834, in-8°, br.

1405. La Révolution de 1830 et le véritable parti républicain, par Auguste Fabre. *Paris*, 1833, 2 vol.
in-8°, demi-rel. bas.

1406. Révolution de 1830 et situation présente, par
Cabet. *Paris*, 1834, in-8°, demi-rel. veau.

A la suite : Cabet défendu et justifié par S. M. Louis-Philippe,
Broglie, Thiers, Soult et autres ministres; correspondance avec
Louis-Philippe, Dupont (de l'Eure), etc.

1407. Histoire de dix ans, 1830 à 1840, par Louis
Blanc; 6ᵉ édit. *Paris*, 1846, 5 vol. in-8°, br. fig.

1408. Histoire de Louis-Philippe, roi des Français, par
Amédée Boudin. *Paris*, 1847, 2 vol. gr. in-8°, br.
nombr. grav.

1409. La Monarchie de 1830, par A. Thiers, député
des Bouches-du-Rhône. *Paris*, *Mesnier*, 1831, in-8°,
br. *Rare.*

1410. De la Propriété, par le même. *Paris*, 1848,
in-8°, br.

1411. Deux ans de règne, 1830-1832, par A. Pepin.
— La Royauté de juillet et la révolution, par le même.
Paris, 1833-37, 3 vol. in-8°, br.

1412. Louis-Philippe et la contre-révolution de 1830,
par Sarrans jeune. *Paris*, 1834, 2 vol. in-8°, br.
fac-simile.

1413. Vingt mois, ou la révolution de 1830 et les révolutionnaires, par de Salvandy. *Paris*, 1832, in-8°, br.

1414. Lafayette et la révolution de 1830, historique des hommes et des choses de Juillet, par B. Sarrans jeune. *Paris*, 1832, 2 vol. in-8°, br.

1415. Mémoires, correspondance et manuscrits du général Lafayette, publiés par sa famille. *Paris, Fournier*, 1837, 6 vol. in-8°, br. cartes.

1416. Histoire complète de la vie civile, politique et militaire du général Lafayette. *Paris*, 1831, in-8°, br.

1417. Recueil de poésies révolutionnaires, de 1832 à 1834, dont : La Révolution des 5 et 6 juin, par Groult de Tourlaville. — Cri d'un prolétaire, par S. Davenay, 1832. — Deux ans de règne, 3° épître à P.-L. Courier, par J.-G. Feuillide. — La Carlistéide, ou la rue des Prouvaires, épître à Gisquet. — Escousse et Lebas, ou le double suicide, et autres ; 17 pièces en un vol. in-8°, demi-rel. v. f.

17 pièces. Presque tous ces petits poëmes satiriques ont été saisis, et les auteurs condamnés à l'amende et à la prison.   L.

1418. Maria Stella, ou échange criminel d'une demoiselle du plus haut rang contre un garçon de la condition la plus vile, par Olindes Rodrigues. *Paris*, 1838, in-8°, demi-rel. bas.

Ce libelle contre Louis-Philippe fut condamné, et les exemplaires en sont devenus rares.

1419. Campagne de Constantine, de 1837, par Sédillot. *Paris*, 1833, in-8°, demi-rel. chag. avec plan du siége.

1420. Journal écrit à bord de la frégate *la Belle-Poule*, par le baron de Las-Cases. *Paris*, 1841. — Passage des cendres de l'empereur Napoléon à Rouen. — Napoléon aux Invalides, 3 pièces en un vol. gr. in-8°, demi-rel. chag. tête dor.

RÉVOLUTION DE 1848, PRÉSIDENCE ET DEUXIÈME EMPIRE.

1421. Histoire de la révolution de 1848, par Léonard Gallois. *Paris*, 1849-51, 5 vol. gr. in-8°, br. grand nombre de portr.

Cinquante portraits en pied. Le 5ᵉ vol. manque à beaucoup d'exemplaires. L.

1422. Histoire de la révolution de février 1848, du gouvernement provisoire et de la république. *Bordeaux, Pr. Faye*, 1849, 2 vol. gr. in-8°, br. portr.

1423. Histoire de la révolution de février 1848, par A. Delvau, secrétaire intime de Ledru-Rollin. *Paris*, 1850, in-8°, br. (épuisé).

1424. Pages d'histoire de la révolution de 1848, par Louis Blanc. *Paris*, 1850, gr. in-8°, br.

1425. De la Décadence de l'Angleterre, par Ledru-Rollin. *Paris*, 1850, 2 vol. in-8°, br.

Avec portrait de Ledru-Rollin et *fac-simile* ajoutés.

1426. Histoire de la révolution française de 1848, par Ch. Robin. *Paris, Lecou, s. d.* (1848), 2 vol. gr. in-8°, br. avec fig. noires et col.

1427-35. Histoire la plus complète de la révolution de 1848, par Castera. — La Vérité sur la révolution de 1848. — La République et les partis, par P. Lefranc. — La République rose, et autres. 9 vol. in-12, br.

1436. Journées illustrées de la révolution de février 1848, récit historique de tous les événements accomplis depuis le 22 février jusqu'au 21 décembre 1848, jour de *la prestation de serment du président de la république. Paris* (1848), in-f°, demi-rel. mar. coins, n. r.

1437-40. Journées de la révolution de 1848, par un garde national. — Histoire des trois journées de la république, par E. Pelletan. —Histoire de la garde républicaine, par A. Balleydier. —Loisirs d'un républicain malgré lui, par Aubrin. *Paris,* 1848, 4 vol. in-8°, br.

1441. Souvenirs numismatiques de la révolution de 1848, recueil des médailles, monnaies et jetons qui ont paru en France depuis le 22 février jusqu'au 20 décembre 1848, par de Saulcy. *Paris, Rousseau, s. d.* gr. in-4°, dos et coins de mar. rouge du Levant, n. r. 60 pl. sur chine.

1442. Les Murailles révolutionnaires, collection complète des proclamations, professions de foi, affiches, bulletins de la République, *fac-simile,* etc., depuis février 1848 jusqu'à ce jour, par Alfred Delveau. *Paris, Bry,* 1852, 2 vol. in-4°, br.

Plus les livraisons 1 à 9 de la seconde partie de cet ouvrage, *Présidence.*

1443. REVUE RÉTROSPECTIVE, ou Archives secrètes du dernier gouvernement (recueillies par Taschereau). *Paris,* 1848, gr. in-8°, demi-rel. mar. noir.

Avec les n⁰ˢ 32, 33 supplémentaires qui manquent à beaucoup d'exemplaires et auxquels on a ajouté d'autres pièces concernant Louis-Philippe et Marie-Amélie.

1444. Notre histoire; résumé des événements accomplis depuis le 22 février jusqu'au 1ᵉʳ août 1848 (par MM. de la Fizelière, Lacombe et de Marsay). *Paris,* 1848, gr. in-8° br.

1445. Biographie des représentants du peuple à l'Assemblée nationale constituante, par les mêmes auteurs. *Paris,* 1848, in-12, br. portr.

1446. Biographie des neuf cents membres de l'Assemblée nationale constituante, par une société de publicistes. *Paris,* 1849, in-8°, br. portr.

1447. Biographie des neuf cents députés à l'Assemblée nationale, par ordre alphabétique de départements, par Lesaulnier. *Paris*, 1848, in-12, demi-rel. chag. n. r.

1448-50. Biographie des représentants du peuple à l'Assemblée nationale de 1848, par Maurice Alhoy. — Biographie des députés, précédée d'une histoire de la Législative de 1842 à 1846. — Biographie des sept cent cinquante représentants du peuple à l'Assemblée nationale législative. *Paris,* 1848, 3 vol. br.

1451. Histoire de l'Assemblée constituante, par Babaud-Laribière, *Paris*, 1850, 2 t. en un vol. in-12, demi-rel. chag. rouge, coins, fil. tête dor. n. r.

Signature de Dupont (de l'Eure) sur le titre.

1452. Histoire des votes des représentants du peuple dans nos assemblées nationales, depuis la révolution de février 1848. On peut voir du même coup d'œil l'opinion et la conduite politique de tous les représentants du peuple. *Paris*, 1851, in-4°, br.

Tome Ier, la Constituante, le seul paru.

1453. Collection de portraits de la galerie des représentants du peuple (1848) à l'Assemblée nationale, publiés par Desmaisons ; en feuilles. Choix d'environ soixante-cinq portraits des principaux représentants : Dupont de l'Eure, Proudhon, Lamennais, Arago, Falloux, La Rochejacquelein, V. Hugo, Changarnier, Montalembert, J. Favre, Thiers, Ledru-Rollin, Berryer, Lamartine, Dufaure, Drouin de Lhuys, etc., etc.

J'ai connu la plupart de ces représentants. Tous ces portraits d'après des photographies sont en général ressemblants. L.

1454. Compte rendu des séances de l'Assemblée nationale, constituante et législative. — Exposé des motifs et projets de loi présentés par le gouvernement. — Rapports de MM. les représentants. *Paris, Panckoucke,* 1847-1851, 30 vol. in-4°, br.

Cette importante collection, bien complète avec les tables, se compose de : 1° Annales du Parlement français, du 28 décembre

1847 au 24 février 1848, 1 vol.; 2° Assemblée nationale, du 4 mai 1848 au 27 mai 1849, 11 vol. avec tables; 3° Assemblée législative, du 28 mai 1849 au 2 décembre 1851, 18 vol. et tables.

1455. Rapport de la commission d'enquête sur l'insurrection qui a éclaté dans la journée du 23 juin et sur les événements du 15 mai 1848. *Paris, imprimerie nationale*, 3 t. in-4°, en un vol. demi-rel. mar. coins, tête dor.

1456. Mémoires de Caussidière. ex-préfet de police. *Paris*, 1849, 2 vol. in-8°, br.

On a ajouté quelques notes et documents relatifs à la vie politique et à la mort de Caussidière.

1457. Profils révolutionnaires par un crayon rouge, publiés par V. Bouton. *Paris*, 1848-49, gr. in-8°, demi-rel. chag. tête dor.

A la suite : Attentat de la police républicaine à la souveraineté du peuple, par le même; — Portraits républicains, réponse aux profils révolutionnaires, par de Chavanay, etc., etc.

1458-64. Les Rouges peints par eux-mêmes; les Affiches rouges; l'Italie rouge; République et Royauté en Italie; les Clubs et les clubistes, par Lucas et autres, 8 vol. in-12, br.

1465-71. Philosophie du socialisme, par Guépin; — le Socialisme et l'impôt, par Emile de Girardin; — de la Ploutocratie, ou du gouvernement des riches, par P. Le Roux et autres. 7 vol. in-18, br.

1472. Le Socialisme; Droit au travail; Appel aux honnêtes gens; Révolution de février au Luxembourg; Louis Blanc, sa vie et ses œuvres, par Robin; la République une et indivisible; plus de Girondins, par L. Blanc. 6 br. in-12.

1473-76. Histoire des Ateliers nationaux, par Emile Thomas; Révélation sur l'arrestation d'Emile Thomas; le Livre du compagnonnage, par Agricol Perdiguier. *Paris*, 1848, 4 vol. in-12 et in-32, br.

1477. Histoire des sociétés secrètes et du parti républicain de 1830 à 1848, par Lucien de la Hodde. *Paris*, *Lanier*, 1850, in-8°, br.

1478. La République dans les carrosses du roi, triomphe sans combat, par L. Tirel. *Paris*, 1850, in-8° br. — A la suite : Démentis et réfutations, extraits des journaux du temps.

1479. Les Journaux rouges ; Histoire critique de tous les journaux ultra-républicains publiés à Paris depuis le 24 février jusqu'au 1er octobre 1848 ; la Presse parisienne, statistique bibliographique et alphabétique de tous les journaux, revues et canards périodiques nés, morts, ressuscités ou métamorphosés à Paris depuis le 20 février 1848 jusqu'à l'Empire, par H. Isambard. *Paris*, 1853, 2 t. en un vol. in-12, demi-rel. chag. rouge, n. r.

> Ces deux petits volumes sont devenus très-rares.

1480. Curiosités révolutionnaires : Journaux divers, 1848-51 : la Propagande, l'Union démocratique, les Veillées du peuple, l'Unitaire, la République universelle, etc., réunis en un vol. gr. in-8°, demi-rel. v. n. r.

> Recueil de numéros de journaux devenus rares.

1481. Curiosités révolutionnaires : Collection de documents pour servir à l'histoire de la République de 1848 et de l'Empire, contenant un recueil de journaux du temps, circulaires et placards officiels relatifs à la proclamation de la République ; Elections générales à la Constituante et à la Législative ; professions de foi, bulletins de vote, scrutins ; Rapports officiels sur les journées de juin 1848 ; Collection de pamphlets, canards et caricatures, publiés à l'occasion de l'élection à la présidence de la République, suivi du coup d'Etat du 2 décembre 1851, etc., etc. Recueillis et mis en ordre avec des tables alphabétiques par J.-A. Lebert, médecin-vétérinaire, membre

de l'Association normande et de la Société de l'Histoire de Normandie. *Le Neubourg*, 1866, 6 vol. gr.
in-f°, demi-rel. chag. rouge, n. r.

Ce recueil factice très-curieux s'arrête à avril 1851, mais on y
joindra plusieurs paquets de journaux destinés à former le tome VII
et suivants, dont quelques-uns sont accompagnés d'une table manuscrite et préparés pour la reliure.

Le 2ᵉ vol. contient 155 journaux de 1848, dont la plupart n'ont
eu qu'un numéro. Ceux qui ont paru plusieurs fois y sont en col-
lections complètes. Les pièces de petit format ont été montées
in-f°.

Dans l'un des derniers volumes se trouve le n° de l'*Impartial
de Rouen* du 28 février 1852, relatif à des perquisitions politiques
faites chez M. Lebert et chez deux autres habitants du Neubourg.

1482. Histoire de la présidence et de la dictature de
Louis-Napoléon, par Renault.
— Histoire du coup d'Etat (décembre 1851), par P.
Belouino. *Paris*, 1852, 2 vol. in-8°, br.

Platitudes napoléoniennes.   L.

1483. Histoire du 2 Décembre, avec documents inédits et pièces justificatives, par P. Mayer. — Révolution militaire du 2 décembre 1851, précédée de
la Vérité quand même à tous les partis, par H. de
Mauduit. *Paris*, 1852, 2 vol. in-12, br.

1484. Paris et la Province en décembre 1851. Etude
historique sur le coup d'Etat, par Ténot. *Paris*,
1869 et autres, 6 vol. in-18, br.

1485. OEuvres de Louis-Napoléon Bonaparte, publiées
par Tremblaire. *Paris*, 1848, 3 vol. gr. in-8°, demi-
rel. chag. rouge, tête dor. n. r. (1ʳᵉ édit.)

Plusieurs passages très-socialistes ont été supprimés dans la
2ᵉ édit. en 4 vol. 1856.

1486. Discours de M. Thiers sur les députés fonctionnaires, 1846 ; Discours prononcés dans la session
de 1863-64 sur la dette flottante, les libertés nécessaires à la France, les candidatures officielles, l'ex-
pédition du Mexique, la marine marchande et les
finances de la France ; Discours de la session de
1865 sur les libertés politiques, la question romaine

et les finances ; Discours sur la politique extérieure de la France, spécialement en ce qui concerne l'Allemagne et l'Italie, prononcés au Corps législatif, dans les séances des 14 et 18 mars 1867. 4 broch. in-8°.

1487. Victor Hugo. Quatorze discours sur la famille Bonaparte, la peine de mort, la misère, le congrès de la paix, la déportation, etc. Ensemble : les discours de Michel de Bourges et V. Hugo sur la révision de la constitution et sur la loi électorale. Procès à *l'Événement*, et discours de V. Hugo et Crémieux. *Paris,* 1851, gr. in-8°, br.

1488. Napoléon le petit, par V. Hugo. *Londres,* 1852, in-16, mar. viol. tr. dor. ornements sur les plats.

1489. Les Châtiments, par le même. *Genève,* 1854, in-16, br. — Les propos de Labienus, par Rogeard. *Paris, 9 mars* 1865, 20 p. in-8°, et autres pamphlets sur la famille Bonaparte.

1490. *Le Nouveau-Monde*, journal historique et politique, par Louis Blanc ; première année 1849-50 et les six premiers mois de la deuxième année, en un vol. gr. in-8°, demi-rel. v. rose, tête dor. n. r.

> C'est tout ce qui a paru de ce journal. Notes mss.

1491. *Le Proscrit*, journal, numéros 1 et 2, juillet et août 1850, continué à partir du 27 octobre, sous le titre de *la Voix du proscrit*, jusqu'au 6 septembre 1851. *Paris,* 1850-51, gr. in-8°, demi-rel. chag. coins, tête dor.

> Collection bien complète de ce journal ; seulement les n°s 1, 2, 3 de la deuxième année, ont été atteints d'humidité et raccommodés.

1492. *Candide*, journal à 5 centimes, du 3 au 27 mai 1865. 8 n°s in-f°. (Complet.)

> Supprimé et condamné au huitième numéro. J'ai renmargé dans le format du journal le compte rendu sténographié du procès de condamnation, compte rendu très-énergique qui ne put être publié en France. Il fut imprimé à Bruxelles, en 84 pages in-12. Les exem-

plaires, tirés à petit nombre pour les amis des rédacteurs, sont très-rares. Celui-ci m'a été donné par mon ami le docteur Bigourdan, de Brionne, l'un des collaborateurs de *Candide*.   L.

1493. Lettre sur l'histoire de France (par le duc d'Aumale). — De la brochure du duc d'Aumale. — Au duc d'Aumale, lettre sur la moralité politique, par F. Billot. — Lettre d'un Français à Henri d'Orléans. — Procès contre le duc d'Aumale et la baronne de Féuchère. — Note à l'empereur sur la brochure du duc d'Aumale. — La Vraie réponse au duc d'Aumale. *Paris*, 1861, 7 brochures in-8°.

1494. Biographie des représentants à l'Assemblée nationale de 1871, par F. Ribeyre. *Angers, s. d.* — Le Pilori des communeux, biographie des membres de la commune, leurs antécédents, leurs mœurs, leurs caractères, révélations, par H. Morel. *Paris, Lachaud*, 1871, 2 vol. in-12, br.

1495. *Père Duchêne (le)*, du 16 ventôse au 3 prairial an LXXIX (du 15 mars au 22 mai 1871), 68 numéros in-8° (complet). — *Le Fils du père Duchêne*, du 20 avril au 23 mai 1871, 10 numéros in-8° (complet). — Histoire du *Père Duchêne*, de 1793, 1848 et 1871 ; le tout réuni en un vol. gr. in-8°, demi-rel. mar. rouge, coins, tête dor. n. r.

On a ajouté un curieux article du *Figaro* du 22 août 1871, intitulé : *les Comptes du père Duchêne*, et le compte-rendu de l'affaire du journal *le Père Duchêne* devant le 3e conseil de guerre, audience du 20 novembre 1871.

————

M. Lebert avait groupé sous 25 numéros de son catalogue manuscrit environ cent almanachs publiés entre 1848 et 1872, la plupart démocratiques et faits pour la propagande républicaine. Comme ces publications éphémères sont ordinairement détruites à la fin de l'année, M. Lebert avait trouvé important de les conserver, mais le détail en a paru trop long à donner ici.

————

HISTOIRE DE PARIS ET DES PROVINCES.

1496. Histoire civile, physique et morale de Paris, par Dulaure. *Paris*, 1825, 10 vol. in-12, br. fig. et atlas.

1497. L'Évêque Gozlin, ou le siége de Paris par les Normands, chronique du ix⁰ siècle. *Paris*, 1832, 2 vol. in-8°, demi-rel. v.

1498. C'EST L'ORDRE QUI A ÉTÉ TENU A LA NOUVELLE ET JOYEUSE ENTRÉE que le roy très chrestien Henri, deuxième de ce nom, a faicte en sa bonne ville et cité de Paris, capitale de son royaume, le seizième jour de juin MDXLIX. *A Paris, chez Jean Dallier, sur le pont Saint-Michel, à l'enseigne de la Rose-Blanche*, in-4°, 10 fig. sur bois. — A la suite : C'EST L'ORDRE ET FORME QUI A ESTÉ TENUE au sacre et couronnement de très haute et très illustre dame madame Catherine de Médicis, royne de France, faict en l'église monseigneur sainct Denys en France, le x⁰ jour de juin MDXLIX. *A Paris, chez Jean Dallier*, en un vol. in-4°, mar. rouge, compart. petits fers, H couronné *(Hardy-Ménil)*.

Ces deux pièces sont très-rares et en très-belle condition.
L'entrée de la reine qui fait suite à celle du roi commence au feuillet 29.
Voir plus loin le n° 1602.
Vendu 710 fr. sans les frais et sans la seconde pièce, mar. vert *(Derôme)*, vente Yemeniz en 1867. L.

1499. Etrennes françoises, dédiées à la ville de Paris, par l'abbé de Pétity. *Paris*, 1766, in-4°, cart. orné de 2 planches et de 6 médaillons gravés par Saint-Aubin.

1500. Paris ridicule et burlesque au xvii⁰ siècle, par Claude Petit, Berthod, Scarron, Colletet, Boileau, etc.; nouv. édit., revue et corrigée, avec des notes, par P.-R. Jacob. *Paris, Ad. Delahays*, 1859, gr. in-16, pap. de Hollande, br.

1501. Nouvelle description des curiosités de Paris, par J.-A. Dulaure. *Paris*, 1787. —Singularités historiques (par le même). *Londres*, 1788, 3 vol. pet. in-12, v. marb.

1502. Description des catacombes de Paris, par L. Héricart de Thury. *Paris*, 1815, in-8°, bas. 8 plans en couleur.

1503. Lettres sur les prisons de Paris, par F.-V. Raspail. *Paris*, 1839. — Les Prisons de Paris, par un ancien détenu. *Paris*, 1842; ensemble 3 vol. in-8°, br.

1504. Paris chez soi, revue monumentale et pittoresque de Paris ancien et moderne. *Paris*, 1855, gr. in-8°, fig. br.

1505. Les Environs de Paris, histoire, monuments, paysages, etc. *Paris*, 1855, gr. in-8°, br. fig. dans le texte.

1506. Paris révolutionnaire. *Paris*, 1833, 4 vol. in-8°, demi-rel. bas.

Quelques mouillures.

1507. Paris, ou les sciences, les institutions et les mœurs au xixe siècle. par M. Alphonse Esquiros. *Paris*, 1847, 2 vol. in-8°, br.

1508. Statuts synodaux pour le diocèse de Sainct-Malo, par Rév. P. en Dieu Mgr messire Guillaume le Gouverneur, évesque de Sainct-Malo. *Saint-Malo, P. Massigay*, 1719, gros vol. in-8°, rel. en vélin.

1509. La Bretagne ancienne et moderne, par Pitre-Chevalier, illustrée par Leleux, O. Penguilly, Johannot. *Paris, Coquebert, s. d.* gr. in-8°, demi-rel. mar.

Cachet sur le titre et reliure fatiguée.

1510. Bretagne et Vendée ; histoire de la révolution française dans l'Ouest, par Pitre-Chevalier, illustrée par Leleux, T. Johannot, Pinguilly. *Paris, Coquebert, s. d.* gr. in-8°, br.

Titre raccommodé.

1511. Histoire de Blois et de son territoire depuis les temps les plus reculés jusqu'à nos jours, par Touchard-Lafosse. *Blois*, 1847, gr. in-8°, demi-chag. rouge.

1512. La Loire historique, pittoresque et biographique, par Touchard-Lafosse. *Tours*, 1851, 5 vol. gr. in-8°, demi-rel. mar. rouge, nombr. grav.

1513. Pèlerinage de Dreux dédié à S. M. le roi des Français, par M. N.-S. Guillon, doyen de la chapelle de Dreux. *Paris*, *Firmin Didot*, 1846, in-12, pap. vélin, br. front. grav. représ. la chapelle de Dreux.

1514. Histoire de la ville et du château de Dreux, par Mme Philippe Lemaître. *Dreux*, *Lemenestrel*, 1850, gr. in-8°, br. avec 22 pl. plans, sceaux, portr. *fac-simile*, — plus les Documents et pièces justificatives, 175 pag.

NORMANDIE

Voyages, mœurs, coutumes, etc.

1515. Mon voyage, ou Lettres sur la ci-devant province de Normandie, par C.-L. Cadet-Gassicourt. *Paris*, *Desenne*, *an VII* (1798), 2 t. en un vol. in-8°, demi-rel. bas. 2 grav.

1516. Voyage archéologique en Normandie, par Gally-Knight. *Caen*, 1838, in-8°, br.

1517. Raoul de Rayneval, ou la Normandie au xive siècle (1380), par M. E. le Chanteur de Pontaumont. *Paris*, 1832, in-8°, br.

1518. Itinéraire descriptif, historique et monumental des cinq départements composant la Normandie, précédé d'un précis historique de la géographie de cette province, etc., etc., par M. L. Du Bois. *Caen*,

Mancel, 1828, 2 part. en un vol. in-8°, demi-rel. mar. tr. peig.

1519. Recherches archéologiques, historiques, biographiques et littéraires sur la Normandie, par Louis Dubois. *Paris*, 1843, in-8°, br.

1520. Opuscules divers, par L. Dubois : Conduite de Le Hennuyer, évêque de Lisieux ; Dissertation sur les vaux de Vire, d'Olivier Basselin; le Barde neustrien, etc., 15 pièces réunies en un vol. in-8°, demi-rel. v.

1521. Description géographique et historique de la haute Normandie, divisée en 2 parties : la première comprend le pays de Caux, et la seconde le Vexin, par D. Duplessis. *Paris, Nyon*, 1740, 2 vol. in-4°, demi-rel. v. avec 2 cartes. (*Aux armes*).

1522. L'Hermite en province, ou observations sur les mœurs et les usages français du XIXᵉ siècle en Normandie, par M. de Jouy. *Paris*, 1824, 2 vol. in-12, demi-rel. v. grav. et cartes.

1523. La Normandie en 1834, mœurs, usages, antiquités, costumes des cinq départements de la Normandie, par P. Philippe. *Paris*, 1834, in-4°, br. 76 pag. 5 pl. coloriées et une carte du département de l'Eure.

1524. La Seine et ses bords, par Ch. Nodier. *Paris*, 1836, 4 cartes, 16 grav. — Ensemble : Lettres d'un voyageur à l'embouchure de la Seine, par A.-M. Saint-Amand. *Paris, Guibert*, 1828, grav. et carte color. in-8°, cart. bradel.

1525. Des Andelys au Havre, illustrations de Normandie, texte de Mᵐᵉ Amable Tastu, 50 dessins par MM. Rossigneux, Godefroy et Lemercier, grav. par Brugnot. *Paris*, 1843, gr. in-8°, demi-rel. v. n. r. 8 pl. hors texte.

1526. LA NORMANDIE ILLUSTRÉE, monuments, sites, châteaux, costumes, etc., par Mlle Bosquet, MM. R. Bordeaux et A. Pottier, pour la haute Normandie ; et par MM. Charma, Le Héricher, de la Sicotière, Travers et G. Mancel, pour la basse Normandie. *Nantes, Charpentier*, 1852, 2 vol. gr. in-f°, dos et coins de mar. rouge du Levant, fil. tête dor. n. r.

On a ajouté une deuxième suite de planches pour le département de l'Eure et un atlas de l'ancienne Normandie, par L. Denis. *Paris*, 1770, composé de 16 cartes.
Cet atlas seul et incomplet d'une carte a été vendu 31 fr. à la vente du marquis Le Ver, en 1866.

1527. La Normandie, histoire, paysages, monuments, par Jules Janin, illustrée par MM. Morel-Fatio, Tellier, Gigoux, Bellangé, Alfred Johannot. *Paris, E. Bourdin, s. d.* (1844), gr. in-8°, br. fig. blasons et costumes color.

1528. La Normandie souterraine, ou notice sur des cimetières romains et des cimetières francs explorés en Normandie, par M. l'abbé Cochet ; ouvrage couronné par l'Institut, 2e éd. *Rouen, Lebrument*, 1855, gr. in-8°, br. portr. nomb. fig. dans le texte et hors texte.

Epuisé et rare.

1529. Sépultures gauloises, romaines, franques et normandes, faisant suite à la Normandie souterraine, par M. l'abbé Cochet. *Rouen, Lebrument,* 1857, gr. in-8°, br. nombr. fig. dans le texte et hors texte.

Epuisé.

1530. La Normandie romanesque et merveilleuse, traditions, légendes et superstitions populaires de cette province, par Mlle Amélie Bosquet. *Rouen, Lebrument*, 1845, in-8°, br.

1531. Légendes et traditions de la Normandie, par Octave Féré. *Rouen*, 1845, in-8°, br. 7 planches.

1532. La Normandie inconnue, par F.-Victor Hugo. *Paris*, 1857, in-8°, br.

1533. La Covstvme réformée dv pays et dvché de Normandie, par Josias Beravlt. *Roven, Raphaël dv Petit-Val*, 1612, in-4°, v. gran.

Cette édition contient la charte aux Normands, des édits sur la réunion d'Alençon, les coutumes locales du Pont-de-l'Arche, Beaumont-le-Roger, Verneuil, Nonancourt, Breteuil.

1534. Ancienne coutume de Normandie, en vers. In-4°, cart.

Extrait du tome IV du *Dictionnaire de la coutume de Normandie*, par Houard.

1535. Etablissements et coutumes, assises et arrêts de l'échiquier de Normandie, au xiii° siècle, 1207 à 1245, d'après les mss. français de la bibl. de Sainte-Geneviève, par M. Marnier. *Paris, Techener*, 1839, in-8°, br.

1536. Histoire du Parlement de Normandie, par A. Floquet. *Rouen, Ed. Frère*, 1840 à 1842, 7 vol. in-8°, br.

1537. Diaire, ou journal du chancelier Séguier en Normandie, après la sédition des nu-pieds (1639-1640), publié par A. Floquet. *Rouen, Ed. Frère*, 1842, in-8°, br. planche.

1538. Mémoire sur les dismes pour le clergé de Normandie, contre les cultivateurs de la même province, par Ducastel. *Caen, P. Chalopin*, 1773, in-8°, demi-rel. v. f. tête peïg.

1539. Requête d'intervention des habitants de plusieurs paroisses de Normandie dans le procès des habitants de Surtainville contre leur curé, réfutation du Mémoire sur les dîmes du clergé de Normandie, par Mariage. *Caen, Leroy*, 1767, in-12, demi-rel. v. f. tête peig.

1540. Très-humbles Remontrances du parlement de Normandie au roi, au sujet du procès du curé de Saint-Godard de Rouen, et autres pièces concernant la même affaire. *S. l. n. d.* — A la suite : Très-humbles Remontrances du parlement de Normandie à l'occasion d'un curé de Verneuil (Eure), auquel ses confrères refusaient la communion à son lit de mort. *S. l. n. d.* in-12, bas.

Histoire générale.

1541. Histoire générale de Normandie, contenant les choses mémorables advenues depuis les premières courses des Normands payens, tant en France qu'aux autres pays, de ceux qui s'emparèrent du pays de Neustrie sous Charles le Simple, avec l'histoire de leurs ducs, leur généalogie et leurs conquestes, tant en France, Italie, Angleterre qu'en Orient, jusqu'à la réunion de la Normandie à la France ; par Gabriel Dumoulin, curé de Maneval. *Rouen, Jean Osmont,* 1631, in-f°, v. gran. fil.

   Assez bel exemplaire. Titre raccommodé.

1542. Les Conqvestes et les trophées des Normands-François aux royaumes de Naples et de Sicile, aux duchez de Calabre, d'Antioche, de Galilée et autres principautés d'Italie et d'Orient, par messire Gabriel dv Movlin Bernayen, curé de Maneval. *Rouen, David dv Petit-Val,* 1658, in-f°, v. gran.

   Signature de Dupont (de l'Eure), sur le titre.

1543. Histoire des ducs de Normandie, par Guillaume de Jumiége, suivie de la vie de Guillaume le Conquérant, par Guillaume de Poitiers, publiée par M. Guizot. *Caen, Mancel,* 1826, in-8°, pap. vélin, br.

1544. Histoire de Normandie, par Ord. Vital, publiée pour la première fois en français par M. Guizot. *Caen, Mancel,* 1826, 4 vol. in-8°, demi-rel. mar. du Levant, coins, tête dor. n. r.

   Bel exemplaire.

1545. Les Recherches et antiquités de la province de Neustrie, à présent duché de Normandie, etc., etc., par Ch. de Bourgueville, sieur du lieu, de Bras et de Brucourt. *Caen, Jean le Feure,* 1588, pet. in-4°, rel. vélin, portr.

Edition originale rare, mais exemplaire médiocre. Titre raccommodé et une page ms.

1546. Les Recherches et antiquitez de la province de Neustrie, à présent duché de Normandie, comme des villes remarquables d'icelle, mais plus spécialement de la ville et université de Caen, par Ch. de Bourgueville, sieur de Bras; nouvelle édit. (par G.-S. Trébutien), ornée du plan de cette ville, d'après Belle-Forest. *Caen, Chalopin,* 1833, gr. in-8°, pap. vergé de Hollande, demi-rel. mar. du Levant, coins, fil. tête dor.

Très-bel exemplaire.

1547. Histoire sommaire de Normandie, par le sieur de Masseville. *Rouen, P. Ferrand et A. Maurry,* 1698, 6 vol. in-12, v. brun.

1548. Etat géographique de la province de Normandie, par le même auteur. *Rouen, Besongne,* 1722, 2 vol. in-12, v. brun.

1549. Histoire de la Normandie, depuis les temps les plus reculés jusqu'à la conquête de l'Angleterre, par Licquet; continuée jusqu'à la réunion de la Normandie au royaume de France, par Depping. *Rouen, Ed. Frère,* 1835, 4 vol. in-8°, br.

1550. De la Constitution du duché ou Etat souverain de Normandie, des variations qu'elle a subies depuis Rollon jusqu'à présent, etc., etc., par Delafoy. *S. l.* 1789, in-8°, demi-rel. v.

1551. Histoire du duché de Normandie, par J.-J.-C. Goube. *Rouen, Mégard,* 1815, 3 vol. in-8°, cart. Bradel, 4 pl. et 4 cartes.

1552. Antiquités anglo-normandes, de Ducarel, trad. de l'anglais par A. Lechaudé d'Anisy. *Caen, Mancel,*

1823, gr. in-8°, br. 35 planch. Suivi de la Description de la tapisserie de Bayeux, par Smart le Thieullier; *Caen*, 1824, 7 planches; et de l'Origine de la tapisserie de Bayeux, prouvée par elle-même, par H.-F. Delauney. *Caen, Mancel*, 1824, gr. in-8° br.

1553. Histoire des Anglo-Saxons, par sir Francis Palgrave; trad. de l'anglais par Alexandre Licquet. *Rouen, Ed. Frère*, 1836, in-8°, cart. n. r.

1554. Chroniques anglo-normandes, recueil d'extraits et d'écrits relatifs à l'histoire de Normandie, publié par Francisque Michel. *Rouen, Ed. Frère*, 1836-1840, 3 vol. in-8°, br.

1555-56. Chronique normande de Pierre Cochon, notaire apostolique à Rouen, publiée pour la première fois en entier par Ch. de Beaurepaire. In-8°, pap. vergé, br. — Actes normands de la chambre des comptes, sous Philippe de Valois (1328-1359), publiés pour la première fois par Léopold Delisle. In-8°, pap. vergé, br.

Publications de la Société de l'histoire de Normandie, dont j'ai l'honneur d'être membre. L.

1557. Annales des Cauchois depuis les temps celtiques jusqu'à 1830, par Ch.-Juste Houël. *Paris, Comon*, 1847, 3 vol. in-8°, br.

1558. Chroniques neustriennes, ou Précis de l'histoire de Normandie, ses ducs, ses héros, ses grands hommes, etc., etc., par M. Marie du Mesnil. *Paris, Renard*, 1825, in-8°, demi-rel. chag. n. r.

Mouillures.

1559. Essai sur l'histoire de Normandie, depuis l'établissement du premier duc Rollon ou Robert Ier jusqu'à la bataille d'Hastings, par un page du roi (de Toustain-Richebourg). *Amsterdam, Markus* (*Rouen, Machuel*). 1766, in-12, br.

1560. Histoire des ducs de Normandie et des rois d'Angleterre, publiée d'après deux manuscrits de la bibliothèque du roi, suivie de la relation du tournoi de Ham, par Sarazin, trouvère du XIIIᵉ siècle, par Francisque Michel. *Paris, Renouard*, 1840, gr. in-8°, demi-rel. v.

1561. Raoul, premier duc de Normandie, ou Conquête de la Neustrie par les Scandinaves, par M. le Canut. *Paris, Mérigot*, 1781, 2 part. en un vol. in-12, demi-rel. v. fauve, 2 fig.

1562. Histoire de Robert le Diable, duc de Normandie. — Histoire de Richard sans Peur, fils de Robert le Diable, pour servir de suite à celle de son père. *Paris, Fournier*, 1783, 2 vol. en un, gr. in-8°, cart. Bradel, 2 grav. de Desrais.

1563. Histoire excellente et héroïqve dv roy Willaume le Bastard, iadis roy d'Angleterre et duc de Normandie, par Fr. d'Evdemare. *Roven, Nicolas Ango*, 1626, pet. in-8°, v. fauve, fil. tr. rouge.
     Bel exemplaire.

1564. Histoire de Guillaume le Conquérant, duc de Normandie et roi d'Angleterre, par M. l'abbé P*** (Prevost). *Paris, Prault fils*, 1742, 2 vol. in-12, v. marb. fil. portr.

1565. Histoire de la conqueste d'Angleterre par Guillaume II, duc de Normandie (par Baudot de Juilly). *Paris, Beugnié*, 1701, in-12, v. brun, carte généalogique.

1566. Histoire de la conquête de l'Angleterre par les Normands, par Augustin Thierry. *Paris, Just Tessier*, 1843, 4 vol. in-8°, demi-rel. mar. gr. nomb. de fig. sur chine et atlas in-4°.

1567. Les Chevaliers normands en Italie et en Sicile, et considérations générales sur l'histoire de la chevalerie en France, par Mᵐᵉ V. de Chastenay. *Paris, Maradan*, 1816, in-8°, br.

1568. Histoire des conquêtes des Normands en Italie, en Sicile et en Grèce, par E. Gaultier-d'Arc. *Paris, L. de Bure*, 1830, in-8°, br. et atlas in-4° de 9 pl.

1569. Essai sur les invasions maritimes des Normands dans les Gaules, par B. Capefigue. *Imprimerie royale*, 1823, in-8°, br.

1570. Histoire des expéditions maritimes des Normands et de leur établissement en France au x° siècle, par M. Depping. *Paris*, 1843, in-8°, br.

1571. Recherches sur les voyages et découvertes des navigateurs normands en Afrique, dans les Indes et en Amérique, par L. Estancelin. *Paris, Delaunay*, 1832, in-8°, br.

1572. Armorial des villes et corporations de la Normandie, etc., etc., par M. A. Canel. *Rouen, Lebrument*, 1863, in-8°, pap. vergé, br.

1573. Blason populaire de la Normandie, comprenant les proverbes, sobriquets et dictons relatifs à cette ancienne province et à ses habitants, par M. A. Canel. *Rouen, Lebrument*, 1860, 2 vol. in-8°, pap. vergé, br.

1574. COSTUMES DES FEMMES du pays de Caux et de plusieurs autres parties de l'ancienne province de Normandie (par La Mésangère). *Paris*, 1827, pet. in-f°, demi-rel. mar. vert, fil. n. r.

> Ouvrage composé de 105 planches parfaitement coloriées, avec texte explicatif.
> Rare, bel exemplaire.
> Un exemplaire de ce curieux ouvrage, relié en maroquin rouge, a été vendu 160 fr., sans les frais, vente du marquis Le Ver, en 1866. M. Marcel, savant bliblophile, à Louviers, a payé le sien 200 fr.; le mien m'a coûté 30 fr. Ce volume est d'autant plus intéressant que les costumes des femmes normandes disparaissent tous les jours pour faire place aux modes nouvelles.   L.

1575. Tableau historique de la Normandie, par Lemaire. *Paris,* 1834, in-f°, cartonné.

1576. Le Flambeau astronomique, ou Calendrier royal de mil sept cent trente pour la connaissance des temps. *Rouen, Cabut*, 1730, in-18, vélin. — Almanach de Normandie pour 1789. *Rouen, D. Besongne*, in-18, br.

1577. Histoire révolutionnaire en Normandie. Avis
des bons Normands à leurs frères les bons Français
de tous les ordres sur la convocation des états généraux, 1789 ; Intrépidité de onze volontaires patriotes de la ville d'Elbeuf qui ont empêché 4,000
furieux de piller un bateau chargé de bled, 1789 ;
la Mort subite du sieur Bordier, acteur des Variétés ;
Lettre de l'honorable Jean Rablu, maître crocheteur
et caporal de la milice de Cena (Caen), à l'honorable
Pierre Tubeuf, garçon boucher de Poissy, 2ᵉ éd.
1790, etc., etc., 20 pièces, in-8°, br.

1578. Annuaire des cinq départements de la Normandie, publié par l'Association normande, année 1835
(origine) à 1873. *Caen*, 39 vol. in-8°, br. nomb. fig.
　　Collection bien complète.

1579. Archives annuelles de la Normandie, historiques,
monumentales, littéraires et statistiques, par Louis
Du Bois. *Caen, Mancel*, 1824-1826, 2 vol. in-8°, br.
avec 5 pl.
　　Il est question dans le 1ᵉʳ vol. de l'opéra de la Toison-d'Or
joué au château du Neubourg.

1580. Ephémérides normandes, ou Recueil chronologique, historique et monumental sur la Normandie,
par G.-J. Lange. *Caen, Mancel et Trébutien*, 1832-
1834, 2 vol. in-8°, br.
　　Ouvrage intéressant et peu commun.

1581. Mémoires de la Société des Antiquaires de Nor-
mandie. 1ʳᵉ série. *Caen, Mancel*, 1824 à 1834, et
Hardel, 1834 à 1836, 10 t. en 14 vol. in-8°, avec
8 atlas in-f° obl. br.
　　Manque le 4ᵉ atlas de 27 pl. accompagnant le t. IV, 1827-28.
Importante collection.

1582. Eloge des Normands, ou Histoire abrégée des
grands hommes de cette province (par l'abbé Rivière).
Paris, Guillaume, 1748, 2 part. en un vol. in-12, demi-
rel. bas.
　　Pages raccommodées.

1583. Etudes sur la condition de la classe agricole et l'état de l'agriculture en Normandie au moyen âge, par Léopold Delisle, ouvrage couronné et publié par la Société d'agriculture, sciences et arts de l'Eure. *Evreux, Hérissey*, 1851, gr. in-8°, demi-rel. mar. rouge, fil. tête dor.
> Très-rare et très-recherché.

1584.. Recherches sur la fusion du Franco-Normand et de l'Anglo-Saxon, par J.-P. Thommerel. *Paris, Pourchet*, 1841, in-8°, cart. n. r.

1585. Dictionnaire du patois normand, par MM. Edélestand et Alfred Duméril. *Caen, B. Mancel*, 1849, in-8°, br.

1586. Essais historiques sur les bardes, les jongleurs et les trouvères normands et anglo-normands, par M. l'abbé de la Rue. *Caen, Mancel*, 1834, 3 vol. in-8°, cart. en toile.

1587. Inventaire général de la muse normande, divisé en XXVIII parties, où sont descrites plusieurs batailles, assauts, prises de villes, guerres estrangères, victoires de la France, histoires comiques, esmotions populaires, grabuges et choses remarquables arrivées à Rouen depuis quarante années, par David Ferrand. *A Roven, chez l'avtevr*, 1655, pet. in-8°, vélin blanc.
> Très-rare. Cet exemplaire est d'une médiocre condition ; les dernières pages sont raccommodées, et il est rogné court. Il est du reste très-difficile de rencontrer des exemplaires irréprochables de ce livre très-mal imprimé.
> Bien qu'il y ait une lacune de pagination de 433 à 454, l'ouvrage est néanmoins complet, c'est une faute d'impression.
> V. Ed. Frère, Manuel du bibliographe normand, t. I, p. 462.

1588. Poëtes normands, portraits gravés d'après les originaux les plus authentiques, par Ch. Devrits ; notices bibliographiques, par Tissot, Janin, Destigny, etc., sous la direction de L.-H. Baratte. *Paris, s. d.* (1846), gr. in-8°, demi-rel. chag. coins, tête dor. 32 portr.

1589. L'Advocatie Notre-Dame, ou la Vierge Marie plaidant contre le Diable, poëme du XIVe siècle, en

langue franco-normande, attribué à Jean de Justice,
chantre et chanoine de Bayeux, extrait d'un manuscrit de la bibliothèque d'Evreux, par Alph. Chassant. *Paris*, *Aubry*, 1835, in-12, bas.

1590. Les Vaux-de-Vire d'Olivier Basselin et de Jean
le Houx, suivis d'un choix d'anciens vaux-de-vire
et d'anciennes chansons normandes; nouvelle édit.
revue par P.-L. Jacob. *Paris*, *Delahays*, 1858, in-18,
vélin double, br.

1591. Miracle de Notre-Dame. Robert le Dyable, filz
du duc de Normandie, à qui il feut enjoint pour ses
meffaiz qu'il feist le fol sans parler, et depuis ot
Nostre Seignor mercy de li et espousa la fille de
l'empereur; publié pour la première fois d'après un
mss. du xive siècle. *Rouen*, *Ed. Frère*, 1836, in-8°,
br. avec *fac-simile* goth. sur vélin.

  Cachet sur le titre.

1592. La Bataille d'Hastings, ou l'Angleterre conquise,
poëme en douze chants, suivi du Méfiant, comédie
en 5 actes et en vers, par M. Dorion. 2e édit. *Paris*,
F. Didot, 1821, 2 tom. en un vol. in-8°, demi-rel.
v. n. r.

1593. Les Blasphémateurs de Dieu, moralité normande, analyse et preuves de l'origine de cette pièce,
par M. Ch. Lormier, avocat. *Rouen*, *E. Cagniard*,
1862, gr. in-8°, pap. vélin de couleur, br. 31 pages.

  Envoi autographe de l'auteur à M. Lebert. Tiré à très-petit
nombre.

1594. Historiettes baguenaudières, par un Normand
(Ph. de Chennevières). *S. l.* 1845, in-8°, br.

  L'une de ces historiettes, *Mademoiselle Guéru*, est un épisode de
l'histoire du château du Neubourg.

1595. Les Derniers contes de Jean de Falaise, par le
même auteur. *Paris*, *Poulet-Malassis*, 1860, in-12, br.

  Epuisé.

1596. Les Neustriennes, chroniques et ballades, par

Le Flaguais. *Caen, Avonde*, 1835, in-12, demi-rel. mar. rouge.

1597. Chansons de J.-L. Lefèvre. *Rouen*, 1844, gr. in-8°, br.

1598. De l'état de la musique en Normandie, depuis le IXᵉ siècle, par Mˡˡᵉ E. Choppin. *Caen, Pagny*, 1837, in-8°, br.

1599. La Pénélope normande, par Alphonse Karr. *Paris*, 1859. — Ensemble : La Pénélope normande, comédie en 5 actes, par le même, 1860. — La Pénélope à la mode de Caen, parodie en 5 actes d'une pièce en 5 actes, par E. Grangé. *Paris*, 1860, en un vol. in-12, demi-rel. chag. n. r.

J'ai ajouté des caricatures très-originales tirées du *Charivari*, sur les personnages de la comédie d'Alph. Karr, laquelle n'eut pas de succès.   L.

Histoire de Rouen.

1600. Recveil des antiqvitez et singvlaritez de la ville de Roven, avec un progrès des choses mémorables y advenues depuis sa fondation jusqu'à présent, par F.-N. Taillepied. *Roven, Raphaël du Petit-Val*, 1587, in-8°, v. gran.

Bel exemplaire de l'édition originale, rare. Vendu 80 fr. mar. bleu, tr. dor. (*Bauzonnet-Trautz*) vente du comte d'Auffay, en 1863.   L.

1601. Recveil des antiqvitez et singularitez de la ville de Roven, avec un progrès des choses mémorables y advenues depuis sa fondation jusqu'à présent, par Fr.-N. Taillepied, docteur en théologie. *Roven, Vavltier*, 1658, pet. in-12, v. f. fil. tr. mar. (*Thivet*).

Titre raccommodé.

1602. Histoire de la ville de Rouen, contenant son antiquité, sa fondation, ses différents accroissemens, l'histoire abrégée de ses ducs, ses priviléges, ses édifices, etc., et un abrégé des événemens les plus

remarquables depuis sa fondation jusqu'à présent. *Roven, Jacques Amyot*, 1710, 3 vol. in-12, v. gran.
Nombreuses piqûres de vers dans la marge inférieure du t. Ier.

1603. Histoire de la ville de Roven, divisée en trois parties, par Farin. *Roven, Jacqves Heravlt*, 1668, 3 vol. pet. in-12, v. gran. fil.
Bon exemplaire, mais bien rogné en tête.

1604. Histoire de la ville de Rouen, divisée en six parties. *Rouen, Louis Du Souillet*, 1731, 6 vol. in-12, v. gran.
Avec le plan de la ville de Rouen.

1605. Histoire de la ville de Rouen, capitale du pays et duché de Normandie, suivie d'un Essai sur la Normandie littéraire, par M. Servin. *Rouen, Leboucher*, 1775, 2 vol. in-12, cart. n. r.
Rare en cet état. Vendu 14 fr. veau, vente Dinaux en 1865. L.

1606. Abrégé de l'histoire ecclésiastique, civile et politique de la ville de Rouen, avec son origine et ses accroissements jusqu'à nos jours, par Lecoq de Villeray. *Rouen, F. Oursel*, 1759, in-12, demi-rel. bas.

1607. Rouen, précis de son histoire, son commerce, son industrie, ses monuments, etc., guide nécessaire pour bien connaître cette capitale, par Théod. Licquet. *Rouen, Frère*, 1827, in-8°, demi-rel. v. m.

1608. Revue rétrospective normande, documents inédits pour servir à l'histoire de Rouen et de la Normandie, par André Pottier. *Rouen, N. Périaux*, 1842, gr. in-8°, demi-rel. chag. tête dor. fig.
Tiré à petit nombre et épuisé.

1609. Histoire de Rouen pendant l'époque communale 1150-1382, suivie de pièces justificatives, publiées pour la première fois, d'après les archives départementales, par A. Chéruel. *Rouen, N. Périaux*, 1843, 2 vol. in-8°, demi-rel. chag. coins, tête dor.

1610. Histoire de Rouen sous la domination anglaise, au xve siècle, suivie de pièces justificatives publiées pour la première fois, d'après les mss. des archives municipales de Rouen, par A. Chéruel. *Rouen, Legrand*, 1840, gr. in-8°, pap. vélin, cart. n. r.

Tiré à petit nombre, et épuisé. — Vendu 30 fr. br. vente du comte d'Auffay. L.

1611. C'EST LA DÉDUCTION DU SOMPTUEUX ORDRE, plaisantz spectacles et magnifiques théâtres dressés et exhibés par les citoiens de Rouen... à la sacrée majesté du très christian Henri second et à madame Katharine de Médicis, la royne son espouze, lors de leur triomphant, joyeulx et nouvel advenement en icelle ville, qui fut ès jours de mercredy et jeudy, premier et second jours d'octobre 1550. *Rouen, Robert le Hoy, Robert et Jehan dictz du Gord*, 1551, in-4°, fig. sur bois, mar. rouge, fil. tr. dor. large dent. initiales de Henri II dans un médaillon aux quatre coins des plats *(Hardy-Mennil)*.

Très-bel exemplaire d'un livre fort rare, orné de gravures sur bois représentant les décorations de divers quartiers de la ville, les figures du cortége et les autres magnificences de la fête, pour laquelle les échevins de Rouen n'avaient rien épargné.

On a joint à ce volume une curieuse vue de *Roan* de la fin du xvie siècle, gravée par Hoefnagle et coloriée.

Un exemplaire de cette Entrée, bien inférieur au mien, a été vendu 800 fr., sans les frais, à la vente du comte d'Auffay, en 1863.

Cet ouvrage et celui décrit plus haut, n° 1498, étaient réunis en un seul volume recouvert d'un cartonnage en parchemin. Ce volume si mal vêtu et de si médiocre apparence n'avait pas été jugé digne de figurer dans le catalogue de la bibliothèque du château de Saint-Aubin, près le Neubourg, et il avait été relégué par le rédacteur, peu expert, parmi les ouvrages de rebut. Il courait peut-être le risque de périr comme un vil bouquin chez l'épicier ou le marchand de tabac, lorsque, grâce à la puissante intervention de Mme P..., du château du Champ-de-Bataille, le possesseur de ce précieux volume a bien voulu s'en dessaisir en ma faveur. L.

1612. DISCOURS DE LA JOYEUSE ET TRIOMPHANTE ENTRÉE de très-haut, très-puissant et très-magnanime prince Henri IIII de ce nom, très-chrestien roy de France et de Navarre, faite en sa ville de Rouen, capitale de Normandie, le mercredy 16e jour d'octobre 1596, etc. *Roven, Raphaël du Petit-Val....*, 1599, in-4°, mar.

14

Lavall. dor. sur tr. plats semés d'H couronnés *(belle reliure d'Hardy-Mennil).*

Ce volume curieux, encore plus rare que l'Entrée de Henri II, est composé de 88 feuillets et 4 feuillets préliminaires. Voir le *Bibliographe normand* de M. Frère. Un exemplaire de cette rare Entrée a été vendu 685 fr., sans les frais, mar. rouge (*Trautz*), vente du comte d'Auffay, en 1868 : le mien ne m'a coûté que 10 fr. Il est vrai qu'il m'est tombé sous la main horriblement mutilé. Il était incomplet du titre et des trois premiers feuillets ; la gravure, page 22, représentant le capitaine des enfants à pied avait été découpée, et il avait perdu ses deux jambes ; le second capitaine, page 24, était aussi découpé. Le capitaine des enfants à cheval, page 28, manquait à l'appel ; de la grande planche représentant l'Obélisque, page 52, il ne restait que le tiers supérieur. Enfin, le volume était rogné à la lettre et passé de l'in-4° à l'in-8° du plus petit format.

J'ai renmargé avec beaucoup de soin tous les feuillets ainsi que les planches mutilés, raccordé le papier comme nuance, pontusseaux et vergetures ; ainsi restauré, lavé et encollé, texte, planches, vignettes et armes de Rouen, ont été admirablement reproduits par le procédé calligraphique de M. Quibeuf, secrétaire de la mairie du Neubourg. Son travail et le mien, petit monument de patiente attention, nous vaudra, nous l'espérons bien, les éloges des bibliophiles.

Cette reproduction des feuillets et des planches mutilés a été faite d'après le bel exemplaire de l'Entrée de Henri IV que possède M. le marquis de Blosseville.

Il m'a paru curieux de reproduire les différents prix de vente de ces entrées depuis quelques années. Vente de l'abbé Barré, en 1836 : 39 fr. 25 c. ; vente Richard, en 1852 : 110 fr. ; de la Quérière, en 1856 (incomplet) : 90 fr. ; Le Chevalier, en 1857 : 150 fr. ; Le Prevost, en 1858 : 375 fr. ; Sauvageot, en 1860 : 478 fr. ; d'Auffay, en 1863 : 800 fr. ; Pottier, en 1867 (incomplet) : 250 fr.

A la vente de Larchevêque, médecin à Rouen, en 1749, l'Entrée de Henri II, reliée en parchemin, fut vendue 4 livres 10 sous, et l'*Entrée* de Henri IV, *brochée*, 5 livres. Un exemplaire broché serait vendu aujourd'hui au poids de l'or. L.

1613. Seine-Inférieure, Rouen et les environs, partie de la carte de Cassini, collée sur toile, et étui.

1614. Lettres sur la ville de Rouen, ou précis de son histoire topographique, civile, ecclésiastique et politique, depuis son origine jusqu'en 1826, par Alexandre Lesguillez, de Rouen. *Rouen, Emile Périaux,* 1826, in-8°, br.

1615. Recherches historiques sur Rouen, fortifications,

porte Martainville, par Ch. Richard. *Rouen*, *A. Péron*, 1844, in-8°, br.

1616. Explorations en Normandie ; Rouen, par le vicomte Walsh. *Rouen, Legrand*, 1835, in-8°, br.

1617. Alain Blanchard, chronique normande, par P. Dumesnil. *Paris et Rouen*, 1849, 2 part. en un vol. in-8°, demi-rel. chag. n. r.

1618. Description des maisons de Rouen les plus remarquables par leur décoration extérieure et par leur ancienneté, par E. de la Quérière. *Rouen, Nicétas Périaux*, 1821-1841, 2 vol. in-8°, dos et coins mar. vert, tête dor. n. r. nombr. grav. par E.-H. Langlois.

> Epuisé et rare. Bel exemplaire avec deux lettres autographes de l'auteur à M. le docteur Choppin, du Neubourg. M. Boucher, son gendre, me l'a donné broché.   L.

1619. Essai sur les girouettes, épis, crêtes et autres décorations des anciens combles et pignons, pour faire suite à l'histoire des habitations au moyen âge, par E. de la Quérière. *Rouen, Le Brument*, 1846.
— Ensemble : Recherches historiques sur les enseignes des maisons particulières, par le même. *Paris et Rouen*, 1852, in-8°, demi-rel. chag. coins, tête dor.

> Dans le même volume : 3° Notice sur le manuscrit des Fontaines de Rouen, 1844, pl. ; — 4° Revue rétrospective rouennaise, 1853 ; — 5° Notice sur l'incendie de la cathédrale de Rouen, 1822 ; — 6° Rouen pendant la révolution, avec une lettre autographe de l'auteur au docteur Choppin.   L.

1620. Histoire des anciennes corporations d'arts et métiers et des confréries religieuses de la capitale de la Normandie, par Ch. Ouin-Lacroix. *Rouen*, 1850, gr. in-8°, demi-rel. v. fauve, nombr. pl. à deux teintes.

1621. Histoire complète des théâtres de Rouen, par J.-E. B., de Rouen (le docteur Bouteiller). *Rouen*, 1860-63, 3 vol. in-8°, br.

1622. Notice sur l'abbaye des Conards, confrérie célèbre qui a existé à Rouen du XIVe au XVIIe siècle, et à Évreux de 1345 à 1420, par J.-X. de Busserolle. *Rouen, Le Brument*, 1859, in-8°, br. 24 pag.

1623. Notice historique sur l'académie des Palinods, par M. A.-G. Ballin. *Rouen, N. Périaux*, 1834, in-8°, br. 6 pl. grav. par E.-H. Langlois.

  Tiré à cent exemplaires, épuisé.

1624. Etudes historiques sur Jeanne d'Arc au château de Rouen, par F. Bouquet, extrait de la Revue de la Normandie. *Rouen, E. Cagniard*, 1866, gr. in-8°, br. 5 pl.

1625. Histoire du privilége de Saint-Romain en vertu duquel le chapitre de la cathédrale de Rouen délivrait anciennement un meurtrier tous les ans le jour de l'Ascension, par A. Floquet. *Rouen, E. Legrand*, 1833, 2 vol. in-8°, br. avec 2 gr. pl. grav. par Mlle Espérance Langlois.

1626. Histoire des archevesqves de Roven dans laqvelle il est traité de leur vie et de leur mort, de leurs différens emplois, etc., etc., avec plvsievrs lettres des papes, des rois de France, des ducs de Normandie et des roys d'Angleterre, etc., par François Pommeraye. *Roven, Lavrent Mavrry*, 1667, in-f°, v. marb.

  Reliure fatiguée et mouillé dans la marge.

1627. Chronologie historiale des archevesques de Roven, par feu maistre Jean Dadré. *Roven, Jean Crevel*, 1618, in-8°, vélin, portrait.

  Rare, assez bon exemplaire. Vendu 70 fr. vél. tr. dor. vente de M. Pottier, en 1870.　　　　　　　L.

1628. Vie du cardinal d'Amboise, premier ministre de Louis XII, avec un parallèle des cardinaux célèbres qui ont gouverné les Etats, par L. Legendre. *Rouen, Robert Machuel*, 1724, in-4°, v. br. portr. et pl. du tombeau.

1629. Histoire politique et religieuse de l'église métropolitaine et du diocèse de Rouen, par L. Fallue. *Rouen*, A. *Le Brument*, 1850-1851, 4 vol. in-8°, br.

1630. Revue des architectes de la cathédrale de Rouen, jusqu'à la fin du XVIe siècle, par A. Deville. *Rouen*, A. *Péron*, 1848, gr. in-8°, br.

1631. Notice sur l'incendie de la cathédrale de Rouen, occasionné par la foudre, le 15 septembre 1822, et sur l'histoire monumentale de cette église, par E.-H. Langlois. *Rouen*, 1823, in-8°, demi-rel. chag. coins, tête dor. avec 5 pl. grav. par E.-H. Langlois.
Mouillures.

1632. Description de Notre-Dame de Rouen, par A.-P. Gilbert. *Rouen*, *Frère*, 1816, gr. in-8°, br. grav. de Langlois.

1633. Tombeaux de la cathédrale de Rouen, par Deville. *Rouen*, N. *Périaux*, 1837, 2e éd. ornée de 12 pl. grav. in-8°, demi-rel. mar. rouge, coins, n. r.

1634. Stalles de la cathédrale de Rouen, par E.-Hyacinthe Langlois. *Rouen, N. Périaux*, 1838, in-8°, demi-rel. chag. rouge, coins, tête dor. 13 pl. grav. par Langlois.
— Ensemble : Souvenirs de l'Ecole de Mars et de 1794. *Rouen, Baudry*, 1836, fig.

1635. Défenses des titres et des droits de l'abbaye de Saint-Ouen, contre le mémoire de M. Terrisse, abbé commendataire de Saint-Victor-en-Caux, etc., etc., avec la réfutation d'un acte qui fait foi qu'un moine de Saint-Médard, de Soissons, nommé Guernon, fabriqua de faux priviléges au nom du saint-siége en faveur de plusieurs églises, vers le commencement du XIIe siècle (par dom Tassin). *Rouen*, 1743, in-4°, cart. en parchemin.

1636. Justification du mémoire sur l'origine de l'abbaye de Saint-Victor-en-Caux, contre la Défense des titres de l'abbaye de Saint-Ouen, par Terrisse. *Rouen,* 1743, in-8°, vél. *(rare).*

1637. Description historique de l'église de Saint-Ouen, de Rouen, par A.-P. Gilbert. *Rouen, Frère*, 1822, gr. in-8°, cart. n. r.

1638. L'Art et l'archéologie au XIXᵉ siècle, achèvement de Saint-Ouen, de Rouen (par A. Ramé). *Paris, Didron*, 1851, in-4°, br. avec un grand plan de Saint-Ouen.

    Envoi autographe de l'auteur à M. Lenormant.

1639. Histoire de l'église et de la paroisse de Saint-Maclou de Rouen, par Ouin-Lacroix. *Rouen, Mégard*, 1846, in-8°, br. 3 planches.

1640. Notice historique et descriptive sur l'ancienne église paroissiale de Saint-Jean de Rouen, par E. de la Quérière. *Rouen, Le Brument*, 1860, gr. in-8°, demi-rel. chag. vert, coins, tête dor. 3 pl. par Langlois, dont deux coloriées. — Eglises Saint-Vincent. — Saint-Ouen.

    3 pièces avec une lettre autographe de M. E. de la Quérière, et la description de l'église de Saint-Vincent de Rouen, 1844, fig. de Langlois; plus la Notice historique sur l'église Saint-Ouen de Rouen, par E.-H. Langlois, 1838.
    Très-beau volume.

1641. Le Palais de justice de Rouen, par M. de Stabenrath. *Rouen, Edet*, 1842, gr. in-8°, br.

1642. Précis historique sur la statue de P. Corneille, érigée à Rouen par souscription en 1834, par A. Deville. *Rouen, Baudry*, 1838, gr. in-8°, demi-rel. chag. 4 pl. 2 *fac-simile* de signatures, dont celles de Louis-Philippe et des princes et princesses de la famille.

1643. Histoire du prieuré de Mont-aux-Malades-lez-Rouen, et correspondance du prieur de ce monastère avec saint Thomas de Cantorbéry, 1120-1820, d'après les archives du prieuré et les mss. de la bibl. nationale, par l'abbé P. Langlois. *Rouen, Fleury*, 1851, in-8°, br.

1644. Essai sur l'histoire de la côte Sainte-Catherine
et des fortifications de la ville de Rouen, suivi de
Mélanges relatifs à la Normandie, par L. de Duranville. *Rouen, A. Le Brument*, 1857, in-8°, demi-rel.
v. f. carte et planche.

Seine-Inférieure.

1645. Description géologique du département de la
Seine-Inférieure, par Antoine Passy. *Rouen, N. Périaux*, 1832, in-4°, br. atlas de 20 pl. col.

> Manque la carte géologique de la Seine-Inférieure.

1646. Mémoires biographiques et littéraires sur les
hommes qui se sont fait remarquer dans le département de la Seine-Inférieure, etc., etc., par Guilbert.
Rouen, Marie, 1812, 2 vol. in-8°, cart. fig.

1647. Essai sur le département de la Seine-Inférieure,
ouvrage topographique, historique et pittoresque,
etc., par S.-B.-J. Noël. *Rouen*, 1795, 2 part. en un
vol. in-8°, demi-rel. chag. n. r.

1648. Notice historique, topographique et statistique
sur la ville de Darnétal et sur son industrie, depuis
son origine jusqu'en 1835, par A. Lesguillez. *Rouen*,
1835, in-8°, demi-rel. v. f. n. r.

1649. Histoire de la ville et des environs d'Elbeuf,
depuis les temps les plus reculés jusqu'à nos jours,
par A. Guilmeth. *Rouen*, 1842, in-8°, demi-rel. chag.
tr. peig. portr. une pl. et *fac-simile* goth.

> Timbre sur le titre, et dernières pages tachées. Première édition
> assez recherchée, à cause de quelques changements introduits à la
> fin du volume dans une seconde édition.

1650. Essai historique et descriptif sur l'église et l'ab-
baye de Saint-George-de-Bocherville, par Achille
Deville. *Rouen, N. Périaux*, 1827, 12 planches.—
A la suite : Histoire du Château-Gaillard et du siége

qu'il soutint contre Philippe-Auguste, en 1203 et 1204, par Ach. Deville. *Rouen, Ed. Frère*, 1829, 11 planch. in-4°, demi-rel. v. f.

1651. Essai sur les énervés de Jumiéges et sur quelques décorations singulières des églises de cette abbaye, suivi du Miracle de saint Bautheuch, publié par E.-H. Langlois. *Rouen, Ed. Frère*, 1838, in-8°, demi-rel. chag. coins, tête dor. 5 pl. et *fac-simile* col. goth.

1652. Histoire de l'abbaye de Jumiéges, par C.-A. Deshayes. *Rouen, Baudry*, 1829, in-8°, br. 3 plans.

1653. Essai historique et descriptif sur l'abbaye de Fontenelle et de Saint-Wandrille et sur plusieurs monuments des environs, par E.-H. Langlois. *Paris, J. Tastu*, 1827, in-8°, demi-rel. chag. coins, tête dor. Epuisé.

1654. Essai historique sur Yvetot et ses environs, Valmont, Saint-Wandrille, Caudebec, par A. Fromentin. *Rouen, A. Péron*, 1844, in-8°, br. 5 pl.

1655. Etudes historiques sur l'arrondissement d'Yvetot, précédées d'une esquisse sur l'Histoire de la conquête et l'établissement des Normands en Neustrie, par M. Labutte. *Rouen, A. Le Brument*, 1851, in-8°, br. 4 lithog.

1656. Le Parlement d'Yvetot, facétie trouvée dans le panier d'un fou (par M. Estienne). *Paris, Boulé*, 1841, in-8°, br.

1657. Essai historique et statistique sur la ville de Bolbec, par Collen-Castaigne. *Rouen, N. Périaux*, 1839, in-8°, br. 4 planch.

1658. Mémoire sur les ruines de Lillebonne, par M. F. Rever. *Evreux, Ancelle*, 1821, avec 5 plans. — A la suite : Description de la statue fruste en bronze doré trouvée à Lillebonne, par le même. *Evreux*, 1824, 3 planch. in-8°, demi-rel. bas.
Avec envoi autographe de l'auteur.

1659. Première lettre sur les antiquités de la Normandie. Lillebonne, par H. Raymond. *Paris*, 1826, in-8°, br.

Critique sarcastique contre Rever.

1660. Histoire du château et des sirés de Tancarville, par A. Deville. *Rouen, Nicétas Périaux*, 1834, in-8°, demi-rel. chag. coins, tête dor. 5 planch.

1661. Histoire, antiquités et description du Havre-de-Grâce, par l'abbé Pleuvri. *Le Havre, Piquier,* 1796, in-12, demi-rel. bas.

1662. Le Havre ancien et moderne et ses environs, notice sur Montivilliers, Lillebonne, Harfleur, Graville, Sauvic, Honfleur, etc., par M. J. Morlent. *Havre, Chapelle*, 1825, 2 vol. in-12, br. avec pl.

1663. Le Havre et son arrondissement, par une société d'hommes de lettres, sous la direction de M. Morlent. *Le Havre*, 1841, gr. in-8°, demi-rel. mar. vert, grav. et cartes.

La reliure est fatiguée.

1664. Description du Havre, ou recherches morales et historiques sur les habitants, les établissements et les hommes célèbres qui y sont nés, par M. Legros. *Le Havre*, 1825, in-8°, br. 9 planches.

Mouillé dans la marge.

1665. Biographie, ou galerie historique des hommes célèbres du Havre, par J.-B. Levée. *Paris, Trouvé,* 1828, in-8°, br.

1666. Etretat, son passé, son présent, son avenir, par l'abbé Cochet, 3ᵉ édit. revue et augmentée. *Dieppe, Delevoye*, 1857, in-8°, br. planch.

1667. Histoire de la ville et de l'abbaye de Fécamp, par Léon Fallue. *Rouen, N. Périaux*, 1841, in-8°, br. plan de l'abbaye.

1668. Essai historique et littéraire sur l'abbaye de

Fécamp, par Leroux de Lincy. *Rouen, Ed. Frère*, 1840, in-8°, br. 3 grav.

1669. Mémoires chronologiques pour servir à l'histoire de Dieppe et à celle de la navigation française, par Desmarquets. *Dieppe, Dubuc*, 1785, 2 tom. en un vol. in-12, bas.

> Un peu rogné.

1670. Histoire des anciennes villes de France, recherches sur leur origine, sur leurs monuments, etc., etc., par M. L. Vitet; 1re série, haute Normandie, Dieppe. *Paris, Mesnier*, 1833, 2 vol. in-8°, br. planches.

1671. Notice sur Dieppe, Arques et lieux circonvoisins, par Féret. *Dieppe, Marais*, 1824, in-8°, demi-rel. v.

1672. Histoire du château d'Arques, par Deville. *Rouen, N. Périaux*, 1839, gr. in-8°, demi-rel. chag. coins, tête dor. pl.

1673. Histoire des comtes d'Eu, par L. Estancelin. *Dieppe, Marais*, 1828, in-8°, br. 2 planch.

1674. Le château d'Eu, souvenirs historiques, son histoire et sa description, par J. Vatout. *Paris, Didier*, 1852, in-8°, br.

1675. Le château d'Eu, notices historiques, par M. Vatout. *Paris, F. Malteste*, 1836, 5 vol. in-8°, br.

1676. Recherches historiques et archéologiques sur les possessions des sires normands de Gournay, le Bray normand et le Bray picard, etc., par N.-R.-P. de la Mairie. *Gournay-en-Bray*, 1852, 2 vol. in-8°, br.

1677. Essai historique et archéologique sur le canton de Blangy, par l'abbé J.-E. Decorde. *Rouen, Le Brument*, 1850. — Ensemble : Essai historique et archéologique sur le canton de Londinières, par le même. *Rouen, Le Brument*, 1851, in-8°, demi-rel. mar. noir.

*Histoire d'Evreux et autres villes du département
de l'Eure.*

1678. Histoire civile et ecclésiastique du comté d'Evreux, où l'on voit tout ce qui s'est passé depuis la fondation de la monarchie, tant par rapport aux rois de France qu'aux anciens ducs de Normandie et aux rois d'Angleterre (par Lebrasseur). *Paris, Barois,* 1722, in-4°, v. brun, planches.

> Bon exemplaire, avec *ex libris* gravé aux armes de Rochechouart, évêque d'Evreux.
> Vue de la cathédrale d'Evreux ajoutée.

1679. Essais historiques et anecdotiques sur l'ancien comté, les comtes et la ville d'Evreux. *Evreux, Ancelle,* 1813. — Suite des essais historiques sur le comté d'Evreux et pays circonvoisins, depuis l'an 1200 jusqu'à la réunion de la Normandie à la couronne de France, par Masson de Saint-Amand. *Evreux, Ancelle,* 1815, in-8°, cart. brad.

> Quelques taches au commencement du t. II, qui est rare.

1680. Dictionnaire des anciens noms de lieu du département de l'Eure, par Aug. Le Prevost. *Evreux, Ancelle fils,* 1839, in-12, br.

> Envoi autographe de l'auteur.

1681. Dictionnaire topographique, statistique et historique du département de l'Eure , par Gadebled. *Evreux, Canu,* 1840, in-12, demi-rel. v. m. carte.

> Ouvrage devenu rare et recherché.

1682. Chroniques de l'Eure, par Aug. Guilmeth. *Paris, Delaunay,* 1832-36, 2 vol. in-8°, demi-rel. v. f.

> Ces deux vol. contiennent, 1er vol. 1° Notice historique sur la ville d'Evreux, le bourg de Gaillon, le Château-Gaillard et Ecouis. 5 pl.
> 2° Histoire de la ville de Brionne et endroits circonvoisins, Beaumont-le-Roger, abbaye du Bec, etc. 5 pl. dont une color.
> 3° Description des principales communes du département de l'Eure, par Rever, A. Le Prevost et Guilmeth. 26 p. 3 pl.

4° Notice historique sur la ville de Verneuil. 35 p.

T. II : 1° Histoire communale de l'arrondissement de Pont-Audemer. 86 p. 1 pl.

2° Le Duc roi, ou les insurgés brionnais, histoire normande de 1124.

3° Examen critique du mémoire de M. A. Le Prevost, sur quelques monuments du département de l'Eure, et particulièrement de l'arrondissement de Bernay. 15 p.

4° Notice historique sur l'inscription énigmatique de Bologne : *Ælia Lilia Crispis.* 12 p.

1683. Notices historiques sur la révolution dans le département de l'Eure, par Boivin-Champeaux, premier avocat général à la cour de Caen. *Evreux, Hérissey,* 1868, gr. in-8°, br.

1684. Procès-verbal de la formation de l'assemblée administrative du département de l'Eure, avec liste des membres nommés dans l'Assemblée, composée de 607 électeurs. *Evreux, veuve Malassis,* 1790.

1685. Projet d'adresse au roi par les communes du grand bailliage d'Evreux, *Paris,* 1790, et autres pièces concernant le département de l'Eure. In-8° et in-4°.

1686. Bulletin de l'Académie ébroïcienne, ancienne société d'agriculture, sciences, arts et belles-lettres du département de l'Eure. *Louviers, Achaintre,* 5 vol. in-8°, demi-rel. mar. vert, tête dor. année 1833 à 1837, lithogr.

Exemplaire sur pap. rose. Rare.

1687. Département de l'Eure, Evreux et les environs, partie de la carte de Cassini, collée sur toile, et étui.

1688. Mémoire sur les ruines du Vieil-Evreux, avec la carte du territoire où il existe des ruines et 14 plans et dessins des objets trouvés dans les ruines, par M. F. Rever. *Evreux, Ancelle,* 1827, in-8°, demi-rel. mar. vert, tête dor.

1689. Analectes historiques, recueil de documents inédits sur l'histoire de la ville d'Evreux, publiés par M. Bonnin. *Evreux, J.-J. Ancelle fils,* 1839, gr. in-8°, pap. vergé, front. représentant Evreux en 1634.

1690. Notes, fragments et documents pour servir à
l'histoire de la ville d'Evreux, extraits des journaux,
mémoriaux, actes et délibérations de l'hôtel de ville,
par T. Bonnin. *Evreux, L. Tavernier*, 1847, gr.
in-8°, br. gr. plan d'Evreux en 1745.

1691. Souvenirs et journal d'un bourgeois d'Evreux,
1740-1830 (par N.-P.-Ch. Rogue, mis en ordre
par M. Bonnin). *Evreux, Hérissey*, 1850, in-12, br.

1692. Histoire des évêques d'Evreux, avec des notes
et des armoiries, par Chassant et Sauvage. *Evreux,
L. Tavernier*, 1846, in-16, blasons, br.

1693. Histoire de Mgr Olivier, évêque d'Evreux, par
Ad. Bouclon. *Evreux, Damame*, 1855, in-12, br.

1694. Puy de Musique, érigé à Evreux en l'honneur
de Madame sainte Cécile, publié d'après un mss. du
xvie siècle, par MM. Bonnin et Chassant. *Evreux,
J.-J. Ancelle,* 1837, in-8°, br.

1695. Notice historique sur la tour de l'Horloge
d'Evreux, par A. Chassant. *Evreux, Ancelle*, 1844,
in-8°, br. 2 pl.

1696. Esquisses sur Navarre, par M. d'Avannes.
Evreux, 1839, gr. in-8°, br.

> Exemplaire en grand papier vélin, fig. lettres grises.
> Le supplément est en petit papier.

1697. Le même ouvrage. 2 vol. gr. in-8° br., plans et
lithogr.

1698. Exposition d'objets d'art et d'antiquités à Évreux
en 1864. Catalogue analytique par M. Raymond
Bordeaux. *Évreux, Hérissey*, in-18.

> L'un des exemplaires sur papier vergé, du tirage fait à 60 exem-
> plaires seulement, après la clôture de l'exposition, et corrigé de
> nouveau. — Ensemble : Exposition d'Evreux, compte rendu au
> point de vue normand, par R. Bordeaux. *Caen, Leblanc,* 1865,
> in-8°, pap. vergé. — Exposition d'objets d'art et de curiosité à
> Rouen en 1864. *Rouen,* 1864, in-12.

1699. Essai historique, archéologique et statistique
sur l'arrondissement de Pont-Audemer, par M. A.
Canel. *Paris, Lance*, 1834, 2 vol. in-8°, br. planch.

1700. Traicté des marques des possédez et la preuve de la véritable possession des religieuses de Louviers, par P. M. Esc. D. en M. *Rouen, Ch. Osmont,* 1644, pet. in-4°, demi-rel. v. f. coins, tr. peig. — A la suite : Relation des vertus admirables d'une pauvre fille décédée depuis peu en la ville d'Evreux, contenue dans une lettre adressée à Mgr l'évêque d'Evreux, par un curé de la ville de Rouen.

> Ces deux pièces sont très-rares; le titre de la première est raccommodé. Volume non cité dans le Manuel du bibliographe normand.

1701. Récit véritable de ce qui s'est fait et passé à Louviers touchant les religieuses possédées, extrait d'une lettre écrite de Louviers à un évesque. — A la fin : *Jouxte la copie imprimée à Paris par François Beauplet,* 1643, in-4°, vélin.

> Copie manuscrite de 18 pages.

1702. Histoire de Magdeleine Bavent, religieuse du monastère de Saint-Louis de Louviers, avec sa confession, etc., avec l'arrêt donné contre Mathurin Picard et Thomas Boullé, etc. *Paris,* 1652 *(reliure de Thivet).*

> Manuscrit de 170 pages, copié de ma main sur l'exemplaire imprimé que possède M. A. Marcel, savant bibliophile à Louviers...
>
> L.

1703. Arrêt du parlement de Rouen contre Mathurin Picard et Thomas Boullay, du 21 août 1647. In-12, vélin.

> Copie manuscrite de 36 pages.

1704. La Piété affligée, ov discovrs historiqve et théologiqve de la possessicn des religieuses dittes de Saincte-Elizabeth de Louviers, par le révérend P. Esprit du Bosc-Roger. *Rouen, Jean le Bovlenger,* 1652, in-4°, vélin, front. grav.

1705. La Piété affligée, ou discours historique et théologique de la possession des religieuses dites de Sainte-Elisabeth de Louviers, par le R. P. Esprit du Bosc-Roger. *Amsterdam, P. Schaier,* 1700, in-12, demi-rel. bas.

1706. Histoire de la ville de Louviers, par L.-R. Morin. *Rouen, P. Périaux*, 1822, 2 vol. in-12, br.

1707. Essai historique sur Louviers, par Paul Dibon. *Rouen, Périaux*, 1836, in-8°, br. 2 plans et 8 planches.

1708. Essai historique sur Louviers, par Paul Dibon. *Rouen, N. Périaux*, 1836, gr. in-8°, demi-rel. chag. violet, coins, tête dor. 2 pl. et lith.

> Dans le même volume : Essai sur un tombeau gallo-romain découvert à Louviers en 1860, par P.-G.-F. Petit. *Paris*, 1860, pl.

1709. L'Anthropophagie et les anthropophages. *Amsterdam*, 1764, in-8°, br. 37 pages.

> Pièce très-rare, satire violente contre les fermiers généraux, qualifiés d'anthropophages par le pamphlétaire.
>
> Ce qui donne un intérêt particulier à cette brochure, c'est qu'à la page 18 l'auteur parle d'une visite faite en compagnie d'un financier au château du Neubourg, où le grenier à sel était situé « sous la salle où fut représenté le premier opéra qui ait été exécuté en France ».
>
> Le château du Neubourg, où fut jouée pour la première fois *la Toison d'or*, opéra de Pierre Corneille, existe toujours ; mais la salle de spectacle où se tenait encore il y a quelques années le beau bal de la fête Saint-Paul a été transformée en partie en salle à manger.
>
> Quant au grenier à sel *situé sous la salle*, on en a fait une excellente cave où le propriétaire, gourmet très-distingué, conserve des vins choisis dont je puis certifier la qualité.   L.

1710. Mémoire sur les antiquités découvertes au Neubourg, par Thaurin, in-8°.

1711. Petite chronique neubourgeoise : satires, pamphlets et caricatures sur les hommes et les femmes de la localité. Environ 60 pièces in-12, in-8° et in-4°.

1712. Histoire du château de Radepont et de l'abbaye de Fontaine-Guerard, par L. Fallue. *Rouen, A. Péron*, 1831, in-8°, br. 1 planche.

> Avec 3 feuilletons ajoutés, intitulés : Promenade artistique de Rouen à Radepont, par M. A. Fromentin, et tirés du *Journal de Rouen* des 25, 26 et 27 août 1856.

1713. Essai historique et archéologique sur la ville du Pont-de-l'Arche et sur l'abbaye de N.-D. de Bonport, par Léon de Duranville. *Rouen, Le Brument*, 1856, in-8°, br. 5 planches.

1714. Histoire de la ville des Andelys et de ses dépendances, par Brossard de Ruville, ornée de nombreux dessins sur bois. *Les Andelys, Delcroix,* 1864, 2 vol. gr. in-8°, br.

1715. Histoire de l'arrondissement des Andelys, par M. de la Rochefoucault-Liancourt. *Andelys, Saillot,* 1833, in-8°, br.
    Cachet sur le titre.

1716. Les Andelys et Nicolas Poussin, par E. Gandar. *Paris, veuve Jules Renouard,* 1860, gr. in-8°, pap. vélin, br.

1717. L'Origine du prieuré des Deux-Amants, fabliau du xiiie siècle par un trouvère du xviiie. Notice préliminaire par M. le marquis de Blosseville. *Rouen,* 1869, in-8°, br.
    Envoi de l'auteur à M. Lebert.

1718. Divers plaidoyés tovchant la cavse dv gvevx de Vernon, avec le plaidoyé de M. Bignon. *Paris, L. Billaine,* 1665, in-4°, v. gran.
    Piqûres de vers réparées.

1719. Essai historique sur Gisors et ses environs, depuis leurs premiers temps jusqu'à nos jours, par Gédéon Dubreuil. *Gisors, Lapierre,* 1856, in-8°, br.

1720. Notice historique et archéologique sur Notre-Dame-de-la-Couture de Bernay, etc., par A. Blais. *Évreux, Hérissey,* 1852, in-8°, br. 9 pl.

1721. Histoire de Saint-Martin-du-Tilleul, par un habitant de cette commune (Aug. Le Prevost). *Paris, Crapelet,* 1848, in-8°, br. rogné.
    Blasons et plans.

1722. Collection de placards in-f° imprimés dans le département de l'Eure : Comité permanent de la ville d'Evreux sur le pillage des bois et forêts; proclamation du roi sur l'organisation judiciaire; liberté, égalité, fraternité; pièce coloriée du temps représentant les vaisseaux de la République, surmontés du bonnet rouge et deux drapeaux tricolores de chaque côté. (On croit que cette pièce a servi d'enseigne de cabaret.)

1723. Annuaire du département de l'Eure. *Evreux, Ancelle,* années 1807, 1808, 1810, 1819, 1832, in-12, br. fig.

Cet Annuaire ne paraît pas tous les ans.

1724. Almanach-Annuaire de l'Eure depuis l'origine, 1843 à 1871, 29 années. *Évreux, Ancelle et Hérissey,* gr. in-16, br.

La collection complète est difficile à former. Elle contient des notices historiques, archéologiques, etc.

1725. Voyage de Quillebeuf par terre et par mer et par Pont-Audemer aussi, par Jérôme Pointu (A. Canel). *Rouen,* 1871, in-8°, br. 52 pages.

1726. Le Courrier de l'Eure, journal politique, du 4 décembre 1847 au 30 décembre 1848, 145 numéros in-fol. *Évreux.*

1727. Journal de l'Eure, feuille politique, etc., du 16 mars 1848 au 8 février 1849. *Évreux, Canu,* 140 numéros in-fol.

Collection complète extraordinairement rare.

— Journal républicain du département de l'Eure. *Évreux,* n°ˢ 1 et 2, des 22 et 25 avril 1848.

Histoire de Caen et du Calvados.

1728. Notices biographiques, littéraires et critiques sur les hommes du Calvados qui se sont fait remarquer par leurs actions ou par leurs ouvrages, par F. Boisard. *Caen, Pagny,* 1848, in-12, demi-rel. v. f. tr. peig.

1729. Souvenir de l'insurrection normande, dite du Fédéralisme, en 1793, par M. F. Vaultier, avec des notes par Georges Mancel. *Caen, Le Gost-Clérisse,* 1858, in-8°, br.

1730. Caen en 1786, chronique normande, par Adolphe Poignant. *Paris, Debécourt*, 1840, in-8°, br.

1731. Les Origines de la ville de Caen, revues, corrigées et augmentées, seconde édition (par Daniel Huet). *Rouen, Maurry*, 1706, in-8°, demi-rel. v. f. coins, tête dor. plan de Caen.

> Ce bel exemplaire est précédé d'une vie manuscrite de Daniel Huet.

1732. Siége du château de Caen, par Louis XIII, épisode de la guerre civile de 1620, par M. Léon Puiseux. *Caen, Le Gost-Clérisse*, 1856, in-8°, br.

1733. Mémoire pour les quatre-vingt-quatre citoyens détenus dans la tour de Caen, depuis le 5 novembre 1791. *Paris, Demonville*, 1792, in-8°, br.

> Pièce rare.

1734. Les Laboderie, étude sur une famille normande, par M. le comte H. de la Ferrière-Percy. *Paris, A. Aubry*, 1837, in-8°, br.

1735. Histoire de la ville de Honfleur, par P.-P.-N. Thomas. *Honfleur, E. Dupray*, 1840, in-8°, demi-rel. v. rose.

1736. Essai historique sur Honfleur et l'arrondissement de Pont-Lévêque, par A. Labutte. *Honfleur, E. Dupray*, 1840, in-8°, demi-rel. v. bleu, pl.

1737. Jean Hennuyer, évêque de Lisieux, drame en 3 actes (par Mercier). *Lisieux*, 1773. — Lettre de M. L., avocat, à M. D..., curé à portion congrue. *Amsterdam*, 1766, en un vol. in-12, demi-rel. mar. tête dor.

> La première pièce est très-rare.

1738. Recherches historiques sur Falaise, par G. Langevin, prêtre. *Falaise, Brée*, 1814, in-12, br.

1739. Le Pour et Contre de la possession des filles de la paroisse de Landes, diocèse de Bayeux (par l'abbé Porée). *A Antioche (Rouen), chez les héritiers de la* *bonne foy, à la Vérité,* 1738. — Ensemble : Réponse de l'auteur de l'Examen de la possession de Landes à la lettre de M. C. de ***, par A. P. D. N., pour servir de suite au Pour et Contre. *Antioche et Rouen,* 1739, in-8°, v. marb.

Rare. Vendu 14 fr. 50 demi-rel. vente Le Chevalier en 1857. L.

1740. Contes populaires, préjugés, patois, proverbes, noms de lieux de l'arrondissement de Bayeux, par Fréd. Pluquet. *Rouen, Ed. Frère,* 1834, in-8°, demi-rel. v. fig.

1741. Mémoire sur les vestiges des thermes de Bayeux, découverts en 1760 et recherchés en 1821, par M. Surville. *Caen, Chalopin,* 1822, in-8°, br.

1742. Essai historique sur la ville de Bayeux et son arrondissement, par F. Pluquet. *Caen, T. Chalopin,* 1829, in-8°, br.

1743. Bayeux à la fin du xviiie siècle, études historiques, par M. Pezet. *Bayeux,* 1837, gr. in-8°, demi-rel. chag. n. r.

Histoire de Saint-Lo, d'Alençon, de la Manche et de l'Orne.

1744. Histoire de la ville de Saint-Lo (par Guilmeth). *S. l. n. d.* in-8°, demi-rel. v. bleu, 4 plans lith.

1745. Histoire des évêques de Coutances, depuis la fondation de l'évêché jusqu'à nos jours, par M. Lecanu. *Coutances, Voisin,* 1839, in-8°, br.

1746. Histoire du Mont-Saint-Michel et de l'ancien diocèse d'Avranches, depuis les temps les plus reculés jusqu'à nos jours, par l'abbé Desroches. *Caen, Mancel,* 1838, 2 vol. in-8°, br.

Avec *ex dono* signé comtesse de Briqueville. Manque l'atlas in-4°.

1747. Notice historique et topographique du mont Saint-Michel, de Tombelaine et d'Avranches, par M.

L. Blondel. *Avranches, Tribouillard*, 1823, in-12, br.

1748. Histoire du mont Saint-Michel comme prison d'État, avec les correspondances inédites des citoyens Armand Barbès, Auguste Blanqui, Martin Bernard, Flotte, Mathieu d'Epinal, Beraud, etc., par Fulgence Girard. *Paris, Permain*, 1849, in-8°, br.

1749. Histoire pittoresque du mont Saint-Michel et de Tombelaine, par Maximilien Raoul. *Paris, A. Ledoux*, 1833, in-8°, demi-rel. v. mar. avec 14 grav.

1750. Fêtes des bonnes gens de Canon et des rosières de Briquebec et de Saint-Sauveur-le-Vicomte (par l'abbé Le Monnier). *Paris, Prault,* 1778, front. grav. — Supplément à la fête des rosières de Briquebec et fête de la rosière de Saint-Sauveur-le-Vicomte. *Paris, Prault*, 1778, in-8°, v. gran. fil.

1751. Histoire d'Alençon, par l'abbé Gauthier. *Alençon, Malassis,* 1805, in-8°, br.

1752. Histoire d'Argentan et de ses environs, comprenant des recherches sur la domination des Celtes, des premiers Gaulois, des Romains, des Francs et des Normands dans les Gaules, par J.-A. Germain. *Alençon, Bonnet*, 1843, in-8°, demi-rel. bas.

1753. Histoire civile, religieuse et littéraire de l'abbaye de la Trappe, par L. D. B. *Paris,* 1824, in-8°, br.

1754. Histoire de Flers, ses seigneurs, son industrie, par M. le comte H. de la Ferrière. *Paris, Dumoulin*, 1855, in-8°, br. pap. vélin, planches et blasons.

1755. Histoire du canton d'Athis (Orne) et de ses communes, précédée d'une étude sur le protestantisme en basse Normandie, par M. le comte H. de la Ferrière-Percy. *Paris, A. Aubry*, 1858, in-8°, br. blasons.

1756. Les plus beaux monuments de l'Orne, album archéologique et monumental. *L'Aigle, Beuzelin*, 1856, 41 pl. in-fol. br.

PARALIPOMÈNES HISTORIQUES

Chevalerie, Noblesse, Archéologie, etc.

1757. Mémoires sur l'ancienne chevalerie considérée comme un établissement politique et militaire, par de la Curne de Sainte-Palaye. *Paris*, 1759, 3 vol. in-12, v. marb.

1758. Histoire littéraire des troubadours (par de la Curne de Sainte-Palaye). *Paris*, 1774, 3 vol. in-12, v. m.
> Reliure uniforme avec le précédent.

1759. Nouvelle méthode raisonnée du blason, ou de l'art héraldique, par le P. Menestrier. *Lyon*, 1770, in-8°, planches, v. fauve, fil. tr. dor. (*reliure anc.*).
> Édition estimée et recherchée.

1760. Les nobles et les vilains du temps passé, ou recherches critiques sur la noblesse et les usurpations nobiliaires, par Alph. Chassant. *Paris*, 1857, in-12, pap. vergé, br.

1761. Nobiliana. Curiosités nobiliaires et héraldiques, suite du livre intitulé : Les nobles et les vilains, par Alph. Chassant. *Paris, Aubry*, 1858, in-12, pap. vergé, br.

1762. Généalogie illustrée de la maison de Sarcus, extraite du 10° vol. des Archives généalogiques et historiques de la noblesse de France, par M. Lainé. *Paris*, 1858, gr. in-8°, demi-rel. mar. rouge, n. r. 80 pl. et portr. sur chine.
> On lit sur le feuillet de garde : « A monsieur Lebert, hommage du comte de Sarcus, août 1866. »   L.

1763. Histoire généalogique de la maison d'Harcourt, par Gilles-André de la Roque. *Paris, Sébastien Cramoisy*, 1662, 4 vol. in-f°, v. brun (*aux armes*).
> Bel exemplaire; le t. IV est légèrement atteint d'humidité dans la marge.

1764. L'Antiquité expliquée et représentée en figures, par Bernard de Montfaucon. *Paris, Delaulne,* 1719, 10 vol. in-f°, v. marb. fig. — Supplément à l'antiquité expliquée, par B. de Montfaucon. *Paris, veuve Delaulne,* 1724, 5 vol. in-f°, v. marb. fig.

La reliure de quelques vol. est dépareillée, et plusieurs ont des mouillures. Exemplaire de la 1re édition.

1765. Antiqvarvm statvarvm vrbis Romæ, quæ in publicis privatisque locis visuntur, icones. *Roma,* 1584, in-4°, parch.

Recueil formé de 98 pl. gravées. *Mouillures.*

1766. Abécédaire, ou rudiment d'archéologie (architecture religieuse et architecture civile et militaire), par de Caumont. *Caen,* 1853-54, 2 vol. in-8°, fig. br.

1767. Principes d'archéologie pratique appliqués à l'entretien, la décoration et l'ameublement artistique des églises, par R. Bordeaux. *Caen,* 1852, in-8°, fig. br. (*Édition originale.*)

1768. Notice sur le château de Sarcus tel qu'il devait être en 1530, précédée d'une notice biographique sur Jean de Sarcus, par A. Houbigant. *Beauvais,* 1859, gr. in-8°, demi-rel. mar. bleu, n. r. nombr. pl.

Cet exemplaire m'a été donné par M. le comte de Sarcus, propriétaire au château de Saint-Leger, près du Neubourg. L.

1769. Le Menagier de Paris, traité de morale et d'économie domestique, composé vers 1393 par un bourgeois parisien, publié par la Société des bibliophiles français. *Paris, Crapelet,* 1846, 2 vol. gr. in-8°, pap. vergé, br.

1770. Le Bestiaire divin de Guillaume, clerc de Normandie, trouvère du xiii° siècle, publié d'après un ms. de la Bibliothèque nationale, avec une introduction sur les bestiaires, volucraires et lapidaires du moyen âge, par Ch. Hippeau. *Caen, A. Hardel,* 1852, in-8°, pap. vélin, br.

1771. Récréations historiques, critiques, morales et d'érudition, avec l'histoire des fous en titre d'office, par M. D.-D. A. *La Haye*, 1768, 2 vol. in-12, demi-rel. v. fauve.

1772. La grande danse macabre des hommes et des femmes, précédée du dict des trois morts et des trois vifz, du débat du corps et de l'âme, et de la complainte de l'âme dampnée. *Paris, Baillieu, s. d.* in-4°, br. fig. sur bois.

1773. L'Alphabet de la mort de Hans Holbein, entouré de bordures du XVIᵉ siècle, par Anatole de Montaiglon. *Paris*, 1856, in-8°, br.

1774. Essai historique, philosophique et pittoresque sur les danses des morts, par E.-H. Langlois, publié par A. Pottier et Baudry. *Rouen, A. Le Brument*, 1852, 2 vol. gr. in-8°, br.

> Nombreuses et belles planches gravées par l'auteur et ses amis. C'est un des ouvrages les plus complets sur cette matière.

1775. Essai historique et descriptif sur la peinture sur verre et sur les vitraux les plus remarquables de quelques monuments français et étrangers, par E.-H. Langlois. *Rouen, E. Frère*, 1832, in-8°, br. 7 pl. grav. par l'auteur.

> Epuisé et rare.

1776. Essai sur la calligraphie des manuscrits au moyen âge et sur les ornements des premiers livres d'heures imprimés, par E.-H. Langlois. *Rouen, Ed. Frère et Le Brument*, 1841, gr. in-8°, demi-mar. coins, tête dor. n. r. 17 pl. grav. par l'auteur.

1777. Livre d'or des métiers. Histoire des hôtelleries, cabarets, hôtels garnis, restaurants et cafés, et des anciennes communautés et confréries d'hôteliers, de marchands de vins, limonadiers, etc., par Francisque Michel et Ed. Fournier. *Paris*, 1861, 2 t. en un vol. gr. in-8°, demi-rel. mar. n. r. nombr. grav.

1778. Livre d'or des métiers. Histoire des cordonniers et des artisans dont la profession se rattache à la cordonnerie, depuis leur fondation jusqu'à leur suppression en 1789, par P. Lacroix, A. Duchesne

et F. Séré. *Paris*, 1852, gr. in-8°, demi-rel. mar.
n. r. fig.

1779. Livre d'or des métiers. Histoire de l'imprimerie
et des arts et professions qui s'y rattachent ; histoire de l'orfévrerie, des charpentiers et de la barbe,
par P. Lacroix, Ed. Fournier et F. Séré. *Paris*, 1852,
réunies en un vol. gr. in-8°, demi-rel. mar. n. r.
Nombreuses figures noires et coloriées.

Histoire littéraire.

1780. Mémoires de littérature, par Sallengre. *La Haye*,
1715, 4 t. en 2 vol. demi-rel. chag. coins, tête dor.
n. r. fig.

1781. La Bibliothèque choisie de M. Colomiés, nouv.
édit. augmentée des notes de MM. Bourdelot, de la
Monnoye et autres. *Paris*. 1731, in-12, v. gran.

1782. Nouvelle bibliothèque choisie, où l'on fait connaître les bons livres en divers genres de littérature et l'usage qu'on en doit faire (par Barrat).
Amsterdam, Mortier, 1714, 2 vol. in-12, v. gran.

1783. Bibliothèque critique, publiée par M. de Saint-
Jore (par Richard Simon). *Paris et Amsterdam*, 1708,
4 vol. in-12, v. fil.
Cet ouvrage fut supprimé par arrêt du conseil et condamné à
Rome par décret du 15 janvier 1714.   L.

1784. Mémoires secrets de la république des lettres,
ou le théâtre de la vérité (par le marquis d'Argens).
Amsterdam, Neaulme, 1744, 7 vol. pet. in-12, v. m.
Piqûres de vers dans la marge des t. II, III, VI, VII.
Vendu 60 fr. v. marbré, vente Luzarche, en 1869.

1785. Mémoires secrets pour servir à l'histoire de la
république des lettres en France, depuis 1762 jusqu'à nos jours (par Bachaumont et autres). *Londres
(Hollande)*, 1777-89, 36 vol. in-12, demi-rel. v. f.
n. r.

1786. Anecdotes secrètes du xviiie siècle, pour faire suite aux Mémoires de Bachaumont. *Paris*, 1808, 2 vol. in-8°, demi-rel. v. f. tr. peig.

1787. Tableau historique de l'esprit et du caractère des littérateurs français, depuis la renaissance des lettres jusqu'en 1785, par M. T..., avocat au parlement. *Versailles*, 1785, 4 vol. in-8°, br.

1788. Bibliothèque étrangère d'histoire et de littérature ancienne et moderne, ou choix d'ouvrages remarquables et curieux, traduits avec des notices, par M. Aignan. *Paris, Ladvocat,* 1723, 3 vol. in-8°, demi-rel. mar. puce, n. rog.

1789. Histoire des livres populaires, ou de la littérature du colportage, depuis le xve siècle jusqu'à l'établissement de la commission d'examen des livres du colportage, par Ch. Nisard. *Paris*, 1854, 2 vol. gr. in-8°, br. nombr. fig. sur bois.

Epuisé et rare.

1790. Traité des matériaux manuscrits de divers genres d'histoire, par Alexis Monteil. *Paris*, 1835, 2 vol. in-8°, br.

BIOGRAPHIE.

1791. Dictionnaire historique et critique, par M. Bayle. *Rotterdam*, 1697, 4 vol. in-f°, cart.

Cet ouvrage fut condamné par décrets de la cour de Rome du 22 décembre 1700 et du 12 avril 1703. Voir la lettre de Voltaire, n° 2035, édit. Beuchot. L.

1792. Les Vies des plus illustres philosophes de l'antiquité, traduit du grec de Diogène Laërce, avec la vie de l'auteur, celle d'Epictète, de Confucius, etc. *Paris,* 1796, 2 vol. in-8°, demi-rel. v. f.

1793. Vie d'Apollonius de Tyane, par Legrand d'Aussy. *Paris*, 1807, 2 vol. in-8°, demi-rel. chag. n. r.

1794. OEuvres de Plutarque, traduites du grec, par Amyot, avec des notes de Brotier et Vauvilliers; édition corrigée et augmentée par Clavier. *Paris, Cussac, an IX* (1801), 25 vol. in-8°, demi-rel. bas. portr. et fig.

1795. La Vie de Mahomet, traduite de l'Alcoran, par J. Gagnier. *Amsterdam,* 1732, 2 vol. in-8°, fig. v. gran.

1796. Histoire de Saladin, sultan d'Egypte et de Syrie, par M. Marin. *Paris,* 1758, 2 vol. in-12, br. cartes.

1797. Vie de B. de Spinosa, tirée des écrits de ce fameux philosophe, par J. Colerus. — La Vérité de la résurrection de Jésus-Christ défendue contre B. de Spinosa. *La Haye,* 1706, 2 tom. en un vol. pet. in-8°, v. f. fil. tr. dor. cent. int.

1798. Histoires prodigievses extraites de plvsievrs famevx avthevrs grecs et latins, sacrés et profanes, divisées en 5 livres, par P. Boaistuau, etc. *Anvers,* 1594, pet. in-12, chag. noir.
   Nombreuses piqûres de vers réparées.

1799. Les Imposteurs insignes, ou histoires de plusieurs hommes de néant de toutes nations qui ont usurpé la qualité d'empereur, de roi et de prince, par Jean-Baptiste de Rocoles. *Bruxelles,* 1728, 2 vol. in-12, v. f. avec 22 portr. et 2 frontispices.
   Ex libris autographe de d'Anse de Villoison sur le titre. L.

1800. Histoire des Amazones anciennes et modernes, par l'abbé Guyon. *Paris,* 1740, 2 part. en un vol. in-12, fig. v. marb.

1801. La Galerie des femmes fortes, par le P. Lemoine. *Paris,* 1665, in-12, demi-rel. v. fauve, front. et fig.

1802. Histoire des favorites, contenant ce qui s'est passé de plus remarquable sous plusieurs règnes, par Mlle G*** (*la Roche-Guilhem*). *A Constantinople, cette année présente (Amsterdam,* 1699). 2 part. en un vol. in-12, v. marb. portr.

1803. OEuvres complètes de Pierre de Bourdeilles, abbé et seigneur de Branthôme, suivies des OEuvres d'André de Bourdeilles, et d'une table générale avec introduction et notes, par Prosper Mérimée et L. Lacour. *Paris, P. Jannet*, 1858, 3 vol. in-16, cart. n. r.
Portrait ajouté.

1804. Réflexions sur les grands hommes qui sont morts en plaisantant, par M. Deslandes. *Amsterdam*, 1776, in-12, demi-rel. v. brun, n. r.

1805. Histoire critique de Nicolas Flamel, et de Pernelle sa femme, par M. L. (l'abbé Levillain). *Paris*, 1761, in-12, v. m.

1806. La Vie de Michel Ruiter, où est comprise l'histoire maritime des Provinces-Unies depuis l'année 1652 jusqu'à 1676, trad. du hollandais de Girard Brandt (par Aubin). *Amsterdam, J. Blanc*, 1698, in-f°, v. brun.
Avec planches.

1807. La Vie de Mme la duchesse de Longueville (par de Villefort). *S. l.* 1738, 2 part. in-12, v. brun.

1808. Histoire de Mlle Cronel *dite* Frétillon, actrice de la comédie de Rouen, écrite par elle-même (par Gaillard de la Bataille). *La Haye*, 1752, 4 part. en un vol. in-12, demi-rel. v. f. n. r.

1809. Vie privée du maréchal de Richelieu, contenant ses amours, ses intrigues, et tout ce qui a rapport aux divers rôles qu'a joués cet homme pendant plus de quatre-vingts ans, par Faur. *Paris, Buisson*, 1791, 3 vol. in-8°, demi-rel. bas.

1810. Confessions de Marion Delorme, par Eugène de Mirecourt, illustrées par J. P. Beaucé, etc., etc. *Paris*, 1858, 2 vol. gr. in-8°, avec 20 grav. br.

1811-1813. Le Vice puni, ou Cartouche, poëme, par Grandval. *Anvers*, 1768. — Histoire de la vie et du procès du fameux Cartouche. *S. l.* 1725. — Les Amours de Cartouche. *Londres, s. d.* 3 vol. cart. et br.

1814. Mémoires de Sanson, sept générations d'exécu-
teurs, publiés par lui-même. *Paris*, 1862, 6 vol.
demi-rel. mar. rouge, tête dorée.
Exemplaire gr. papier.

1815. Histoire de Bernadotte, Charles XIV-Jean, par
Sarrans. *Paris,* 1845, 2 vol. in-8°, br.

1816. Triomphe de l'intolérance, ou anecdotes de la
vie d'Ambroise Borély, recueillies par Jesterman.
Londres, 1779, in-8°, br.

1817. L'Histoire du sieur Abbé, comte de Bucquoy,
singulièrement son évasion du Fort-l'Evêque et de la
Bastille, par Mme du Noyer. *Paris,* 1866, in-16,
front. br.

1818. Saint-Martin le philosophe inconnu, sa vie et
ses écrits ; son maître Martinez et leurs groupes, d'a-
près des documents inédits, par Matter. *Paris, Didier,*
1862, in-8°, br.

1819. Essai sur la vie et les tableaux du Poussin, par
Cambry, première édit. *Rome,* 1783. — 2e édit. *Paris,*
an VII. — Mémoires sur la vie de Nicolas Poussin,
par Maria Graham, trad. de l'anglais. *Paris,* 1821,
in-8°, br.

1820. Le Poussin, sa vie et son œuvre, suivi d'une
notice sur la vie et les ouvrages de Philippe de
Champagne et de Champagne le neveu, par H. Bou-
chitté. *Paris,* 1858, in-8°, br.

1821. Annuaire nécrologique, par Mahul. *Paris,* 1826,
in-8°, br.

1822. Annuaire biographique, par Henrion. 1830-1834,
2 vol. in-8°, br.

1823. Histoire de Dante Alighieri, par Artaud de
Montor. *Paris,* 1841, in-8°, fig. br.

1824. LES HOMMES ILLUSTRES qui ont paru en France

pendant ce siècle, par Perrault. *Paris, Ant. Dezallier*, 1696, 1700, 2 vol. en un in-f°, v. gran.

Exemplaire conforme à Brunet, avec les portr. d'Arnault et de Pascal et au tome I les portraits de Thomassin et de du Cange.

1825. Portraits et histoire des hommes utiles, de tous pays et de toutes conditions. *Paris,* 1833-1840, 5 vol. gr. in-8°, demi-rel. v. bleu, portr.

1826. Galerie des contemporains, par un homme de rien (de Loménie). *Paris,* 1840, 10 t. en 5 vol. in-18, demi-rel. bas. portr.

1827. Galerie historique et biographique des hommes du jour, par Germain Sarrut et Saint-Edme. *Paris,* 1848, 6 vol. en 12 part. gr. in-8°, br. portr.

1828. Les Contemporains, publiés par E. de Mirecourt, du 6 janvier au 3 novembre 1857, 44 n°ˢ in-f°, en feuilles.

C'est tout ce qui en a paru.

1829. Les Contemporains, par E. de Mirecourt. *Paris, G. Havard*, 1857-60, 106 biographies, rel. par ordre alphabétique en 23 vol. in-18, demi-mar. rouge, tête dor. n. r. (*Thivet*), plus 11 biographies diverses, in-18, br.

Collection bien complète, avec toutes les biographies qui ont été saisies, *Barbès*, Mᵐᵉ *Ancelot*, etc.

BIBLIOGRAPHIE.

1830. De l'Origine et des débuts de l'imprimerie en Europe, par Aug. Bernard. *Paris, Imprimerie impériale*, 1753, 2 vol. in-8°, demi-rel. v. f. planches.

1831-1833. De l'État réel de la presse et des pamphlets, depuis François Iᵉʳ jusqu'à Louis XIV, par M. C. Leber. *Paris, Techener*, 1834. — Testament littéraire de M. Leber. *Orléans,* 1860. — Catalogue de livres imprimés, manuscrits, lettres autographes provenant de la bibliothèque de M. Leber, avec prix. *Paris,* 1860, 3 vol. in-8°, br.

1834. Manuel du libraire et de l'amateur de livres, par Jacques Ch. Brunet fils, seconde édit. *Paris*, *Brunet*, 1814, 4 vol. in-8°, cart. n. r.

1835. Manuel du libraire et de l'amateur de livres, par Jacques-Charles Brunet. Cinquième édit. entièrement refondue et augmentée d'un tiers par l'auteur. *Paris*, *Firmin Didot*, 1860-65, 6 vol. gr. in-8°, br. en 12 parties.

1836. La Chasse aux bibliographes et antiquaires malavisés (par l'abbé Rive). *A Londres*, *Aphobe*, 1788, 2 part. en un vol. in-8°, demi-rel. chag. vert, tête dor. n. r.

> Satire violente contre les bibliographes Debure, Van Praët et autres. **L.**

1837. Dictionnaire bibliographique, historique et critique des livres rares, précieux, singuliers, curieux, estimés et recherchés. *Paris*, *Cailleau et fils*, 1791-1802, 4 vol. in-8° et supplément, bas. (rel. fatig.).

1838. Dictionnaire bibliographique, ou nouveau Manuel du libraire et de l'amateur de livres (par Pseaume). *Paris*, *Ponthieu*, 1814, 2 vol. in-8°, demi-rel. bas. (rel. très-fatig.).

1839. Manuel du bibliophile, ou traité du choix des livres, par Gabriel Peignot. *Dijon*, *Lagier*, 1823, 2 vol. in-8°, bas. rac.

1840. Le Livre des singularités, par G.-P. Philomneste (G. Peignot). *Dijon*, 1841, in-8°, demi-rel. mar. rouge, tête dor. n. r.

1841. Manuel du bibliographe normand, ou dictionnaire bibliographique et historique, contenant l'indication des ouvrages relatifs à la Normandie, depuis l'origine de l'imprimerie jusqu'à nos jours, par Edouard Frère. *Rouen*, *Le Brument*, 1860, 2 vol. gr. in-8°, br.

1842. Essai sur l'art de restaurer les estampes et les livres, par Bonnardot. — De la Réparation des vieilles reliures, par le même. *Paris*, 1858, 2 vol. en un, demi-rel. v. fauve, tête dor. n. r.

Epuisé.

1843. Ma République, par P.-L. Jacob, bibliophile (Paul Lacroix). *Paris, s. d.* in-12, br.

1844. Voyages littéraires sur les quais de Paris, par de Fontaine de Resbecq. *Paris*, 1857. — L'Enfer du bibliophile, vu et décrit par Charles Asselineau. *Paris*, 1860, 2 vol. en un, in-18, demi-rel. v. fauve, n. r.

1845. Bulletin du bouquiniste, publié par Auguste Aubry. 1857 à 1873, 32 vol. in-8°, en cahiers.

Collection bien complète des 17 années parues.

1846. Archives du Bibliophile. *Paris, Claudin*, 1858 à 1859. 7 vol. in-8°, br.

Contient des notices intéressantes.

Catalogues divers.

1847. Catalogue des livres de la bibliothèque de feu M. le duc de la Vallière, par G. de Bure. *Paris*, 1783, 3 vol. in-8°, br. portr. et pl. *(avec les prix imprimés).*

1848. Catalogue des livres de la bibliothèque de feu Mme la marquise de Pompadour, dame du palais de la reine. *Paris, Hérissant*, 1765, in-8°, v. marb. *(prix).*

1849. Bibliothèque de la reine Marie-Antoinette au petit Trianon, d'après l'inventaire original dressé par ordre de la Convention : Catalogue avec des notes inédites du marquis de Paulmy, publié par P. Lacroix. *Paris, Gay*, 1863, in-12, br. pap. de Hollande.

1850. Catalogue des livres de la bibliothèque de feu M. Larchevesque, docteur en médecine de la faculté de Rouen. *Rouen, Nic. Le Boucher*, 1749, in-8°, v. fil.

Avec les prix d'*estimation* et les prix de vente. L'Entrée de Henri II à Rouen, reliée en parchemin (n° 4,574), fut vendue 4 livres 10 sous, et l'Entrée de Henri IV à Rouen, brochée (n° 4,379), 5 livres.   L.

1851. Catalogue des livres de la bibliothèque de M. de Selle. *Paris*, 1761, in-8°, v. m. *(prix)*.

1852. Catalogue de la bibliothèque de Gayot, par G. De Bure. *Paris*, 1770, in-8°, bas. *(avec prix)*.

1853. Catalogue de la bibliothèque de M. le marquis de Courtanvaux. *Paris, Nyon*, 1782, in-8°, bas. *(prix mss. et imprimés)*.

1854. Catalogue des livres rares et de la bibliothèque de B. Caillard. *Paris, De Bure*, 1810, in-8°, demi-rel. bas. *(avec tables et prix)*.

1855. Catalogue des livres rares et curieux de la bibliothèque de Mac-Carthy Reagh. *Paris, De Bure*, 1815. — Catalogue de M. Boucher de la Richardière. *Paris, De Bure*, 1826, 3 vol. in-8°, cart. n. r. *(avec prix)*.

1856. Catalogue de la précieuse bibliothèque de Pixérécourt. *Paris, Crozet*, 1838, in-8°, br. *(prix)*.

1857. Catalogue des livres de M. le baron de Neubourg. *Paris*, 1839, in-8°, br. *(avec prix)*.

1858. Catalogue de la bibliothèque de la ville de Louviers, par L. Breauté. *Rouen, Péron*, 1843, in-8°, br.

1859. Catalogue des livres de la bibliothèque de M. Delasize. *Rouen, François*, 1846. — Catalogue de la bibliothèque de M. Francisque Michel. *Paris*, 1858. — Catalogue des livres anciens et modernes de M. Jullien. *Paris*, 1860, 3 vol. in-8°, br. *(avec prix)*.

1860. Catalogue de la bibliothèque du baron de Warenghien. *Paris, Jannet*, 1855. — Catalogue de M. Du Roure. *Paris, Jannet*, 1848, 2 vol. in-8°, br. *(avec prix)*.

1861. Catalogue de la bibliothèque de l'abbé de Bearzi. *Paris, Tross*, 1855, et autres. 12 catalogues (*avec prix*).

1862. Catalogue de la bibliothèque de N.-J.-L. Hebbeline, de Lille, 1856. — Catalogue de M. Léopold Double, 1863. — Catalogue de M. Auvillain, 1865, et autres. 6 catalogues (*avec prix*).

1863. Catalogues de M. Léon Leclerc, 1859 ; de P.-M. Gilbert, 1851 ; de J.-B. Lassus, du docteur Rigollot, et autres catalogues de ventes faites par M. Delion, de 1856 à 1866, 26 catalogues disposés pour être reliés en 4 vol. in-8° (*avec prix*).

1864. Catalogue des livres curieux et singuliers et des manuscrits anciens composant la bibliothèque de M. V. Luzarche. *Paris, Claudin*, 1869, 2 part. in-8°, br. (*avec prix*).

> La transcription des prix de vente en marge m'a coûté plus de 8 fr. C'est un peu cher, eu égard à la qualité des articles qui n'est pas en rapport avec la quantité. Néanmoins ce catalogue mérite d'être lu.   L.

1865. Catalogue de la belle collection de lettres autographes de feu le baron de Trémont. *Paris, Laverdet*, 1852, 3 part. en un vol. in-8°, demi-rel. v. f. tête dor. (*avec prix*).

> Catalogue important, l'un des plus curieux parus jusqu'à ce jour. Il se compose de 4019 numéros. Les prix manuscrits ont été transcrits de ma main. Ce catalogue est très-recherché et mérite de l'être.   L.

1866. Catalogue d'une belle collection de lettres autographes. *Paris, Laverdet*, 1854. — Catalogue de la belle et importante collection de lettres autographes de M. de la Jarriette. *Paris, Charavay*, 1860, 2 vol. en un, in-8°, demi-rel. mar. vert, n. r. (*prix manuscrits*).

1867. Catalogue des livres imprimés, manuscrits, estampes, dessins et cartes à jouer, composant la bibliothèque de M. C. Leber, avec des notes par le collectionneur. *Paris, Techener*, 1839, et *Jannet*, 1852, 4 vol. in-8°, demi-rel. v. f. planch.

> Cette riche bibliothèque a été vendue par M. Leber à la ville de Rouen, en 1838, pour la somme de *soixante-quinze mille francs ;* elle vaudrait beaucoup plus aujourd'hui.

1868. Catalogue analytique des archives de M. le baron de Joursanvault, contenant une précieuse collection de manuscrits, chartes et documents originaux, au nombre de plus de 80,000 (par de Gaulle). *Paris, Techener*, 1838, 2 tom. en un vol. in-8°, demi-rel. v. f. planch.

1869. Catalogue de la bibliothèque de Ch. Nodier. *Paris, Techener*, 1844, in-8° (*avec prix*). A la suite : Catalogue des livres composant la bibliothèque Fréd. Poncelet, prof. *Paris, Delion*, 1844. — Catalogue des livres de M. de Villenave. *Paris, Cheinot*, 1848, 3 tom. en un vol. in-8°, cart. toile.

1870-1871. Catalogue des livres, estampes et dessins composant la bibliothèque et le cabinet de feu M. Armand Bertin. *Paris, Techener*, 1854. — A la suite : Catalogue des livres composant la bibliothèque dramatique de Mlle Rachel. Gr. in-8°, demi-rel. mar. rouge, n. r. (*avec prix*).

1872. Catalogue de livres rares et curieux de la bibliothèque de M. Maréchal. *Paris, Techener*, 1850, in-8°, cart. toile (*avec prix*).

1873. Catalogue d'une nombreuse collection de livres rares et curieux de la bibliothèque de G. Peignot. *Paris, Techener*, 1852, in-8°, cart. en toile (*4,406 numéros avec prix copiés de ma main*).

1874-1875. Catalogue des livres rares et précieux de M. le baron Taylor. *Paris, Techener*, 1848. — Catalogue des livres imprimés, manuscrits et autographes de la bibliothèque de M. de Monmerqué. *Paris, Techener*, 1861, 2 vol. in-8°, br. (*avec prix*).

1876. Description bibliographique des livres choisis en tous genres composant la librairie de J. Techener. *Paris*, 1855, 2 vol. in-8°, br. (*avec prix imprimés*).

1877. Catalogue de la bibliothèque de M. Félix Solar (rédigé par M. Deschamps), avec une préface de M. P. Lacroix. *Paris, Techener*, 1860, gr. in-8°, demi-rel. chag. coins, tête dor.

Catalogue important avec tables et prix imprimés. La vente a produit 536,000 fr.   L.

1878. Catalogues des livres anciens et modernes, rares et curieux, provenant de la librairie J. Techener père, 1ʳᵉ à 6ᵉ vente et 8ᵉ. *Paris*, 1865, 7 vol. gr. in-8°, br. (*avec prix*).

1879. Catalogue des livres rares et curieux, manuscrits et estampes brûlés à Londres et appartenant à J. Techener père, 1865. —Catalogues de livres anciens et modernes, provenant de la librairie J. Techener père, dont les ventes ont eu lieu en 1866 et 1867. 6 vol. gr. in-8°, br.

1880. Catalogue de la bibliothèque de feu M. Arthur Dinaux. *Paris, Bachelin-Deflorenne*, 1864-1865, 4 vol. in-8°, br. (*avec les tables des prix imprimés*).

1881. Catalogue de livres rares et de manuscrits précieux provenant de la première bibliothèque du cardinal Mazarin et appartenant à M. Gancia. — Bibliothèque de M. le comte de Lambilly. — Catalogue de la bibliothèque du marquis Le Ver. — Catalogue de la bibliothèque de M. van der Helle. *Paris, Bachelin*, 1866-68, 4 vol. in-8°, br. (*avec prix*).

1882. Catalogue de la bibliothèque de M. N. Yemeniz, précédé d'une notice par M. Le Roux de Lincy. *Paris, Bachelin*, 1867, gr. in-8°, demi-rel. chag. rouge, coins, fil. tête dor. (*avec prix manuscrits et imprimés*).

Catalogue très-important et très-curieux, relié par Thivet. La vente a produit 724,252 fr.   L.

1883. Catalogues de livres anciens et modernes, rares et curieux en tous genres, en vente à prix marqués à la librairie Bachelin-Deflorenne. *Paris*, 1868-74, 7 parties in-8°, br.

1884. Catalogues de livres anciens et modernes, rares et curieux de la librairie Auguste Fontaine. *Paris*, 1873-74, 2 vol. gr. in-8°, br.

Avec prix marqués.

1885. Catalogue des livres rares et précieux, et lettres autographes composant la bibliothèque du comte Labédoyère. *Paris, Silvestre*, 1837, et *Potier*, 1862, 3 part. in-8°, br. (*prix imprimés et manuscrits*).

1886. Catalogue des livres rares et précieux de la bibliothèque de M. E. B. (Beaudeloque). *Paris*, *Potier*, 1850, in-8°, cart. en toile (*prix*).

1887. Catalogue de la bibliothèque de M. de (Saint-Mauris). *Paris*, 1848, in-8°, br. (*prix*).

1888. Catalogue des livres provenant des bibliothèques du feu roi Louis-Philippe, bibliothèques du Palais-Royal et de Neuilly. *Paris, L. Potier*, 1852, 3 part. en un vol. in-8°, cart. en toile (*avec prix*).

1889. Catalogue des livres et cartes géographiques de la bibliothèque du baron Walckenaer. *Paris*, *Potier*, 1853, in-8°, cart. en toile (*prix*).

Un exemplaire demi-rel. v. f. a été vendu 10 fr. vente Yemeniz.

1890. Catalogue d'une précieuse collection de livres, manuscrits autographes, dessins et gravures composant la bibliothèque de feu M. Antoine-Augustin Renouard, ancien libraire. *Paris*, *L. Potier*, 1854, gr. in-8°, demi-rel. mar. vert russe, tête dor. n. r. (*avec prix et la table des auteurs*).

Il y avait 3,700 numéros. Le produit de la vente fut de 203,600 fr.

1891. Catalogue des livres rares et précieux de la bibliothèque de M. J.-L.-A. Coste. *Paris, Potier*, 1854, in-8°, br. (*prix*).

1892. Catalogue des livres rares et précieux composant la bibliothèque de M. Ch. Giraud. *Paris, Potier*,

1855, gr. in-8°, v. demi-rel. mar. tête dor. (*avec prix*).

> Bel exemplaire. Vente importante qui a produit 165,000 fr. Les prix manuscrits sont copiés de ma main.   L.

1893. Catalogue des livres en partie rares et précieux de M. Duplessis. *Paris, L. Potier,* 1856, in-8°, br. (*prix*).

1894-1895. Catalogue des livres rares et précieux de la bibliothèque de M. A. Vimont.

— Catalogue des livres manuscrits et imprimés de M. Ch. Sauvageot. *Paris, Potier,* 1860, 3 vol. in-8°, br. (*prix*).

1896-1899. Catalogue de M. le comte de Chaponay.— Catalogue de la bibliothèque de M. R. D.—Catalogue de la bibliothèque de M. Delamarre. — Catalogue de la bibliothèque de feu M. Gillet. *Paris, Potier,* 1863-65, 4 vol. in-8°, br. (*avec prix*).

1900. Catalogue des livres rares et précieux composant la bibliothèque du prince Sigismond Radziwill. *Paris, Potier,* 1865, 2 part. gr. in-8°, br. (*avec prix*).

> 3,206 numéros. Produit de la vente, 137,302 fr.

1901. Catalogue raisonné de la bibliothèque d'un château de Lorraine, manuscrits et imprimés, par Claudin. *Paris,* 1862, 3 vol. in-18, pap. vergé, br. (*prix*).

1902-1903. Catalogue des livres rares et précieux composant la bibliothèque de M. Chedeau. — Catalogue des livres manuscrits et imprimés de la bibliothèque de M. Desq, de Lyon. *Paris, Potier,* 1865-66, 2 vol. gr. in-8°, br. (*avec prix*).

> Produit de la vente Chedeau, 153,000 fr.; de la vente Desq, 106,400 fr.   L.

1904-1905. Catalogue des livres rares manuscrits et imprimés de la bibliothèque de M. H. de Lassize.— Catalogue des livres rares et précieux composant la bibliothèque de feu M. Capé. *Paris, Potier,* 1867-68, 2 vol. in-8°, br. (*avec prix*).

1906. Catalogue des livres rares et précieux composant la bibliothèque de feu M. J.-Ch. Brunet. *Paris, Potier,* 1868, 2 part. gr. in-8°, br. (*avec prix*).

1907. Catalogue des livres rares et précieux, manuscrits et imprimés de la bibliothèque de M. le baron Pichon. *Paris, Potier,* 1869, gr. in-8°, br. (*avec prix*).

Catalogue important, contenant de nombreuses raretés bibliographiques, dans des conditions exceptionnelles, avec de riches reliures. 1087 n°s. La vente a produit 451,650 fr.

1908. Catalogue de livres choisis en divers genres, à vendre à la librairie de L. Potier, 2e et 3e part. 1863-64. — Catalogue de livres rares et précieux, manuscrits et imprimés, de la librairie L. Potier, qui ont été vendus en mars 1870 et 1871, 4 vol. in-8°, br. (*avec prix*).

1909. Catalogues des livres, dessins, estampes de la bibliothèque de M. J.-B. Huzard, inspecteur général des écoles vétérinaires. *Paris, veuve Bouchard-Huzard,* 1842, 3 vol. in-8°, br.

Cette bibliothèque, une des plus considérables de l'époque, se composait de 16,349 numéros.　　　　　　L.

1910. Catalogue de ventes de bibliothèques normandes : Richard, 1852 ; Le Chevalier, 1857 ; Aug. Le Prevost, 1857 ; de Martainville, 1859 ; le comte d'Auffay, 1863 ; Abel Vautier, 1863 ; Mesteil (des Andelys); du docteur Choppin (du Neubourg), etc. Ensemble 15 catalogues in-8°, br. (*avec les prix*).

1911. Catalogues des ouvrages mis à l'index par la cour de Rome, depuis l'invention de l'imprimerie jusqu'en 1825. *Paris, Garnot,* 1826. — Ensemble : Catalogue des écrits, gravures et dessins condamnés depuis 1814 jusqu'au 12 janvier 1850, suivi de la liste des individus condamnés pour délits de presse.

Paris, Pillet, 1850, 2 t. en un vol. in-12, demi-rel.
mar. noir, tête peig. n. r.

Très-rare.

1912. Table ou abrégé de cent trente-cinq volumes de
la Gazette de France, depuis son commencement en
1631 jusqu'à la fin de l'année 1765 (par Genet).
Paris, 1766, 3 vol. in-4°, demi-rel. v. f. n. r.

Bel exemplaire relié sur brochure. Ces tables rares et intéressantes contiennent une grande quantité de faits historiques et
beaucoup de noms de famille.

Vendu 35 fr. v. marb. les 3 vol. en un, vente du marquis Le
Ver en 1866 : coté 50 fr. demi-rel. bas. catalogue de la librairie
Porquet, n° 1373.   L.

SUPPLÉMENT

1913. Almanach prophétique de 1841 (origine) à 1873
inclusivement, trente-trois années, br. r.

Collection complète, qui serait difficile à réunir aujourd'hui.

1914. Annuaire du bureau des longitudes. Années
1829 à 1843, 24 vol. in-18, br.

Manque l'année 1834. — Cette collection m'a été donnée par la
veuve de notre regrettable ami le docteur Decoularé : elle faisait
partie de sa bibliothèque.   L.

1915. L'autographe, recueil de *fac-simile. Paris*, 1864,
in-f° oblong, br.

1916. Les Confessions de J.-J. Rousseau. *Genève*, 1787,
3 vol. in-12 en feuilles. — Lettre de l'homme civil
à l'homme sauvage. *Amsterdam*, 1763. — Exposé

succinct de la contestation qui s'est élevée entre M. Hume et M. Rousseau. 2 vol. in-12, br.

1917. Histoire de Normandie, par Orderic Vital, publiée pour la première fois par M. Guizot. *Caen, Mancel,* 1826, 4 vol. in-8°, br.

Voir n° 1544.

1918. Le Siége de Calais, tragédie dédiée au roi par M. de Belloy, suivie de notes historiques. *Paris, Duchesne,* 1765, in-8°, demi-rel. chag. coins, tête dor. — *A la suite :* Gaston et Bayard, tragédie par le même. *Paris, veuve Duchesne,* 1770.

———

Les ouvrages dont l'énumération vient d'être donnée forment, à l'exception des numéros 112, 179, 180, 714 à 718, 749, 846, 847, 848, 850, 851, 863, 866, 1581, 1612, 1681, 1702, légués particulièrement par M. Lebert, la Bibliothèque qu'il avait d'abord destinée à la ville d'Evreux, et ils figurent pour la plupart dans le Catalogue imprimé pour la vente. M. Lebert avait, en outre de cette collection, une bibliothèque professionnelle qu'il a léguée, par préciput, à son neveu, établi avec lui médecin vétérinaire au Neubourg.

Comme le testateur a voulu que son Catalogue définitif fût le tableau exact et complet de sa Bibliothèque telle qu'elle était de son vivant, on a imprimé ici, afin d'accomplir cette prescription, le Catalogue, dressé par M. Lebert lui-même, de tous les livres, manuscrits, journaux, qui ont trait à la médecine vétérinaire proprement dite et à la conservation des animaux domestiques. Seulement ces ouvrages, placés ici en appendice, ont nécessairement des numéros différents de ceux qu'ils portent dans le Catalogue manuscrit, où ils sont classés à leur rang dans la division SCIENCES ET ARTS.

MÉDECINE VÉTÉRINAIRE

ANATOMIE. — PATHOLOGIE. — HYGIÈNE ET HARAS

1919. Elémens de l'art vétérinaire, précis anatomique du corps du cheval, par Bourgelat. *Paris, J.-B. Huzard*, 1793, in-8°, demi-rel. bas.

1920. Traité d'anatomie vétérinaire, par J. Girard, 2ᵉ édit. *Paris, Huzard*, 1819, 2 vol. in-8°, bas.

Mon exemplaire d'études. — Très-fatigué.   L.

1921. Anatomie des régions du corps du cheval, par J.-J. Rigot, professeur à l'école d'Alfort. *Paris, Gabon*, 1829, in-f°, cart. n. r. avec 6 pl. doubles color.

1922. Anatomie générale, cours professé à l'école d'Alfort en 1822. *(manuscrit)*, in-12, rel. bas. 38 feuillets.

1923. Eléments de pathologie vétérinaire, ou précis théorique et pratique de la médecine et de la chirurgie des principaux animaux domestiques, par Pierre Vatel. *Paris, Gabon*, 1828, 3 vol. in-8°, demi-rel. bas. avec 4 planch.

Exemplaire d'études. J'ai fait mes cours à l'école d'Alfort sous le savant professeur auteur de ce traité, M. Vatel.   L.

1924. Etude anatomique du cheval, utile à sa connaissance intérieure et extérieure, à son emploi et à sa représentation relativement aux arts, par Brunot, sculpteur. *Paris, s. d.* in-f° oblong, br. 20 planch. coloriées et deux feuilles de texte explicatif.

1925. Ostéologie et myologie du cheval, dessinées et publiées par Hector Reverchon, peintre, maître de dessin à l'école de Lyon. Dédiées à Mgr le Dauphin.

Paris, Mme Huzard, 1825, gr. in-f°, br. planch. coloriées avec texte explicatif.

1926. Cours de pathologie vétérinaire et d'opérations, professé à l'école d'Alfort par MM. Barthélemy et Vatel. 4 vol. gr. in-8°, cart.

    Cours manuscrits, copiés de ma main.   L.

1927. Pathologie canine, ou traité des maladies de chiens, par Delabere-Blaine, trad. par Delaguette. *Paris, Raynal,* 1828, in-8°, br. pl.

1928. Pathologie générale, cours professé à l'école d'Alfort en 1825 par M. Dupuy, in-8°, cart.

    Manuscrit copié de ma main.   L.

1929. Traité de pathologie et de thérapeutique générale vétérinaire, par O. Delafond. *Paris, Béchet,* 1828, in-8°, br.

1930. Traité de pathologie et de thérapeutique générale vétérinaire, par Rainard. *Paris, Huzard,* 1840, 2 vol. in-8°, br.

1931. Pathologie, cours professé à l'école d'Alfort, in-8°, bas. *Mss.* de 456 pag.

1932. Pathologie vétérinaire, ou *Vade mecum* du cavalier, contenant un traité sur les causes des maladies du cheval... traduit de l'anglais, par F.-P.-P. d'H. *Paris, Patris,* 1804, in-12, br.

1933. Chirurgie vétérinaire, cours professé à l'école d'Alfort, par M. Chabert. Pet. in-8°, rel. bas. *(manuscrit).*

1934. Traité des maladies particulières aux grands ruminants, par Lafon. *Paris, Labbé,* 1843, in-8°, demi-rel. bas.

1935. Traité sur la maladie du gros bétail ou péripneumonie contagieuse, par Delafond. *Paris, Labbé,* 1844, in-8°, br.

1936. Traité des maladies des bestiaux, par Delaguette. *Paris, Raynal,* 1830, in-12, br. fig.

1937. Médecine des bœufs, ou traité des maladies les plus meurtrières des bêtes bovines, par J.-B. Rodet. *Paris, Cordier*, 1829, in-8°, br.

1938. Pathologie bovine, ou traité complet des maladies du bœuf, par P.-B. Gellé. *Paris, Huzard*, 1839, 4 vol. in-8°, br.

1939. Manuel d'hippiatrique, par Lafosse, 5ᵉ édit. rev. par E. Leblanc. *Paris, Ferra*, 1824, in-12, br. fig.

1940. Cours d'hippiatrique, ou traité complet de la médecine des chevaux, par Lafosse. *Paris, Edme*, 1772, gr. in-f°, veau écaille, tr. dor. fil. orné de 65 planches gravées par Harguinier.

> Très-bel exemplaire en grand papier fort de Hollande. Ce grand ouvrage, véritable monument élevé à la science, n'est pas commun, surtout en grand papier. Il a été tiré à un petit nombre d'exemplaires. L.

1941. Dictionnaire raisonné d'hippiatrique, cavalerie, manége et maréchalerie, par Lafosse. *Paris, Durand*, 1776, 4 vol. in-8°, rel. en 2, v. marb.

1942. Dictionnaire usuel de chirurgie et de médecine vétérinaire, par une société de médecins vétérinaires : Bourgelat, Huzard, Chabert, Chaumontel, Gohier, Girard, Dupuy, Valet, d'Arboval, etc., etc. Rédigé par Mignon, Bayle, etc. *Paris*, 1835, 2 vol. gr. in-8°, demi-rel. bas. avec 20 pl.

1943. Dictionnaire de médecine et de chirurgie vétérinaire, par Hurtrel d'Arboval. *Paris, J.-B. Baillière*, 1826, 4 vol. in-8°, v. vert, rel. pleine.

1944. Nouveau Dictionnaire pratique de médecine et chirurgie et d'hygiène vétérinaire, par H. Bouley et Reynal, professeurs à l'école d'Alfort, avec la collaboration de professeurs et de médecins vétérinaires praticiens. *Paris, Labbé*, 1856-1866, 8 vol. in-8°, br.

> Très-bon travail.

1945. Manuel opératoire, cours professé à l'école d'Alfort. *Manuscrit*, in-4° de 107 p. demi-rel. bas.

1946. Traduction d'anciens ouvrages latins relatifs à l'agriculture et à la médecine vétérinaire, avec des notes, par Saboureux de la Bonneterie. *Paris, Barrois*, 1788, 6 vol. in-8°, demi-rel. bas.

1947. Précis historique de l'art vétérinaire, pour servir d'introduction à une bibliographie vétérinaire générale, par P.-J. Amoreux. *Montpellier, Ricard,* 1810, in-8°, demi-rel. bas.

1948. Notions fondamentales de l'art vétérinaire, par Delabère-Blaine. *Paris, Patris,* 1803, 3 vol. in-8°, br. planches.

1949. Manuel d'art vétérinaire à l'usage des officiers de cavalerie, des agriculteurs et des artistes vétérinaires, par de Gasparin. *Paris, Paschoud,* 1817, gros in-8°, br.

1950. Abrégé de l'art vétérinaire, par J. White, trad. par H. Germain, annoté par Delaguette. *Paris, Raynal,* 1823, in-12, br.

1951. Dictionnaire vétérinaire et des animaux domestiques, contenant leurs mœurs, leurs caractères, la manière de les nourrir, de les élever et de les gouverner, etc., etc., par Buchoz. *Paris, Brunot,* 1775, 6 vol. in-8°, v. marb. fig.

1952. Doctrine physiologique appliquée à la médecine vétérinaire, par J.-B. Rodet. *Paris, Cordier,* 1828, in-8°, br.

1953. Le parfait Maréchal moderne, manuel complet de l'amateur de chevaux, du vétérinaire et du maréchal ferrant, par Marchcour. *Paris,* 1848, in-12, cart. planch.

1954. Esquisse de nosographie vétérinaire, par J.-B. Huzard fils. *Paris,* 1820. — Ensemble : Instruction sur la maladie des bêtes à laine appelée pourriture. 1817. — Examen de la notice sur l'épizootie par

Girard et Dupuy, par E. T. — Mémoire sur le claveau, par Girard. 1818. En un vol. in-8°, cart.

1955. Traité élémentaire de matière médicale ou phar-
macologie vétérinaire, par L. Moiroud. *Paris, Béchet*, 1831, in-8°, demi-rel. bas.

1956. Traité de thérapeutique générale vétérinaire, par
O. Delafond. *Paris, Labé*, 1843, 2 vol. in-8°, demi-
rel. v. bleu.

1957. Annuaire des vétérinaires pour 1858, par Vincent Mazurkiewicz. *Paris, Labé*, 1855, in-18, br.

1958. Almanach vétérinaire, ou abrégé de l'histoire des
progrès de la médecine des animaux. *Paris, V. La
Chapelle*, 1782, in-18, br.

1959. Recueil de onze pièces sur la médecine vétérinaire,
l'agriculture, en un vol. in-8°, demi-rel. v. gran.

Compte rendu et procès-verbaux des écoles, etc., dont : Nouvelle doctrine médicale vétérinaire, par Crachet. *An VII.* — Instruction sur la morve. *Bureau d'Agriculture. An V.* — Rapport
des vétérinaires du département du Nord sur la maladie des chevaux, par Tressigniez. 1821. — Rapport pour l'encouragement
de l'agriculture de Philadelphie, par Michaut. 1820. — Procès-
verbal pour la délivrance des diplômes à l'école d'Alfort en 1820.
— Procès-verbal pour la distribution des diplômes à l'école de
Lyon. 1820. — De la régénération des haras, par Lafont-Pouloti.
1789. — Procès-verbal pour la distribution des prix à l'école d'Alfort. 1821. — Procès-verbal pour la distribution des diplômes à
l'école de Lyon. 1821. — Avis sur les chevaux pris de chaleur,
extrait des Annales de l'agriculture. 1822. — Expériences sur
l'accroissement des dents chez les lapins, par Oudet. 1823.

1960. Recueil de pièces en un vol. in-8°, demi-rel. bas.

Mémoire sur les haras (manque le titre). *An II.* — Coup d'œil
sur le sol, le climat et l'agriculture de la France, par Ivart.
1807, avec une carte. — Note sur la falsification du colza, par
Boutigny. — Rapport de M. de Rancé sur le concours de charrues
de 1833. — Du Myzoxyle ou puceron lanigère, par M. Chanoine
d'Avrilly. 1834. — Concours de charrues à Montfort-sur-Risle.
1835. — Rapport de la commission des encouragements aux agriculteurs. 1835. — Etat critique de l'agriculture, par Lechevalier.
1835. — Instruction sur la culture des betteraves. 1836. — Mémoires sur la pousse, par Demoussy. — Rapport sur les concours
pour des mémoires sur le crapaud, le piétain. 1827. (Cette pièce
m'a été donnée par M. Girard, directeur de l'école d'Alfort.) —

Procès-verbal pour la distribution des prix à l'école d'Alfort. 1827.
— Procès-verbal de l'école de Lyon. 1846.—Procès-verbal de l'école
de Lyon (*prix*, 1827).

1961. Recueil de onze pièces en un vol. in-8°, bas.

Méthodes d'exploration de la poitrine, par Collin. 1824. — Recherches sur la route que prennent diverses substances pour passer de l'estomac dans le sang, etc., par Tiedeman. 1821. — Mémoires sur les fièvres intermittentes dans les animaux, par Dupuy. 1827. — Thèse sur les sciences naturelles et l'agriculture, par G. Mallard, élève en pharmacie. 1835. — Notice sur M. de Lacépède, par Julia Fontenelle. 1825. — Recherches d'anatomie et physiologie pathologiques, par Pinel fils. 1821. — Cours de philosophie positive, par Comte. 1830. — Lettre d'un médecin à son confrère à l'occasion d'un lit mécanique, par le docteur Chopin. *Le Neubourg*, 13 novembre 1836.

Réponse aux consultations médico-chirurgicales par MM. Flauhert, Hellis, Leudet, Blanche, Pillore, etc., dans l'affaire Guigne contre Noroy, par Chouippe. *Laigle*, 1834. — Deux mots à mes concitoyens et copies de pièces authentiques, par Olivier. *Laigle*, 1833. — Note sur le choléra. 1832.

1962. Recueil de douze pièces en un vol. in-8°, bas.

Notes sur l'épizootie des chevaux, par Huzard fils. 1825. *Mss.* — Notice sur l'épizootie, par Girard et Dupuy, extrait des Annales de l'agriculture. 1847. — Examen de la notice sur l'épizootie par Girard, par E. T. N. — Code d'agriculture, par Sinclair. — Mémoire sur le traitement des maladies épizootiques, par Tribout. 1807, *imprimé à Metz*. — Mémoires vétérinaires sur la manière de réduire les fractures des jambes des chevaux et des grands solipèdes, sur les maladies épizootiques, sur la clavelée, sur les moyens à employer pour engraisser les bestiaux, par Buchoz. 1806. — Epizootie ou maladie des bestiaux, par Enguehard. *An VI* (1798). — Mémoire sur la fièvre charbonneuse épizootique qui a régné dans les cantons de Saint-Amand, par Saussol et Pradal, vétérinaires. 1822. — Bulletin de la Société d'agriculture de l'Hérault. 1822-1825. — Rapport sur la maladie épizootique régnante, par Damoiseau. 1825. — Dissertation sur le choléra-morbus, par Emangard. *Laigle*, 1832. — Emploi des chlorures d'oxyde de sodium et de chaux, par Labarraque. — Du choléra-morbus, son siége, son traitement, par L. Auzoux. 1832. — Rapport sur une pièce d'anatomie artificielle et notice sur les travaux du docteur Auzoux. 1831. — Anatomie classique du docteur Auzoux : Rapport à l'Académie de médecine, par B. Travers. 1831.

1963. Recueil de pièces.

Traité raisonné de la morve, par Morel. 1823. — Exposé des causes qui retardent les progrès de la médecine vétérinaire, par Morel. 1822. — Aperçu général sur l'inflammation, par Morel. 1823. — Examen sur la maladie des vaches dite pommelière, par Morel, vétérinaire. *Beauvais*, 1821. — Notice sur J.-B. Desplas, médecin vétérinaire, par J. Girard, directeur de l'école d'Alfort.—

Notice biographique sur J.-B. Desplas, par A.-F. Silvestre. 1823.
— Discours prononcé sur la tombe de J.-B. Rousselhe-Morainville,
par J. Girard. 1822. — Analyse de la liqueur spermatique du cheval, par J.-L. Lassaigne. — Compte rendu des travaux de l'Académie des sciences de Lyon, par Grognier. 1820. — Procès-verbal
de l'école d'Alfort pour la distribution des prix. 1823. — Idem de
l'école de Lyon. 1823. — Rapports sur le concours pour les observations, et mémoires de médecine vétérinaire. 1823. — Ensemble :
12 pièces en un vol. in-8°, demi-rel. bas.

1964. Recueil de pièces.

Recherches sur les causes des maladies charbonneuses dans les
animaux, par Gilbert. *An III.* — Instruction sur la péripneumonie gangreneuse, par Chabert. *An V.* — Avis au public pour détruire et prévenir l'épizootie des bêtes à cornes, par Faust. *An VI.*
— Instruction sur les maladies inflammatoires épizootiques, par
Desplas et Huzard. — Mémoire sur la phthisie pulmonaire des
vaches laitières des environs de Paris, par J.-B. Huzard. *An VII.*
— Traité de la gale et des dartres dans les animaux, par P. Chabert. *An XI.* — Mémoire sur une maladie qui affecte les bœufs,
par Cabiran. *An XII.* — Médecine comparée des exanthèmes épizootiques, par Chevah d'Audibert. *An XII.* — Mémoire sur une
épizootie des chevaux du 20ᵉ régiment de chasseurs, par Gohier.
— *Paris,* 1804. — Mémoire sur une maladie épizootique qui régna
en 1814. — Rapports et observations sur l'épizootie contagieuse,
par Huzard. 1815. — Instruction sur les mesures que les nourris-
seurs doivent prendre pour désinfecter leurs étables. 1816. — Du
marasme épizootique, instruction pour arrêter la mortalité du bétail, par S. V. Collaine. *Metz, s. d.* — Mémoire sur le claveau, par
J. Girard. 1818. — Instruction sur la maladie appelée pourriture.
1822. — Ensemble : 14 pièces en un vol. in-8°, v. gran. fil.

1965. Recueil de pièces.

Instruction sur la morve, par Chabert. *Paris,* 1785. — Compte
rendu sur la morve, par Collaine. 1810. — Arrêté du Directoire
exécutif sur les maladies contagieuses. *An V.* — Instruction sur la
manière de traiter le vertige. *An III.* — Mémoire sur le tournis
des moutons, par Valois. 1809. — Instruction sur la pourriture des
moutons, bestiaux enflés, remède Ranek. 1824. — Instruction sur
la péripneumonie dans les bêtes à cornes, par Ph. Chabert, directeur des écoles vétérinaires. *Paris, an II de la République.* —
Eloge de Chabert, par Huzard. 1814. — Eloge de César, par Huzard. 1815. — Moyen de conserver les aplombs du cheval, par
Sanfourche. 1818. planch. — Procès-verbal de la distribution des
prix de l'école d'Alfort. *Idem* de Lyon, année 1817. — Rapport
sur les concours de médecine vétérinaire. 1815. — Rapport sur les
moulins à bras. 1824. — Essai sur les moyens d'améliorer l'agriculture, par Bosc. *An VIII.* — Ensemble : 13 pièces en un vol.
in-8°, demi-rel. bas.

1966. Recueil de pièces.

Vertige abdominal, par Gilbert. *Paris, an IV.* — Maladies
charbonneuses, par le même. *An V.* — Améliorations des mérinos,

par le même. *An IX.*—Observations sur la monte et l'agnelage, par Morel de Vindé. 1813. — 1ʳᵉ suite, 1814. 2ᵉ suite, du même, 1815. — Essai sur l'éducation et l'amélioration des bêtes à laine, par Salle-Pigny. 1814. — Parité des laines des mérinos de France et d'Espagne, par Morel de Vindé. 1807. — Ensemble : 6 pièces en un vol. in-8°.

1967. Recueil de pièces en un vol. in-8°, demi-rel. bas.

Mémoire sur les calculs vésicaux, par J. Girard père. *Paris,* 1823. — Traitement du javart cartilagineux, par J. Girard. 1823. — Observations sur les étranglements internes, par J. Girard. 1823. — Connaissance de l'âge du cheval, par Girard fils. 1824.—Traité du vers à soie, par Bonafous. 1820. — Existe-t-il en médecine vétérinaire des exemples bien constatés de fièvres essentielles? par Girard fils. 1824.— Notice sur les chevaux anglais, par Huzard fils. — Procès-verbaux des écoles de Lyon et d'Alfort, année 1824. — Rapport de la Société d'agriculture de la Seine sur les concours de médecine vétérinaire, années 1824 et 1825.

1968. Recueil de pièces.

Traité des maladies vermineuses dans les animaux, par M. Chabert. *Paris, imprimerie royale,* 1787. — Mémoire sur la maladie galeuse des chevaux, mules et mulets de l'armée française, etc., etc. *Castres, an III.* — Observations et découvertes d'hippiatrique, par le citoyen Lafosse, hippiatre. *Paris, an IX.* — Instruction sur la manière de conduire et gouverner les vaches, par M. Chabert. 1785. — Du Sommeil, par le citoyen Chabert. *An IX* (1800). — Instructions sur la morve, par Chabert. 4ᵉ édit. *An V* (1797), v. st.— Mémoire sur la phthisie pulmonaire des vaches laitières, par J.-B. Huzard. *An VIII.* — Instruction sur le vertige abdominal, par Gilbert.— Mémoire sur les œstres, par Demoussy. — Coliques calculeuses, par Bouley jeune. — Claudication des membres postérieurs particulière à l'espèce bovine, par Castex. — Mémoire pour reconnaître l'acétate de morphine chez les animaux empoisonnés par cette substance, par Lassaigne. 1824. — Emploi du cautère actuel contre la rage, par Gayier. Mss. — Mémoire sur les calculs vésicaux du cheval, par J. Girard. 1823, planch. — Observations sur le traitement du javart cartilagineux, par J. Girard. — Mémoire sur les fièvres intermittentes des animaux, par Dupuy. 1827. — Ensemble : 15 pièces en un vol. in-8°, demi-rel. bas.

1969. Recueil de pièces.

Notice sur les chevaux anglais et sur les courses en Angleterre, par Huzard fils. *Paris,* 1817. — Notice sur les races de chevaux et les haras en Autriche, par Huzard. 1823. — Etude physiologique appliquée aux chevaux, par Girou de Buzareingue. 1814. — Observations sur les courses du Champ de Mars, par A. Séguin. 1822. — Observations sur les difformités, par Maisonabe. 1825, avec 2 planch. — La Vaccine, poëme, par Anthelme Puisson. 1820. — Rapport sur le concours pour des observations de médecine. 1816. — Rapport sur les travaux de la Société d'agriculture. 1820. — *Idem,* pour 1822, 1824, 1825, 1826. — Ensemble : 11 pièces en un vol. in-8°, demi-rel. bas.

1970. Recueil de pièces en un vol. in-8°, demi-rel. bas.

Recueil d'opuscules sur l'équitation, par Vaillant de Saint-Denis. *Versailles*, 1789, une planche. — Mémoires lus à la Société d'agriculture de Versailles, par Brière. 1806. — Des Mulets et des mules, des mérinos, du bœuf, du cheval, du ver à soie, etc. — Instruction pour la propagation des bêtes à laine de race d'Espagne, par Gilbert. *An V.* — Mémoire sur le claveau, par Jouvencel. *Versailles,* 1806. — Extrait de l'instruction de M. Tessier sur les bêtes à laine, par Hurtrel-d'Arboval. 1811. — Extrait de la pharmacie vétérinaire de Lebas. 1811. — L'Art de connaître le pouls par les notes de musique, par Buchoz. 1806. — Mémoires vétérinaires sur la manière de réduire les fractures, sur les épizooties, etc., par Buchoz. 1806. — Ensemble : 9 pièces.

1971. Recueil de pièces.

Règlement pour les écoles vétérinaires. *Paris, an V.* — Sur la Perfectibilité de la médecine vétérinaire et sur ses rapports avec la médecine humaine, par Aygalenq. *An IX.* — Recherches sur les abus qui s'opposent aux progrès de l'agriculture, par Rougier de la Bergerie. 1798. — Des Causes qui retardent les progrès de la médecine vétérinaire, par Morel. 1822. — Notice sur les mots : hippiatre, vétérinaire et maréchal, par J.-B. Huzard. — Des Moyens de rendre l'art vétérinaire plus utile, par P. Chabert. *An XIII.* — Notice sur l'état actuel de l'école d'Alfort, par Hérouard et Collaine. 1803. — Mémoire sur les causes qui, dans la cavalerie, donnent lieu à la perte des chevaux, par Gohier. *Lyon*, 1804. — Procès-verbaux des écoles d'Alfort et de Lyon pour la distribution des prix et diplômes. *Alfort*, 1803, 1810, 1822, 1823, 1824, 1825, 1826. *Lyon*, 1846, 1817, 1822, 1823, 1824, 1825, 1826. — Ensemble : 23 pièces en un vol. in-8°, demi-rel. bas.

1972. Recueil de treize pièces en un vol. in-8°, cart.

Procès-verbal sur la distribution des prix à l'école d'Alfort. 1819. — *Idem,* Lyon, 1819. — *Idem,* d'Alfort, 1818. — *Idem,* 1817. — *Idem,* 1816. — *Idem,* 1815. — *Idem,* Lyon, 1815. — Rapport sur les travaux de l'école d'Alfort, par M. Dupuy. 1814. — Rapport à la Société d'agriculture sur le concours pour des mémoires vétérinaires. 1821. — *Idem,* 1820. — *Idem,* 1817. — Ordonnance du roi concernant l'organisation de la cavalerie. *Paris,* 1815.

1973. Recueil de pièces.

Mémoire sur les haras, par Leboucher du Crosco. *Paris,* 1771. — Expériences sur la carie du froment, par l'abbé Tessier. 1785. — Moyens pour préserver les froments de la carie, par l'abbé Tessier. 1786. — Économie rurale et civile. Prospectus. 1785. — Observations sur les épizooties, par Grignon. 1776. — Essai sur les eaux aux jambes des chevaux, par Huzard. 1784. — Rapport sur le cornage des chevaux. 1782. — Lettre d'un médecin sur l'agriculture et sur la médecine vétérinaire, par Amoureux. — Mémoire sur le premier drap de laine supérieure du cru de France, par M. Daubenton. 1785. — Considérations sur l'origine de la peinture et du langage à M. de Fontanes, par M. Viel. 1784.—Ensemble : 10 pièces en un vol. in-8°, demi-rel. bas.

1974. Recueil de pièces.

Mémoire sur les diverses conformations des chevaux, par P. Noyez. *Montpellier*, 1808. — Système d'économie rurale, et sur l'hygiène des animaux domestiques, par Duval Poutrel. 1808. — Compte rendu d'expériences contre la morve et le farcin, par Collaine. 1810. — Rapport sur un mémoire de M. Ozanne relatif à une maladie des vaches. *Versailles*, 1810. — Sur la Création de deux termes techniques : un pour la médecine des animaux, et l'autre pour celui qui l'exerce, par P. Noyez. 1807. — Rapport sur le travail de P. Noyez sur la dénomination d'art vétérinaire et de médecine vétérinaire, par J.-B. Huzard. 1810. — Ensemble : 6 pièces en un vol. in-8°, demi-rel. bas.

1975. Recueil de pièces.

Aperçu général sur l'inflammation, par L. Morel. *Paris*, 1823. — Extrait de l'abrégé de la médecine vétérinaire de l'Italien Volpy, par Barthélemy. 1849. — Procès-verbaux sur la distribution des prix et diplômes aux écoles d'Alfort et de Lyon, année 1821. — Discours sur l'ouverture d'un cours d'études médicales, par Buellac. 1820.—Recueil des ordonnances du roi concernant les inscriptions dans les facultés et dans les écoles secondaires de médecine pour les aspirants au doctorat et les officiers de santé. — Ensemble : 8 pièces en un vol. in-8°, cart.

1976. Médecine vétérinaire, par Vitet. *Lyon*, *Périsse*, 1771, 3 vol. in-8°, v. mar.

1977. Traité de l'histoire naturelle et médicale des substances employées dans la médecine des animaux domestiques, par Onésime Delafond et Lassaigne. *Paris*, *Béchet*, 1841, in-8°, demi-rel. v. bleu.

1978. Formulaire vétérinaire, par Bouchardat. *Paris*, *G. Baillière*, 1849, in-18, demi-rel. bas.

1979. Pharmacie vétérinaire, chimique, théorique et pratique, etc., par J.-Ph. Lebas. *Paris*, 1827, 4° édit. in-8°, cart. n. r. planch.

1980. Médecine légale vétérinaire professée à l'école d'Alfort en 1823, in-8°, bas. (*mss.* de 326 pages).

1981. — Jurisprudence vétérinaire, leçons de médecine légale professées à l'école d'Alfort par M. P. Vatel en 1827, gr. in-8°, cart. (*mss.* de 777 pages).

1982. Médecine légale hippiatrique, ou guide du commerce des animaux domestiques, par F. Jauze, 2° éd. *Paris*, 1844, in-8°, br. front.

1983. Notice historique sur Claude Bourgelat, par Grognier. *Paris, Huzard*, 1805, in-8°, br. portr. ajouté.

1984. Règlement pour les écoles vétérinaires de France. *Imprimerie royale*, 1777, in-8°, v. écaille, fil. tr. dor.

1985. Matière médicale à l'usage des élèves de l'école royale vétérinaire, par Bourgelat. *Lyon, Bruyset*, 1765, 2 t. en un vol. in-8°, v. mar.

1986. Prospectus d'un cours complet d'hippotomie et de pathologie, ou anatomie du cheval, par Dedelay-Dagier. *Nancy, Leclerc,* 1778, in-8°, demi-rel. bas.

1987. Maréchalerie vétérinaire, cours professé à l'école d'Alfort, in-4°, demi-rel. bas. (*mss.* de 300 pages).

1988. Le Novveau et scavant Mareschal dans lequel est traité de la composition, de la nature, des qualités, perfections et défauts des chevaux, plus les signes de toutes les maladies, etc. — L'Anatomie avec les figures. — Vn nouveau traité des haras. — Les ruses des marchands pour cacher les défauts d'un cheval. — Ensemble un traité pour bien ferrer, trad. du célèbre Markam, par le S^r. Foubert. *Paris, B. Loyson,* 1666, in-4°, v. br. fig.

    Livre très-rare.

1989. Le grand maréchal françois, où il est traité des maladies des chevaux et de leur guérison. *Rouen, Besongne,* 1692, pet. in-12, vel.

1990. Le parfait maréchal qui enseigne à connaître la beauté et bonté des chevaux. — Leurs maladies, leur guérison. — La ferrure pour rétablir les méchants pieds et conserver les bons. — Ensemble un traité des haras, etc., etc., nouv. édit., par le sieur de Solleysel. *Paris, J. Mariette,* 1723, in-4°, v. gr. fig.

1991. Le nouveau parfait maréchal, ou la connaissance générale et universelle du cheval, avec un dictionnaire des termes de cavalerie, par F.-A. Garsault. *Paris, Demonville*, 1755, in-4°. v. marb. portr. et fig.

1992. Correspondance sur la conservation et l'amélioration des animaux domestiques, par Fromage de Feugrés. *Paris, Buisson*, 1810-1811, 4 vol. in-12, demi-rel. bas. planch.

> Fromage de Feugrés est né à Viette, près Lisieux, en 1770. Professeur à l'école vétérinaire d'Alfort, il fut nommé en 1812 vétérinaire de la gendarmerie impériale, fit en cette qualité la campagne de Russie, et mourut misérablement à Wilna, dans cette affreuse retraite où périt pour l'ambition d'un seul homme, d'un despote, toute l'armée française : plus de 700,000 hommes! L.

1993. Instructions et observations sur les maladies des animaux domestiques. 4° édit., corrigée et augmentée, par Chabert, Flandrin et Huzard. *Paris, Mme Huzard*, 1809 à 1824, 6 vol. in-8°, br.

1994. Cours de multiplication et de perfectionnement des principaux animaux domestiques, par Grognier. 3° édit., rev. par Magne. *Paris, Huzard*, 1841, in-8°, cart. toile, n. r.

1995. Les Animaux domestiques considérés sous le rapport de leur conservation, de leur amélioration, etc., par Max. Desaive. *Liége,* 1842, gr. in-8°, demi-rel. v. rose.

1996. Le Maréchal expert traitant du naturel et des marques des beaux chevaux, de leurs maladies et remèdes d'icelles, par feu N. Beaugrand, augmenté de plusieurs recettes approuvées du sieur de Lespérut. *Rouen, J. Oursel, s. d.* in-12, br. fig.

1997. Le Maréchal expert, ou traité du naturel et des marques des beaux chevaux, etc., etc., par Beauregard (*sic*). *Rouen, Labbé, s. d.* in-12, br.
Incomplet de quelques feuillets.

1998. Guide du maréchal, ensemble un traité de la ferrure, par Lafosse. *Avignon*, 1803, in-8°, demi-rel. bas. avec 9 planches.

1999. L'Art complet du vétérinaire et du maréchal ferrant, par M. Jauze, suivi d'un traité des maladies des chevaux, par le baron de Sinde. *Paris, Audin*, 1827, in-4°, demi-rel. bas. avec un grand nombre de planches gravées.

2000. Traité des maladies des yeux observées sur les principaux animaux domestiques, par Leblanc. *Paris, Ferra*, 1824, in-8°, br. 7 planches.

2001. Traité du pied dans les animaux domestiques, par J. Girard. *Paris, Huzard*, 1813, in-8°, demi-rel. bas. planches.

2002. Traité du javart cartilagineux, par E. Renault, professeur à l'école d'Alfort. *Paris, Béchet,* 1831, planch. — Ensemble : Gangrène traumatique, par le même, en un vol. in-8°, demi-rel. bas.

2003. De la Fluxion vulgairement appelée périodique, ou recherches historiques, physiques, thérapeutiques, sur cette maladie, par Dupuy. *Paris, Huzard*, 1829, in-8°, br.

2004. Observations et découvertes faites sur des chevaux avec une nouvelle pratique sur la ferrure, par Lafosse. *Paris,* 1754. — Ensemble, du même : Nouvelle pratique de ferrer les chevaux de carrosse et les chevaux de selle. *Paris,* 1756, in-8°, v. marb. avec 4 planch.

2005. Essai théorique et pratique sur la ferrure, par Bourgelat. 3ᵉ édit. *Paris, Huzard,* 1813, in-8°, demi-rel. bas.

2006. Essai sur les appareils et sur les bandages propres aux quadrupèdes, par Bourgelat. 2ᵉ édit. *Paris, V. Huzard,* 1813, in-8°, demi-rel. bas. avec 21 planch. doubles.

2007. Observations relatives à la santé des animaux, ou essai sur leurs maladies, par Lompagnue-Lapole. *Paris, Servière*, 1788, in-8°, demi-rel. bas. portr. et planch.

2008. La Connaissance parfaite des chevaux, par Delcamp. *Paris, Servière*, 1802, in-8°, demi-rel. bas.

2009. Education des animaux domestiques, cours professé à l'école d'Alfort en 1827, in-8°, bas. (*mss*. de 159 pages).

2010. Recherches historiques et physiques sur les maladies épizootiques, publié par ordre du roi, par Paulet. *Paris, Ruault*, 1775, 2 vol. in-8°, demi-rel. bas.

Ouvrage intéressant et rare.

2011. Exposé des moyens curatifs et préservatifs qui peuvent être employés contre les maladies pestilentielles des bêtes à cornes, publié par ordre du roi, par Vicq-d'Azir. *Paris, Merigot*, 1776, in-8°, demi-rel. bas.

Rare et recherché.

2012. Recueil de pièces sur les épizooties.

Recueil de mémoires sur l'épizootie, par Barberet, avec des notes de Bourgelat, par M. Buniva et le docteur Revolat. *Lyon*, 1808. — Lettres écrites à M. L***, contenant des observations sur l'épizootie qui ravage les provinces méridionales de la France, par Dufaut. *Genève*, 1787. — Ensemble : 1 vol. in-8°, demi-rel. bas.

2013. Recueil de pièces sur les épizooties, demi-rel. bas.

Instruction sommaire sur l'épizootie contagieuse, par Hurtrel-d'Arboval. 1846. — Actes émanés des autorités administratives qui ordonnent l'exécution des lois et règlements relatifs aux épizooties. Suite du mémoire de d'Arboval. — Des Maladies contagieuses des bêtes à laine, par de Gasparin. 1824. — 3 pièces en un vol. in-8°, demi-rel. bas.

2014. Recueil de pièces.

Essai sur les épizooties, par Guersent. *Paris*, 1815. — Mémoire sur une épizootie du canton de la Marne, par Normand. 1815. – Rapport sur l'épizootie contagieuse. 1815. — Notice sur l'épizootie

qui règne sur le gros bétail, par Girard et Dupuy. 1816. — De la
Gastro-entérite épizootique, maladie régnante, par U. Leblanc.
1825. — Notice sur la maladie qui règne sur les chevaux, par J.
Girard. 1825. — Note sur la maladie épizootique des chevaux, par
Huzard fils. — Rapport sur l'épizootie des bêtes à laine dans le
département des Bouches-du-Rhône, par Meyer. *Arles,* 1812. —
Des Esquinancies chez les chevaux, les bêtes à cornes et les porcs,
et aperçus nouveaux sur les épizooties, par P. Crachet. 1802. —
Mémoire sur une maladie qui affecte les bœufs destinés aux sa-
laisons de la marine, par Cabirau. — Rapport sur ce mémoire,
par Chabert et Huzard. *An XII.* — Instruction sur les maladies
épizootiques, par Huzard et Desplas. *An V.* — Du Marasme épizootique, des fourrages extraordinaires, instructions pour arrêter la
mortalité du bétail, par Collaine. 1817. — Ensemble : 13 pièces
en un vol. in-8°, demi-rel. bas.

2015. Recueil de pièces.

La Médecine des bêtes à laine, contenant leur histoire naturelle
et vétérinaire, leurs maladies et remèdes pour les guérir. *Paris,*
Herissant, 1769. — Essais sur la maladie contagieuse du bétail,
par Leclerc. *Paris,* 1766. — Libellus de Aphthis Pecorinis, anni
1764, cum appendice de morbis pecorum in hac provincia.
Venise, 1765. — Dissertation sur le farcin, par Hurel. 1769. —
Relation d'une maladie épidémique qui a régné en 1757 dans la
Brie, par Chaignebrun. *S. l.* 1762. — Ensemble : 6 pièces en un
vol. in-12, cart.

2016. Recueil de pièces.

Instruction sur les moyens les plus propres à assurer la propagation des bêtes à laine d'Espagne, par Gilbert. *Paris, an V.* —
Instruction sur le claveau des moutons, par Gilbert. *S. d.* — Instruction sur les maladies inflammatoires épizootiques, par les citoyens Huzard et Desplas. *An V.* — Recherches sur les causes des
maladies charbonneuses dans les animaux, par Gilbert. *An III.* —
Règlement pour les écoles vétérinaires. *Paris, an V.* — Les Théories médicales modernes, comparées entre elles et rapprochées de
la médecine d'observation, par Gilbert. *Paris, an VII.* — Ensemble :
6 pièces en un vol. in-8°, demi-rel. bas.

2017. Recueil de pièces.

Traité de l'engraissement des animaux domestiques, par C.
Chabert et Fromage. 2e édit., augmentée d'une 2e partie, par C.-P.
Lasteyrie. *Paris,* 1806. — Histoire du rapprochement des végétaux,
par de Caylus. 1806. — D'un Moyen de multiplier abondamment
les grains, les fruits, les fleurs, et tous les végétaux, suivi d'un procédé pour obtenir plus de pain et de meilleure qualité que par la
méthode ordinaire, par le chevalier Brodin de la Jutois. Édit. augmentée par son gendre, Faming de la Jutois. *Paris,* 1806. — Des
Arbres à fruits, et nouvelle méthode d'affruiter le pommier, le poi-
rier, par Fanon. 1807. — Lettres adressées à MM. les membres de
l'Institut, par Calvel. *Paris,* 1806. — Ensemble : 5 pièces en un vol.
in-12, demi-rel. bas.

2018. Observations sur plusieurs maladies des bestiaux, telles que : maladie rouge, maladie de sang des bêtes à laine, par l'abbé Tessier. *Paris*, 1782, avec 2 pl. — Ensemble : Observations sur les bêtes à laine faites dans les environs de Genève pendant vingt ans, par Lullin. *Genève*, 1804, en un vol. in-8°, demi-rel. bas.

2019. Histoire de l'introduction des moutons à laine fine d'Espagne, par Gilbert. In-8°, br. (Manq. le titre.)

2020. Instruction pour les bergers et pour les propriétaires de troupeaux, par Daubenton. 3ᵉ édit., imprimée par ordre du gouvernement. *Paris, an X,* in-8°, cart. n. r. portr. et planches.

2021. Instruction sur la manière d'élever et de perfectionner la bonne espèce de bêtes à laine de Flandre. *Paris, Guelly*, 1763, in-12, br.

2022. Le Guide du fermier, ou instruction pour élever, nourrir, acheter et vendre les bêtes à cornes, etc., avec les symptômes de leurs maladies, les remèdes pour les guérir, etc., etc. *Paris, Costard,* 1772, 2 part. en un vol. in-12, demi-rel. bas.

2023. Manuel vétérinaire des plantes, ou traité sur les plantes qui peuvent servir de nourriture ou de médicament aux animaux domestiques, etc., etc., par Buchot. *Paris, Perrier*, 1799, in-8°, demi-rel. bas.

2024. Manuel du bouvier, ou traité de la médecine pratique des bêtes à cornes, par J. Robinet. Nouvelle édit. augmentée de notes, par Huzard fils. *Paris, Mᵐᵉ Huzard*, 1826, 2 vol. in-12, br.

2025. Instruction sur les bêtes à laine, et particulièrement sur la race des mérinos, par Tissier. *Imprimerie impériale*, 1810, in-8°, demi-rel. bas. avec 4 planch. et tabl.

2026. Instruction sur les maladies des bêtes à laine, par de Chastenay. *Paris, Delaunay*, 1817, in-12, br.

2027. Le Gentilhomme maréchal, traduit de l'anglais de J. Bartelet, par Dupuy-Demporte. *Paris*, 1756, 2 tom. en un vol. in-12, v. grav. fig.

2028. Eléments d'hygiène vétérinaire, suivis de recherches sur la morve, le cornage, la pousse, etc., etc., par Godène. *Paris, Lhuillier*, 1815, in-8°, br.

2029. Précis d'un cours d'hygiène vétérinaire, par L.-F. Grognier. *Paris, Huzard*, 1833, in-8°, demi-rel. v. fauve.

2030. Nouveau régime pour les haras, par de Lafont-Pouloti. *Turin et Paris*, V. *La Chapelle*, 1787, in-8°, demi-rel. bas.

2031. Traité des haras avec un traité des mulets, revu par Huzard. *Paris, Barrois*, 1788, in-8°, demi-rel. bas. planch.

2032. Traité sur les haras, extrait de J. Brugnone, trad. de l'italien par Barentin de Montchal. *Paris, Huzard*, 1807, in-8°, demi-rel. bas.

2033. Réflexions sur la réorganisation des haras, l'amélioration des chevaux et le rétablissement des manéges, par de Maleden. *Paris*, 1803. — Ensemble : Plan organique pour relever les haras, par le même. *Versailles*, 1805. — Extraits des comptes rendus de l'ouvrage de M. de Maleden sur les haras. — Mémoires sur les haras, par le baron de Bahan. *Paris*, 1804, en un vol. in-8°, demi-rel. bas.

2034. Des Haras domestiques en France, par J.-B. Huzard fils. *Paris, Mme Huzard*, 1829, in-8°, br.

2035. Manuel de cavalerie, où l'on enseigne la connaissance du cheval, l'ostéologie, ses maladies et leurs remèdes, etc., par de la Guérinière. *La Haye, Van Duren*, 1742, in-8°, v. brun, front. gravé, titre rouge et noir.

2036. L'Art du manége pris dans ses vrais principes, suivi d'une nouvelle méthode pour l'embouchure des chevaux, par le baron de Sind. *Paris, Desprez*, 1774, in-8°, v. marb. portr. et 7 planch. doubles.

2037. L'Utile à tout le monde, où le parfait écuyer militaire et de campagne, par A. de Weyrother. *Bruxelles, Lefrancq*, 1789, 2 tom. en un vol. in-8°, demi-rel. bas.

2038. Histoire des chevaux célèbres, contenant des anecdotes relatives à ce noble animal, par P. J. B. N. *Paris*, 1821, in-12, bas. rac. fig.

2039. Mémoire sur les diverses conformations des chevaux destinés aux armées, par P. Noyez. *Montpellier, F. Picot*, 1808, in-8°, br.

2040. Etude du cheval de service et de guerre, suivant les principes élémentaires des sciences naturelles, par A. Richard (du Cantal). 2ᵉ édit. *Paris, Hachette*, 1857, in-12, br.

> Cet exemplaire m'a été donné par l'auteur, mon ancien condisciple et ami à l'école d'Alfort : son *ex dono* se trouve sur le premier feuillet de garde. M. Richard a été représentant à l'Assemblée législative en 1848 ; il s'est montré dans tous ses votes homme de cœur et ami sincère des libertés publiques. L.

2041. De la Conformation du cheval, suivant les lois de la physiologie et de la mécanique, par A. Richard. *Paris*, 1847, in-8°, br. avec 2 planch.

> On lit sur le feuillet de garde : « L'auteur à son ami Lebert, médecin vétérinaire. »

2042. Théorie de l'extérieur du cheval, à l'usage des officiers de cavalerie et des amateurs de chevaux, par Pagnier. *Paris, Mᵐᵉ Huzard*, 1821, in-8°, v. f. fil.

2043. Extérieur des animaux domestiques, cours professé à l'école d'Alfort en 1824 par Girard fils, in-4°, demi-rel. bas. (*mss.* de 434 pages).

2044. Instruction sur l'amélioration des chevaux en France, par J.-B. Huzard. *Paris, an X*, in-8°, demi-rel. bas.

2045. Principes généraux sur l'amélioration des races de chevaux et autres animaux domestiques, par A.

Richard (du Cantal), ancien représentant du peuple. *Paris*, 1850, in-8°, br.

2046. Traité complet sur les chevaux, contenant l'art de les élever, de les préserver et de les guérir de diverses maladies, etc., etc., par M. M***. *Paris, Pillet*, 1813, in-12, br.

2047. Des Moyens d'avoir les meilleurs chevaux, ou de l'importance de la forme et de l'aplomb naturel du sabot du cheval, etc., par Perrier. *Paris, Huzard*, 1835, in-8°, br.

2048. De la Garantie et des vices rédhibitoires dans le commerce des animaux domestiques, par J.-B. Huzard. 2ᵉ édit. *Paris*, 1829, in-12, demi-rel. bas.

2049. De la Garantie et des vices rédhibitoires dans le commerce des animaux, etc., d'après la loi du 20 mai 1838, par Huzard. *Paris*, 1839, in-18, demi-rel. bas.

2050. Nouveau traité des vices rédhibitoires ou jurisprudence vétérinaire, par Galisset et Mignon. *Paris, Bechet*, 1842, in-8°, demi-rel. bas.

2051. Nouveau traité des vices rédhibitoires et de la garantie dans les ventes et échange d'animaux domestiques, etc., 2ᵉ édit., par A. Galisset et J. Mignon. *Paris, Labé*, 1852, in-8°, demi-rel. bas.

2052. De la Garantie et des vices rédhibitoires, nouv. édit., par J.-B. Huzard. *Paris*, 1844, in-12, demi-rel. bas.

2053. La Législation de Napoléon le Grand considérée dans ses rapports avec l'agriculture, par Vergani. *Paris, Colas*, 1813, in-8°, cart.

2054. Les Bêtes mieux connues, entretiens, par l'abbé Joannet. *Paris, Costard*, 1770, 2 vol. in-12, v. marb.

2055. Les Chevaux du Sahara et les mœurs du désert, par E. Daumas. Nouv. édit., revue et augmentée, avec des commentaires, par l'émir Abd-el-Kader. *Paris, M. Lévy*, 1858, in-12, pap. vélin, br.

Voir le n° 222.

2056. Mémoires de la Société d'agriculture de Seine-et-Oise. *Versailles*, 1812, in-8°, br.

2057. Essai sur l'amélioration des terres, par Patullo. *Paris, Durand*, 1758, in-12, br.

Ouvrage dédié à Mme de Pompadour.

2058. Manuel du cultivateur et avis au peuple sur l'amélioration de ses terres, par l'auteur de *l'Agronome. Amsterdam*, 1783, in-12, br.

2059. L'Ecole du jardin potager, qui comprend la description de toutes les plantes potagères, les qualités des terres, la culture qu'elles demandent, leurs propriétés pour la vie et leurs vertus pour la santé, etc., par l'auteur de la *Culture des Pêchers. Paris, Boudet*, 1712, 2 vol. in-12, v. marb.

2060. Nouveaux éléments de botanique et de physiologie végétale, par Ach. Richard. 2e édit. *Paris, Bechet*, 1822, in-8°, v. rouge, fil. fig. coloriées.

2061. Abrégé élémentaire de chimie, considérée comme science accessoire à l'étude de la médecine, de la pharmacie et de l'histoire naturelle, par J.-L. Lassaigne. *Paris, Bechet*, 1829, 2 vol. in-8°, br. avec atlas de figures coloriées.

M. Lassaigne, chimiste très-savant, a été mon professeur de chimie à l'école vétérinaire d'Alfort, de 1827 à 1828.

2062. Journal pratique de médecine vétérinaire, par Dupuy et Vatel. Années 1826 à 1829, 4 vol. in-8°, demi-rel. bas.

Tout ce qui a paru.

2063. Recueil de médecine vétérinaire, fondé par Royer-Colard et Girard fils en 1824, continué par différents rédacteurs. *Paris, Bechet*, 1824 à 1866, 42 vol. in-8°, bas. et en brochures.

Se continue. — Ce journal est rédigé aujourd'hui par MM. H. Bouley, Reynol, professeurs à l'école vétérinaire d'Alfort, avec le concours de MM. Colin, Lafosse, Magne, Merche; L. Renault, avocat; M. Sanson, A. Valet, vétérinaires, et Yvart, inspecteur honoraire des écoles vétérinaires.

(A la page 506 du tome VI (1828), il est parlé du diplôme obtenu par M. Lebert à l'école d'Alfort.)

2064. Le Cheval percheron, production, élevage, dégénérescence de la race; moyens de l'améliorer, par Ch. Hays. *Paris, s. d.* Librairie agricole, in-18, br.

2065. Du Crapaud, ou podoparenchydermite chronique du cheval, suivi du piétain ou parenchydermite du mouton, par Mercier. *Evreux, Canu,* 1841, in-8°, br. avec 4 planches.

LETTRES AUTOGRAPHES

2066. DUPONT (de l'Eure), Jacques-Charles, homme d'Etat, ancien ministre, né au Neubourg (Eure) le 27 février 1767, mort à Rouge-Perriers le 2 mars 1855. Lettre autographe signée à M. Lebert. *Paris*, 2 janvier 1837, 2 pages in-12.

Lettre relative à la souscription aux Œuvres complètes de M. de Chateaubriand, publiées par Pourrat.

M. Dupont (de l'Eure), ce patriote austère (dit un biographe), « dont la longue vie passée comme un fil d'or à travers quatre gé- « nérations sans se souiller jamais au contact des innombrables « iniquités qui se produisirent de toutes parts, on peut dire, sans « crainte d'être démenti, que jamais homme n'a montré plus de « désintéressement, plus de probité politique et de dévouement « au pays que cet illustre citoyen. Il fut membre de toutes les « assemblées sous la restauration, ministre de la justice en 1830, « président du gouvernement provisoire en 1848. Nommé par le « département de l'Eure représentant du peuple à l'Assemblée « constituante par 99,023 voix, etc. »

M. Dupont ne fut pas réélu à l'Assemblée législative ; les partis coalisés contre la république l'accablèrent de calomnies, jusqu'à l'accuser d'avoir accaparé à son profit une partie de l'impôt des 45 centimes.

Aux élections du 13 mai 1849, lorsque M. Dupont se rendait à la section d'Ecardenville pour y déposer son bulletin, on entendit des sicaires de la réaction proférer des injures contre lui ; et ce qui est plus ignoble, et le fait est attesté par témoins, un misérable (payé sans doute) osa lui cracher sur le dos.

Non satisfaite, la réaction l'a poursuivi au-delà du tombeau : c'est avec la plus grande difficulté et par ordre supérieur que sa famille et ses amis ont obtenu, selon son vœu, l'autorisation de déposer ses restes dans le cimetière du Neubourg, sa patrie. En 1848, une table de marbre portant ses nom et prénoms a été placée par ses concitoyens contre la façade de la maison dans laquelle il est né.   L.

2067. DUPONT (de l'Eure). Lettre autographe signée à M. Lebert oncle. *Paris*, 24 avril 1839, 3 pages in-4°.

Belle lettre relative aux Œuvres de Chateaubriand auxquelles j'avais souscrit.   L..

2068. DUPONT (de l'Eure). Lettre autographe signée au même. *Paris*, 7 septembre 1848, 2 pages in-4°.

Lettre très-bienveillante et très-affectueuse.

2069. DUPONT (de l'Eure). Lettre autographe signée au même. *Rouge-Perriers*, 15 septembre 1849, 1 page in-18. Billet d'invitation. — Autre. *Rouge-Perriers*, 16 juillet 1850, une page in-8°.

Gracieuse invitation à dîner « de la part de M. et Mme Dupont ».

2070. DUPONT (de l'Eure). Lettre autographe signée au même. *Rouge-Perriers*, 8 juin 1851, une page in-8°.

Invitation à déjeuner « en compagnie du docteur Auzoux, de M. Richard (du Cantal), ancien représentant du peuple », mon ancien camarade d'études : à ce dîner se trouvaient plusieurs autres convives.   **L.**

2071. DUPONT (de l'Eure), Charles, fils. Lettre autographe signée à M. Lebert oncle. *Rouge-Perriers*, 19 novembre 1861, une page in-8°.

— Lettre autographe signée du même au même. *Rouge-Perriers*, 27 mai 1863, 2 pages pleines in-8°.

Relative aux élections générales de 1863.

— Lettre autographe signée du même au même. *S. l. n. d.*, une page in-8°.

2072. DUPONT (de l'Eure), Mlle Pauline, sœur du précédent. 28 lettres autographes signées de différents formats à M. Lebert oncle.

Lettres aimables, bienveillantes et très-spirituelles : elles sont presque toutes relatives à la littérature, à la philosophie et à l'histoire.   **L.**

2073. ROLAND (Marie-Jeanne Philipon), femme célèbre de la révolution, auteur de Mémoires, née à Paris en 1754, décapitée le 18 novembre 1793. Lettre autographe signée à.... *S. l. n. d.*, 2 pages in-18.

Cette lettre provient du cabinet de M. Dupont (de l'Eure). Elle m'a été donnée par notre amie, Mme Décoularé.

Ecrite au moment de l'incarcération de Mme Roland, cette lettre, qui est sans adresse, a dû être confiée à une personne sûre chargée de la remettre à cet ami dont, par prudence, sans doute, elle ne cite pas le nom. M. Dupont (de l'Eure) supposait que cet ami était Barbaroux, ou plutôt Buzot, représentant du département de l'Eure. Une correspondance autographe entre ce dernier et Mme Roland, publiée en 1864 par M. Dauban, prouve qu'il existait entre ces deux victimes de la Terreur une amitié solide, tendre et sincère. Voici un extrait de la lettre ci-dessus :

« Aujourd'hui sur le trône et demain dans les fers : c'est ainsi
« que l'honnêteté se traite en révolution, mon pauvre ami ! Vous
« ne sauriez croire combien je songe à vous depuis ce matin. Je
« suis persuadée que vous êtes de ceux qui s'occupent davantage
« de mes vicissitudes.

« Me voici en bonne maison pour tant qu'il plaira à Dieu ; là
« comme ailleurs je suis assez bien avec moi-même pour ne guère
« souffrir des changements. Il n'y a pas de puissance humaine ca-
« pable d'enlever à mon âme saine et forte l'espèce d'harmonie
« qui la tient au-dessus de tout..., etc. »   L.

2074. Salverte (Eusèbe), ancien député. Lettre autographe signée à M. Dupont (de l'Eure). *Paris*, 20
novembre 1834, 2 pages in-4°.

Lettre politique sur les affaires de l'époque, rédigée dans les termes les plus affectueux pour M. Dupont. — On peut obtenir, dit l'auteur, des compliments flatteurs, des louanges brillantes, mais l'approbation de M. Dupont (de l'Eure) est bien au-dessus de cela. (Il s'agit d'un protégé de M. Dupont.)   L.

2075. Manuel (Jacques-Antoine), ancien député, orateur et patriote célèbre, né à Barcelonette en 1775,
mort à Maisons en 1827. Lettre autographe signée à
M. Dupont (de l'Eure). *Paris*, 15 mars (sans indication d'année), 2 pages in-8°.

Il annonce qu'il est sur le point de quitter Paris pour se rendre en Lorraine, où l'appellent des affaires d'intérêts. — Invitation pressante à M. Dupont de presser le voyage qu'il doit faire à Paris... « Dans l'espérance que vous exaucerez mes vœux, dit-il, je renvoie à notre première entrevue toutes les causeries : en atten- dant, je suis bien sûr que nous serons d'accord pour nous féliciter tous deux du repos auquel on nous a condamnés. Il faut avoir une étrange ambition ou être pétri d'une bien folle et bien ridicule va- nité pour regretter de ne pas faire partie d'une opposition aussi nulle dans une telle chambre et dans de telles circonstances, etc. » Le 27 février 1823, Manuel était monté à la tribune pour com- battre la proposition faite par la majorité de déclarer la guerre à l'Espagne qui luttait alors pour sa liberté ; ses appréciations sévères sur la conduite du roi Ferdinand lui valurent un rappel à l'ordre. Le lendemain, Labourdonnaye demanda l'exclusion du député de la Vendée, qu'il accusait d'avoir fait l'apologie du régicide : l'exclu- sion fut prononcée. Les 63 députés de la gauche décidèrent que Manuel ne quitterait son banc que par la force. A l'ouverture de la séance du 4 mars, Manuel parut à la Chambre. Le président le somma de se retirer ; il répondit par un refus. Un piquet de garde nationale, commandé par le sergent Mercier, fut chargé de mettre cet ordre à exécution. Les courageux citoyens ne voulurent pas porter la main sur un député de la nation.   L.

2076. LAFAYETTE (le général Gilbert Mottier), membre des Assemblées, né le 6 septembre 1757, mort en 1834. Lettre autographe signée à M. Dupont (de l'Eure). *Lagrange*, 9 novembre 1833, 2 pages in-12.

> Lettre politique. Lafayette a laissé des mémoires curieux qui ont été publiés par sa famille. 6 vol. in-8°.   L.

2077. LAFAYETTE (le général Gilbert Mottier), membre des Assemblées, né le 6 septembre 1757 à Chavagnac (Haute-Loire), mort en 1834. Lettre autographe signée à M. Dupont (de l'Eure). *Lagrange*, 31 décembre 1827, 2 pages et demie in-4°, cachet.

> Lettre politique relative aux élections et aux choix des candidats. « Le ministère, dit-il, paraît décidé à rester et à recevoir pour le moins la double attaque de l'adresse : des messieurs tels que ceux à qui nous devons le double vote et les attentats contre la presse ne satisferont personne. Si la cour avait le bon esprit d'être franchement constitutionnelle ou le courage de se déclarer tout à fait contre-révolutionnaire, il serait facile de former un ministère, dût le second ne pas durer longtemps. Mais au milieu des mauvais désirs et des indécisions craintives, les rênes restent flottantes aux mains qui s'y cramponnent, etc. »
> Cette belle lettre m'a été donnée par M. Dupont (de l'Eure) fils.
>
> L.

2078. DUBOIS (Louis), historien, ancien sous-préfet, né à Lisieux le 16 novembre 1773, mort le 9 juillet 1855. Lettre autographe signée à M. Dupont (de l'Eure), membre de la Chambre des députés. *Lisieux*, 8 décembre 1829, 3 pages pleines, in-8°, cachet.

> Lettre politique relative à la candidature de M. Guizot dans l'arrondissement de Lisieux.
> « Porté par tous les électeurs libéraux, dit M. Dubois, son « élection est assurée. M. Guizot prend l'engagement de siéger « à gauche et non au centre gauche. Il dit d'abord : « En 1820, « quand le parti (non libéral) a prévalu, je me suis retiré ; j'ai été « éliminé du conseil d'Etat pour avoir pris hautement la défense de « la loi des élections ; mon cours d'histoire a été suspendu en 1822 « par l'évêque d'Hermopolis. Il faut que le système constitutionnel « grandisse, s'étende, pénètre partout.... Et pourtant il ne faut « pas que ce mouvement, ce progrès de nos institutions, nuise à « la régularité, à la stabilité de l'*ordre public*.... Soutenir dans « son honneur, dans sa dignité morale, aussi bien que dans ses

« intérêts, la France que la révolution nous a faite et dont nous
« sommes les enfants, etc. »

M. Dubois ajoute que cette profession de foi (du célèbre doc-
trinaire) lui paraît un peu vague ; il aurait aimé mieux la promesse
de marcher à la conquête de l'exécution franche, libérale et complète de la charte. L.

2079. BERRYER, illustre avocat et orateur célèbre, ancien membre des Assemblées, né à Paris le 4 janvier 1790, mort à Augerville le 29 novembre 1868.
Lettre autographe signée à M. Dupont (de l'Eure),
député. S. l., 16 mai 1843, une page in-8°, cachet.

> Lettre relative à une entrevue entre M. le président. Desmor-
> treux et M. Alfred de Neuville. Invitation pressante à se concerter
> entre eux. (On ne dit pas le mot f.) L.

2080. FAVRE (Jules), avocat, l'un des plus célèbres orateurs des temps modernes, membre des Assemblées
nationales, né à Lyon le 21 mars 1809. Lettre autographe signée à M. Dupont (de l'Eure), le 5 mai
1847, 2 pages in-8°.

> « L'occasion de vous être agréable, dit-il, serait une bonne
> fortune pour tous ceux qui savent apprécier votre caractère : per-
> mettez-moi de vous dire combien je suis heureux et avec quel em-
> pressement j'accepte une défense produite sous votre patronage. Je
> n'ai point perdu le souvenir des secours qu'il me fournit dans une
> circonstance solennelle, où le jury me fit gagner mon procès pour
> rendre un juste hommage à votre personne, etc. »
> Il s'agit ici, je crois, d'un procès contre le *Journal de l'Eure*,
> qui fut acquitté par le jury, après une brillante plaidoirie de Jules
> Favre, à laquelle j'assistais.
> Cette lettre m'a été donnée par M. Dupont (de l'Eure) fils. L.

2081. SENART, avocat distingué, ancien représentant,
né à Rouen en 1802. Lettre autographe signée à
M. Dupont (de l'Eure). *Rouen*, 7 décembre 1847,
3 pages in-8°.

> Cette lettre est relative au banquet réformiste de Rouen : M. Se-
> nart exprime ses regrets à M. Dupont de ne pas le voir.
> Notre vénéré concitoyen s'était excusé sur sa santé qui était, à
> la vérité, en ce moment fort mauvaise. A ce banquet, l'un des plus
> mémorables de la campagne réformiste, et auquel j'assistais, il se
> trouvait au moins 1,200 convives. On y entendit comme orateurs
> MM. Odilon Barrot, Crémieux, Drouin de Lhuys, Senart, Duvergier
> de Hauranne, etc. L.

2082. LEGENDRE, ancien député, né en 1782, dans l'arrondissement de Pont-Audemer. Lettre autographe

signée à son cher ami Dupont (de l'Eure). 13 février,
4 pages in-8°.

Lettre sur la situation et les affaires politiques du jour. L.

2083. LAMARTINE (Alphonse), historien, poëte célèbre
et homme d'Etat, né à Mâcon en 1790, mort le
28 février 1869. Lettre autographe signée à M¹¹ᵉ Pauline Dupont (de l'Eure). *S. l. n. d.*, 2 pages in-8°.

2084. CANEL (Alfred), avocat, historien célèbre. Lettre
autographe signée à M. Dupont (de l'Eure), député.
S. l. n. d., 2 pages in-8°.

Il remercie M. Dupont de l'envoi de son portrait.
M. Canel est né à Pont-Audemer en 1803. En 1848 il fut élu
représentant du peuple pour le département de l'Eure par 64,418
voix. Démocrate de conviction, dit son biographe, il est de ceux
qui n'ont pas changé de drapeau. Nommé sous-commissaire du
gouvernement provisoire pour l'arrondissement de Pont-Audemer,
il donna toutes sortes de preuves de capacité et de patriotisme.
Comme preuve de son désintéressement, il refusa son traitement
de sous-commissaire. L.

2085. CANEL (A.). Lettre autographe signée à M. Lebert
oncle. *Pont-Audemer,* 26 décembre 1865, 2 pages
in-8°. — Lettre autographe signée du même au même.
Pont-Audemer, 30 décembre 1865, 2 pages in-8°.

Ces deux lettres, auxquelles j'ai joint mes réponses, sont relatives à une vente de livres, laquelle devait avoir lieu à Paris le
27 décembre. Il s'agissait de quelques pièces importantes et fort
rares sur la Normandie, et c'est pour ne pas faire concurrence à
M. Canel, au cas où il aurait eu envie de ces pièces, que je lui avais
écrit pour connaître ses intentions à cet égard. L.

2086. CANEL (Alfred), avocat, historien célèbre, né à
Pont-Audemer en 1803. Lettre autographe signée à
son cher concitoyen et ami Lebert oncle. *Pont-Audemer,* 24 septembre 1866, 4 pages pleines, in-8°.

Lettre dans laquelle M. Canel répond à diverses questions sur
mes doutes en matière de religion catholique, et spécialement sur
les règles à observer pour assurer ma volonté après ma mort d'être
enterré civilement.... L.

2087. BÉRANGER (Jean-Pierre), célèbre chansonnier,
poëte, né à Paris le 17 août 1780, mort le 16 juillet
1857. Lettre autographe signée à son ami M. Dupont

(de l'Eure), député du département de la Seine. 21 décembre 1825, 3 pages pleines, in-4°.

Très-belle lettre où il est question d'affaires politiques.

« Votre lettre ne m'a rien appris de nouveau ; je savais que « vous payez 1,100 fr. de contributions, mais moi et vos amis d'ici « sommes effrayés en pensant que le moindre dégrèvement vous « rendrait inéligible... Vous dites qu'il faut un an de possession, « mais il n'y a pas un an de vente de la terre du Home, et les con-« tributions en doivent être encore sous votre nom. Or, l'acquisi-« tion de quelques arpents de terre suffirait pour vous mettre à « l'abri des désagréments, etc. »

A cette époque il fallait payer 1,000 fr. d'impôts pour être député.   L.

2088. BÉRANGER (J.-P.). Lettre autographe signée à M. Dupont (de l'Eure). *Tours*, le 1ᵉʳ mai 1835, 3 pages in-8°.

Invitation à M. Dupont d'aller le voir à Tours : « Nous n'aurons pas là d'aide de camp du roi pour nous gêner, pour dire tout ce qui nous passera par la cervelle et dans le cœur. Ce ne sera pas non plus comme à la Chambre, et nos votes coûteront moins cher au peuple que ceux de MM. les honorables.... honorables je me comprends, rien ne me force, comme dit M. de Mont..., d'employer cette épithète, etc. »   L.

2089. BÉRANGER (J.-P.). Lettre autographe signée à M. Dupont (de l'Eure). 19 septembre, *s. d.*, 3 pages in-8°.

Compliments à M. Dupont sur le succès dans les études de son fils Charles Dupont. — « Ceci me fait penser que faisant mon tes-« tament il y a peu de jours, chose qui me fait toujours rire, me « reportant par la pensée à l'époque (j'avais plus de quarante ans) « où je n'avais que trois chemises vieilles et déchirées et une mau-« vaise paire de draps ; que je suis devenu riche, bon Dieu ! Tou-« jours est-il que faisant la distribution de mes trésors, je vous ai « légué le portrait de Manuel peint par Drolling, et en dépit de la « loi j'en ai fait la substitution à Charles. Il me semble qu'il sera « là en bonne main.

« Ceci me fait aussi penser que faisant ma notice biographique, « j'y ai laissé un blanc pour y mettre l'allocution de Durbach que « je vous ai demandée... Dans le cas où il vous ennuierait de faire « la partie narrative qui doit l'amener, contentez-vous de me don-« ner les paroles de Durbach, et je me chargerai de les encadrer... « Allons, paresseux, écrivez une heure ou deux pour faire plaisir « à un ami et pour stigmatiser un des plus grands misérables de la « terre. »

Cette fameuse allocution de Durbach est relative à une entrevue qui eut lieu en 1815, deux jours avant l'entrée des étrangers à Paris, entre MM. Dupont (de l'Eure) et Durbach, membres de la seconde chambre, et Fouché, duc d'Otrante, dans laquelle Durbach apostropha en termes sanglants cet intrigant traître à tous les partis ; c'est de lui que Napoléon disait : « Voilà celui qui met son pied sale dans le soulier de tout le monde. »

Cette vigoureuse apostrophe, demandée avec tant d'instance à M. Dupont, se trouve consignée tout au long dans le tome V des Œuvres complètes de Béranger, édition de Perrotin. *Paris*, 1860.

L.

2090. Béranger (J.-P.). Lettre autographe signée à M. Dupont (de l'Eure). 25 mars 1841, 3 pages pleines, in-8°, cachet.

Béranger revient sur l'allocution de Durbach : « Ce n'était pas, « dit-il, le fond du récit de votre entrevue avec Fouché que je vou- « lais ; c'était cette vive éloquence, ces vigoureuses apostrophes « que je vous ai entendu prêter à Durbach... Sans doute, ces for- « mules d'indignation qui me sont restées dans la mémoire, vous « les tiriez de votre cœur dans un moment d'animation ; mais « comme elles seules donnent à mes yeux du prix à la narration, « il faut bien que je les retrouve pour les conserver. Du reste, « quand nous nous reverrons, je tâcherai de vous remettre en verve « sur ce sujet, car je suis sûr de ne jamais formuler cette allocution « aussi bien que vous. En vérité, vous vous êtes toujours trop « défié de vous à la tribune ; vous y auriez improvisé supérieure- « ment. Un jour, au conseil des ministres, Laffite me disait que « vous l'aviez fait pleurer, etc. » L.

2091. Béranger (J.-P.). Lettre autographe signée à M. Dupont (de l'Eure). *Tours*, 30 août 1837, 3 pages pleines, in-8°, cachet.

Remerciements affectueux sur le voyage de M. Dupont à Tours, et la joie qu'il éprouve à l'avance de venir à son tour visiter ses bons amis de Rouge-Perriers : « Vous avez sans doute lu dans les « journaux le dîner de Barrot avec les autorités de Tours. Ne trou- « vera-t-on pas singulier que, vous étant ici, il ait assisté à un « repas où vous n'étiez pas et où il ne vous convenait pas d'être? « C'est un singulier homme, etc. » L.

2092. Béranger (J.-P.). Lettre autographe signée à M. Dupont (de l'Eure). *Tours*, 25 septembre 1837, 3 pages pleines, in-8°, cachet.

Il annonce à son cher et bon Dupont qu'il a remis son voyage en Normandie au printemps prochain, et il ajoute : « Comment se « fait-il qu'avec toutes ses qualités, Barrot ne parvient pas à ga- « gner les cœurs si promptement! J'ai fait votre commission au- « près de sa femme, avec qui j'ai dîné il y a peu de jours à Belair. « Lebrun et Blanc me sont arrivés et étaient aussi du dîner chez « Bérard ; Mme Barrot leur a paru bien étrange, j'en demande par- « don à l'amour que vous avez pour elle, mais nous n'avons pu

« nous empêcher de nous demander ce que Barrot ferait de sa femme
« s'il devenait ministre. La voyez-vous aux affaires étrangères, au
« milieu de la haute aristocratie européenne; elle est née noble
« pourtant! Comparez-la à Mme Dupont, qui n'est qu'une vile ro-
« turière, et jugez ce que le tact et le bon sens apporteront de dif-
« férence entre deux femmes également estimables; cela ne m'a
« pas empêché d'embrasser Mme Barrot avec plaisir et de présenter
« vos civilités à Mmes Rousselle et Roland; cette dernière a ma foi
« de beaux yeux et quelque chose de mieux encore!.... etc. »

L.

2093. BÉRANGER (J.-P.). Lettre autographe signée à
M. Dupont (de l'Eure). 5 août 1840, 3 pages et
demie, in-4°.

Très-belle et curieuse lettre : « Voilà deux mois que je suis
absent de Tours ; on me retient où je suis (dans sa famille) en me
parlant des fièvres de la Touraine, et Judith (sa ménagère), depuis
que je suis absent, m'a avoué qu'elle s'ennuyait prodigieusement
à vivre ainsi loin de ses bons et vieux amis. Ceci me donne matière à réfléchir, mais je vous supplie de n'en rien dire à personne
jusqu'à ce que je vous en écrive plus long, etc.

« Bien que je vous aie engagé autrefois, mon cher ami, à accepter un siége à la Cour de cassation, je reconnais toute la justesse
des motifs qui, cette fois, vous l'ont fait refuser; vous deviez avant
tout considérer la position du côté gauche de la Chambre, et je
crois comme vous que bien des gens eussent passé par la porte
qu'on vous ouvrait. Fidèle à vos antécédents de désintéressement,
vous avez dû repousser ce qui semblait moins une justice pour vous
qu'une faveur et un appât pour ceux avec qui vous avez voté si
longtemps, etc. »

L.

2094. BÉRANGER (J.-P.). Lettre autographe signée à
M. Dupont (de l'Eure). 26 septembre 1845, 4 pages
pleines, in-4°.

Très belle pièce, dans laquelle Béranger donne son opinion sur
des poésies que lui soumet M. Mordret (neveu de M. Dupont). —
Cette charmante lettre se termine ainsi : « Je viens d'accomplir mes
soixante-cinq ans; je me rapproche de vous, car vous ne vieillissez
pas, et moi je vieillis beaucoup. Ne voilà-t-il pas que je cesse de
pouvoir travailler! Adieu mon dernier plaisir. Il faudra me rési-
gner à cela comme vous à marcher moins bien, etc. » L.

2095. BÉRANGER (J.-P.). Lettre autographe signée à
M. Dupont (de l'Eure). *Passy*, 7 avril 1847, 3 pages
in-12.

« Avez-vous lu *les Girondins?* Dès qu'il m'a été permis de les
« lire, je les ai dévorés, j'en suis enthousiasmé! Et si je ne crai-
« gnais un peu la canonisation de Robespierre, je n'y trouverais
« qu'à admirer! Je l'ai écrit ce matin à l'auteur (Lamartine), qui

« me semble dans cet ouvrage s'ètre élevé au-dessus de tout ce
« qu'il a produit jusque-là en éloquence et en poésie. Je ne puis
« dire plus. »   L.

2096. DAUBAN, conservateur à la Bibliothèque impériale, auteur de Mémoires sur Mme Roland. Lettre autographe signée à M. Lebert. *Paris*, 13 mars 1866, 2 pages in-8°.

> Dans cette lettre, M. Dauban me propose de lui céder, pour un prix, mon autographe de Mme Roland (n° 2073), ou de lui en envoyer une copie; il se propose de faire servir cette lettre à une nouvelle édition des Mémoires de Buzot, qu'il veut publier. Cette copie, sollicitée avec beaucoup d'empressement, a été envoyée. M. Dauban est encore à m'en accuser réception.   L.

2097. MARRAST (Armand), ancien président de l'Assemblée nationale en 1848. Lettre autographe signée à M. Dupont (de l'Eure), ancien représentant du peuple. *Paris*, 24 mai 1849, 3 pages in-8°.

> Cette lettre est relative à la non-réélection de M. Dupont par le département de l'Eure.   L.

2098. RENAN (Ernest), auteur de la *Vie de Jésus*. Lettre autographe signée à M. Jourdan, rédacteur du journal *le Siècle*. *Paris*, 14 avril, une page in-8°.

> Lettre relative à l'exposition des tableaux de M. Scheffer, au nom de la société des artistes. M. Renan était le gendre de cet artiste célèbre, mort il y a peu d'années. Il était très-lié avec M. Dupont (de l'Eure).   L.

2099. PROUDHON (P.-J.), ancien représentant du peuple en 1848, écrivain socialiste célèbre. Lettre autographe signée à M... *Paris*, 19 juin 1858, une page in-8°.

> Réponse à un solliciteur pour lui dire qu'il n'a pas vu M. de Girardin et qu'il ne doit absolument rien à sa recommandation.
> « Quant à moi, dit-il, je sors peu, et suis tout entier à mon « procès, la chose la plus importante pour moi, etc. »
> Ce procès était relatif à son ouvrage intitulé : *de la Justice dans la révolution*, pour lequel Proudhon fut condamné à trois mois de prison et 4,000 fr. d'amende. Il alla se réfugier en Belgique.
> La lettre du célèbre réformateur m'a coûté 6 fr., en vente publique à Paris.   L.

2100. CAVAIGNAC (Louis-Eugène), célèbre général français, chef du pouvoir exécutif en 1848, né à Paris le 15 octobre 1802, mort le 28 octobre 1857. Lettre

autographe signée à M. Dupont (de l'Eure). 10 juin
1857, 2 pages et demie, in-12.

Cette lettre, des plus affectueuse, m'a été donnée par M. Charles
Dupont fils. — Le général fait part à M. Dupont (de l'Eure) de la
naissance de son fils et se livre en même temps à des réflexions
très-énergiques sur les affaires politiques du jour.

J'ai ajouté à cette lettre le compte rendu du concours général
de la Sorbonne du 9 août 1868, composé de différents articles
que j'ai découpés dans les journaux, formant un recueil de 12 pages
grand in-8°. A cette solennité, présidée par le ministre de l'instruction
publique, M. Duruy, assistait le petit prince impérial, qui était
chargé de couronner les lauréats. A l'appel de son nom, le jeune
Cavaignac, qui avait obtenu le 1er prix de version grecque, ne se
présenta pas, refusant ainsi de se laisser couronner par le fils de
celui qui avait proscrit, emprisonné son noble père comme un
malfaiteur au coup d'Etat du 2 décembre 1851. L'auditoire, au
grand désappointement de l'autorité officielle, applaudit avec chaleur à cette leçon de moralité et de piété filiale rendue par le jeune
Cavaignac à la mémoire de son père.

Le général Cavaignac, l'un des plus grands et des plus beaux
caractères des temps modernes, est célèbre par la belle défense
qu'il prononça à l'Assemblée nationale dans la séance du 26 novembre 1848, relative à ses actes et à ses opérations militaires dans
les malheureuses journées de juin 1848. — Sur la proposition de
M. Dupont (de l'Eure), l'Assemblée adopta, à la majorité de 503 voix
contre 34, l'ordre du jour suivant :

« L'Assemblée, persévérant dans le décret du 28 juin 1848,
« ainsi conçu : Le général Cavaignac, chef du pouvoir exécutif, a
« bien mérité de la patrie. »

On n'a pas oublié non plus la manière noble et digne dont il
descendit du pouvoir pour céder la place à Bonaparte, ce misérable
aventurier qui a précipité la France dans le malheur et la ruine.

L.

2101. Davy, ancien représentant du peuple en 1848,
pour le département de l'Eure, élu par 52,407 voix,
né à Rouen le 24 février 1814. Lettre autographe
signée à M. Lebert oncle. *Le Mesnil-Vicomte, s. d.*
(juillet 1868), 4 pages in-8°.

« Je veux vous écrire depuis longtemps ; mais, malade et tou-
« jours obligé de faire comme les vieux chevaux qui ont besoin
« d'être cinglés pour tirer à l'attelage, j'ajourne souvent à un len-
« demain perpétuel. Pourtant je vais mieux ; on me donne l'espoir
« que cette année enfin l'été me sera profitable. Et aussi me voilà
« relancé par nos amis à propos de la fondation d'un journal (*le*
« *Progrès de l'Eure*).

« De la discussion de la nouvelle loi sur la presse, ils ont pensé
« que quelle que fût cette loi, quels que fussent ses hypocrisies, son
« mépris de tous les principes et ses pièges, il y avait moyen, en
« gardant une certaine mesure, de produire au milieu de notre
« département un journal indépendant.

« Je m'adresse donc à vous pour demander votre concours et
« celui des personnes qui vous entourent, qui sont restées indé-
« pendantes, qui saluent avec sincérité le réveil signalé en France
« et qui veulent y aider, etc. »

Suit une liste des anciens actionnaires de 1851, en tête de laquelle se trouve M. Dupont (de l'Eure); il s'informe si, dans notre
contrée, indépendamment des morts, il en est beaucoup qui soient
restés fidèles au drapeau de la démocratie. Hélas! j'ai eu à signaler
à mon brave ami Davy bien des défaillances depuis 1851! Parmi
les apostats on y trouve les meilleurs amis de M. Dupont (de l'Eure);
quelques-uns, devenus les très-humbles serviteurs de l'autorité, ont
poussé le cynisme de l'apostasie jusqu'à combattre aux élections de
1863 la candidature du fils de l'honnête homme auquel ils avaient
(en apparence du moins) si souvent et si cordialement serré la
main. L.

2102. DAVY, ancien représentant du peuple. Deux lettres autographes signées à M. Lebert oncle. *S. l. n.
d.*, in-18 et in-8°.

2103. JOURDAN (Louis), rédacteur au journal *le Siècle*.
Lettre autographe signée à Mlle Dupont (de l'Eure).
Paris, 24 mars 1864, 2 pages in-8°.

2104. ADAM (Edmond), ancien adjoint au maire de
Paris en 1848, représentant du peuple à l'Assemblée
nationale de 1871. Lettre autographe signée à
M. Lebert. *Brionne*, 10 avril 1852, une page in-8°.
— Lettre autographe au même. *Paris*, 3 octobre
1854, 4 pages in-8°. — Lettre autographe au même.
Paris, 24 avril 1869, une page in-8°.

Il annonce qu'il se porte candidat aux élections générales de
1869, et qu'il a choisi la circonscription de Pont-Audemer. L.

2105. RICHARD (du Cantal), ancien représentant du
peuple en 1848, ancien élève à l'école d'Alfort et
docteur en médecine. Lettre autographe signée à
M. Lebert oncle, médecin vétérinaire. *Paris*, 27 janvier 1851, une page in-8°. — Lettre autographe signée au même. *Paris*, 4 février 1851, 2 pages in-8°.

Lettre très-affectueuse de mon ancien camarade d'études et ami
par laquelle il me remercie de l'envoi d'une bourriche de gibier.
L.

2106. NEY (Edgard), diplomate. Lettre autographe signée à M. le chef d'escadron Tillard. *S. l. n. d.*,
une page in-8°.

2107. TILLARD (Adolphe), chef d'escadron au 4ᵉ hussards. Lettre autographe signée à son cher et brave Lebert. Datée d'*Eupatoria (Crimée)*, 22 janvier 1854, 6 pages pleines, in-8°.

Cette lettre contient de très-longs détails sur la campagne de Crimée et sur la fameuse charge de cavalerie du général d'Allouville contre les Russes : action dans laquelle le chef d'escadron Tillard s'était conduit en brave, et qui lui a valu l'honneur de figurer sur le tableau peint pour consacrer la mémoire de ce brillant fait d'armes. J'ai vu ce tableau à l'exposition de 1856. L.

2108. TILLARD (Adolphe), chef d'escadron. Lettre autographe signée à son vieil et ancien ami Lebert. *Aïdos (Turquie)*, 17 octobre 1854, une page in-8°.

Lettre contenant de nouveaux détails sur la campagne de Crimée, et la copie d'une chanson de circonstance, chantée dans un banquet offert par ses camarades au capitaine Tillard, à l'occasion de sa promotion au grade de chef d'escadron. L.

2109. TILLARD (Adolphe), colonel au 3ᵉ régiment de hussards. Collection de 23 lettres autographes signées à lui adressées par différents personnages tant civils que militaires, dont :

1° Lettre de *Regnault de Saint-Jean d'Angely* (le maréchal). *Paris*, 6 janvier 1862, une page in-8°.

Le maréchal remercie le colonel Tillard de ses compliments à l'occasion du jour de l'an.

2° *Bonaparte* (fils de la première femme de Jérôme), chef d'escadron au 3ᵉ cuirassiers. *Limoges*, 28 octobre, une page in-8°.

Demande au colonel à faire partie de son régiment.

3° *Mellinet* (le général). *Paris*, 20 avril 1862, une page in-8°.

Recommandation en faveur d'un maréchal des logis.

4° *Bernard* (prince de Solmes), lieutenant au 3ᵉ cuirassiers. *Marseille*, 20 avril 1862, 2 pages in-8°.

Lettre très-affectueuse et regrets d'avoir quitté la belle Afrique sans « avoir pu baiser la main à Mᵐᵉ Tillard, etc. ». L.

5° *Cassaignolle* (le général). *Toulouse*, 14 mai 1862, 3 pages in-8°.

Demande aide et protection au colonel pour un maréchal des logis.

6° *Sainte-Croix* (le marquis de), receveur général. *Laval*, 3 juillet 1862, 3 pages pleines, in-8°.

Il félicite le colonel Tillard sur son avancement.

7° *Gondrecourt* (A. de), colonel des chasseurs de la garde. *Meaux*, 22 septembre 1862, 3 pages pleines, in-8°.

Compliments très-affectueux à M. et Mme Tillard, à l'occasion de la naissance de leur fils, etc.

8° *Martimprey* (le général). Lettre écrite en campagne, au crayon. 27 juin 186., cabinet du sous-gouverneur de l'Algérie.

Le général annonce à son cher colonel que « tout est terminé, tous les cheurfas ont été cernés et pris à merci. Je rentre à mon camp; faites-en autant si vous n'avez plus rien à faire de votre côté, etc. »   L.

9° *Bougenel* (général de division). *Paris*, 18 juin 1862, une page in-8°.

10° *Darboy*, archevêque de Paris. 15 septembre 1862, une page in-4°.

Demande d'avancement en faveur d'un maréchal des logis auquel il porte le plus grand intérêt. — M. Darboy a été fusillé le 24 mai 1871 par la commune de Paris.   L.

11° *Beyens* (baron de), ambassadeur du roi des Belges. *Paris*, 4 octobre 1862, 2 pages in-4°.

Lettre écrite au nom du duc de Brabant, dans laquelle « il annonce au colonel l'envoi d'un écrin contenant un bracelet, qu'il offre à Mme Tillard, comme un témoignage de sa reconnaissance pour l'accueil si affectueux qu'ils ont fait l'un et l'autre à Son Altesse royale pendant les quelques heures qu'elle a passées à Blidah, etc. ».   L.

12° *Trochu* (le général). *Paris*, 14 juillet 1863, 3 pages in-8°.

Lettre très-affectueuse à « son camarade et ami Tillard », dans laquelle il lui recommande chaudement le fils du général Vaudriney, dont la santé est gravement atteinte.   L.

13° *Yusuf* (général de division), indigène, à son cher Tillard. *Alger*, 7 juin 1864, 2 pages in-8°.

Le général le complimente sur la bonne tenue et l'entrain de son régiment, à l'occasion d'un fait de guerre : « Je vous envoie mes félicitations de tout cœur pour vous et vos beaux escadrons. Il est impossible de montrer plus de vigueur, plus d'entrain, en un mot d'être plus *houzard* que vous ne l'avez été, et je suis bien heureux pour ma part de vous l'exprimer, etc. »   L.

14° *Yusuf* (général de division). *Montpellier*, 1er décembre 1865, in-8°, 4 pages pleines.

Très-belle lettre, dans laquelle le général reproche affectueusement au colonel Tillard de ne pas être venu lui demander quelques heures d'hospitalité, étant son proche voisin. Cette pièce est signée de la photographie du général Yusuf.   L.

15° *Moris* (le général). *Alger*, le 20 mai 1864, 2 pages in-8°.

« Mon cher ami, votre croix vous était due ; ce sont vos trente ans de bons services qu'on vous a payés ; mais comme on ne paye pas tout le monde, je vous en fais mon bien sincère compliment, ainsi que ces dames, qui envoient toutes leurs tendresses à Mme Tillard, etc. »   L.

16° *Bou-Alem*, bach-aga du Dyuedel. *Alger*, s. d., une page in-8° (en arabe).

17° *Liebert* (général). *Miliana*, le. . 186., 3 pages in-8°.

Belle pièce. « Je suis heureux de vous dire, mon cher colonel, que la cavalerie de ma colonne, placée sous les ordres de M. le lieutenant-colonel Collot et composée de deux escadrons de votre régiment, a été magnifique d'entrain et de valeur dans la journée du 7. Elle a abordé avec une résolution sans pareille un ennemi évalué à 500 cavaliers et 1,500 fantassins, elle qui comptait à peine 150 sabres, etc. »

Le général ajoute que cette affaire, à laquelle il s'attendait le moins, a jeté du froid entre lui et le général Yusuf.... Quant à l'appréciation des faits, il s'en rapporte à l'opinion unanime des troupes de sa colonne. Il annonce que Moncey (petit-fils du maréchal) a été tué, et qu'il est mort en brave, etc.   L.

18° *Louis* (Antoine-Augustin), évêque d'Alger. Lettre autographe du 22 février 1865, une page.

Il recommande au colonel Tillard un maréchal des logis de son régiment. « Il est allié de ma famille, dit-il. Ce qui m'intéresse au fond, c'est qu'il est le fils d'une *sainte veuve* et le frère d'une *sainte sœur*, et que lui-même m'a paru bon, etc. »   L.

19° *Estancelin* (député de la Seine-Inférieure). *Paris*, 14 juillet 1869, 2 pages in-8°.

Il sollicite du colonel Tillard un congé en faveur d'un soldat de son régiment.   L.

20° *Paul...*, évêque de Metz. 15 décembre 1866, 2 pages in-8°.

Il s'agit dans cette lettre d'un projet de mariage; le prélat demande au colonel des renseignements confidentiels sur « un jeune officier démissionnaire qui a servi sous ses ordres, etc. ». L.

21° *Canrobert* (le maréchal). Lettre autographe signée. *Paris*, 11 mars 1867, une page in-8°.

« Je viens vous prier, mon cher colonel, de me donner vous-même, très-confidentiellement, des renseignements sur M. le lieutenant Crussol-d'Uzès de votre régiment, au double point de vue militaire et *privé*. Votre réponse sera lue de moi seul, etc. »
                                                        L.

22° *Pajol* (aide de camp de l'empereur). Lettre autographe signée à son cher ami le colonel Tillard. *Palais de Saint-Cloud*, 10 août 1869, 2 pages in-4°.

C'est le 13 août 1869 que mon brave ami le colonel Tillard, alors caserné avec son régiment quai d'Orsay à Paris, me gratifiait de cette série d'autographes. Au sujet de la lettre de son ami Pajol, il me disait « que depuis longtemps il avait droit par ses services et par son rang d'ancienneté au grade de général, et qu'il avait été évincé dans la dernière promotion par le ministre de la guerre, le maréchal Niel, avec lequel il avait eu quelques démêlés ».

Le maréchal se mourait en ce moment; le colonel était si froissé de cette injustice, qu'il qualifiait très-sévèrement le ministre, le gouvernement impérial, et menaçait de quitter le service militaire et de se jeter dans l'opposition (voir le numéro suivant).

L'aide de camp Pajol cherche à le consoler : « Je comprends, « cher ami, dit-il, tout l'ennui que tu as dû éprouver, d'abord « de ta non-nomination et surtout de celle de Cambriel; car, « comme tu devais le penser, personne ne s'attendait à le voir fi-« gurer sur la liste. Je ne sais pas qui a pu ainsi l'appuyer, mais « ce n'est pas une raison pour te désespérer; nul doute que tu « seras compris dans la prochaine promotion... Je vais jouer des « pieds et des mains autant que de la parole pour que justice te « soit rendue et intéresser en ta faveur les dispensateurs des faveurs « impériales, etc., etc. »

Après le fameux plébiscite du 8 mai 1870, qui accordait à Bonaparte les pouvoirs les plus absolus, cet aventurier, pour des motifs non justifiés devant les chambres, déclarait en juillet la guerre à la Prusse, guerre insensée, puisque nous n'avions que 250,000 hommes à mettre en ligne contre plus d'un million !...

Le colonel Tillard, passé enfin général de brigade, frappé de la mauvaise organisation de notre armée et de son insuffisance numérique, écrivait à son frère, Ernest Tillard, ces mots significatifs : « La guerre est déclarée, je pars pour la boucherie. » Le 2 septembre suivant, à la bataille de Sedan, il succombait ainsi que son aide de camp, frappés tous deux d'un éclat d'obus, tandis que Bonaparte, enfermé dans la place, se rendait lâchement à l'ennemi, sans combattre, avec 80,000 hommes!...

Le général Tillard, né en 1817 à la Commanderie (canton nord d'Evreux), était par conséquent âgé de cinquante-trois ans. Il laisse une veuve et un fils. Bon, affectueux, autant qu'il était brave, le général était tellement affectionné de ses soldats, qu'ils me disaient avec une rude franchise : « Notre colonel, nous l'aimons tant, qu'il nous commanderait de passer au travers du feu, tout le monde obéirait. »   L.

2110. *Tillard* (Adolphe), colonel au 3ᵉ régiment de hussards. Lettre autographe signée à son cher Lebert. *Lyon*, le 16 avril 1870, 4 pages pleines in-4°.

Très-affectueuse lettre dans laquelle le colonel, toujours préoccupé de ses griefs contre le gouvernement, m'annonce qu'il a l'intention de se porter candidat indépendant au conseil général pour le canton du Neubourg; il me consulte sur l'opportunité de cette candidature et les chances qu'elle pourrait avoir : « Je me poserai, dit-il, comme candidat *indépendant;* point de pression administrative, aucune démarche tendant à abaisser mon caractère, détermination ferme de soutenir les intérêts généraux, jamais ceux des particuliers si la justice s'y oppose...

« Contrôler sévèrement tous les actes de l'administration qui ne seraient pas réguliers, les soutenir s'ils sont justes, ne relever que de ma conscience et de mon devoir... Tels sont les principes généraux que je vous émets *grosso modo*, afin que vous puissiez me répondre franchement si cette façon d'agir peut convenir aux électeurs, etc., etc. »

Malgré toutes mes sympathies pour mon regrettable ami, je fus obligé de lui répondre *carrément* qu'en présence de la candidature de M. Janvier, ex-préfet de l'Eure révoqué....., l'honnêteté politique et la probité ne pouvaient prévaloir dans l'esprit des électeurs corrompus depuis longtemps par ce fonctionnaire, et qu'il n'avait aucune chance de succès.   L.

2111. *Olivier* (Emile), orateur célèbre, ministre de Napoléon Bonaparte. Lettre autographe signée à M. Frédéric Henry, libraire. *Paris*, 5 octobre 1865, une page in-18. (Voir n° 2385.)

2112. *Sardou* (Victorien), auteur dramatique. Lettre autographe signée à M. Frédéric Henry, libraire. *S. d.*, une page in-18.

2113. *Godard* (frères), aéronautes. Lettre autographe

signée aux frères Bouthors. *Paris,* 14 mars 1864, une page in-4°.

Ils annoncent «qu'ils se rendront au Neubourg pour le 20 courant, pour faire leur ascension aux conditions de 450 fr., prix convenu ».

C'était à l'occasion d'un concours agricole et des courses au Neubourg que cette ascension eut lieu, en même temps qu'une représentation du cirque des frères Bouthors. Cette représentation, annoncée avec fracas à dix lieues à la ronde, fut plus que médiocre; elle rapporta à la caisse des écuyers 10,000 fr., mais le public fut volé. **L.**

2114. *Delaquérière* (Eustache), homme de lettres, auteur de nombreux ouvrages estimés sur la Normandie. 5 lettres autographes signées à M. le docteur Chopin, médecin au Neubourg. *Rouen,* 1831 à 1834, in-18 et in-4°.

2115. *Canel* (Alfred), avocat à Pont-Audemer, historiographe normand. 3 lettres autographes signées à M. Lebert oncle, bibliophile au Neubourg. 30 juillet, 7 et 27 août 1870, in-8°, cachets et timbres.

Lettres très-affectueuses et toutes littéraires; M. Canel me prie de lui envoyer la copie de deux feuillets qui manquent à son exemplaire « *des Drôleries de Madeleine Bavent* ». (Voir n° 635.) Il ajoute, en réponse à ma lettre du 4 août, « qu'il a en chantier une biographie des personnages plus ou moins excentriques de la Normandie, et qu'il n'oubliera pas, comme je lui recommande, de faire figurer dans sa galerie, à côté de Madeleine Bavent, le curé Mathurin Picard, comme principal acteur de ce drame scandaleux qui se jouait, en 1643, dans le monastère des religieuses dites de Sainte-Elisabeth de Louviers ». **L.**

2116. *Bordeaux* (Jacques-Hippolyte-Raymond), docteur en droit, avocat à Evreux, né à Lisieux, savant archéologue. Lettre autographe signée à M. Lebert oncle, bibliophile au Neubourg. 23 septembre 1866, 2 pages in-8°.

Lettre très-bienveillante relative à la communication que j'avais faite à M. Bordeaux des premières parties de mon Catalogue manuscrit. **L.**

2117. *Blosseville* (Bénigne-Ernest Poret, marquis de), membre du conseil général de l'Eure et du Corps législatif (en 1857), né à Rouen le 19 janvier 1799.

Lettre autographe signée à M. Lebert. *Amfreville*, **6 avril 1869, une page in-8°.**

M. de Blosseville m'annonce l'envoi d'un petit paquet contenant quelques volumes dépareillés des Œuvres de Rétif de la Bretonne et des pièces politiques, placards, circulaires, etc., relatifs aux élections générales de 1863 et à l'élection d'un membre au conseil d'arrondissement pour le canton d'Amfreville. Une affiche dans laquelle M. le préfet Janvier qualifie durement M. de Bostenney, concurrent de M. Armand Assire, candidat agréable, fut, dit M. de Blosseville, supprimée à la dernière minute; très-peu d'exemplaires ont survécu. C'est un type, ajoute M. le marquis, des procédés de M. Janvier, etc.   L.

FIN